国际财务报告准则

国际财务报告准则第13号——公允价值计量

（汉英对照）

中国会计准则委员会　组织翻译

中国财政经济出版社

图书在版编目（CIP）数据

国际财务报告准则．第13号，公允价值计量：汉、英/中国会计准则委员会组织翻译．北京：中国财政经济出版社，2012.12
（国际财务报告准则）
ISBN 978－7－5095－4146－3

Ⅰ．①国…　Ⅱ．①中…　Ⅲ．①国际会计准则－汉、英　Ⅳ．①F233.1

中国版本图书馆CIP数据核字（2012）第287297号

责任编辑：王晓蕊　　版式设计：康普宝蓝
封面设计：九州迅驰

中国财政经济出版社 出版
URL：http：//ckfz.cfeph.cn
E－mail：ckfz@cfeph.cn

社址：北京市海淀区阜成路甲28号　邮政编码：100142
发行处电话：88190406　财经书店电话：64033436
河北零五印刷厂印刷　各地新华书店经销
787×1092毫米　16开17.25印张　360 000字
2013年1月第1版　2013年1月河北第1次印刷
定价：49.00元
ISBN 978－7－5095－4146－3/F·3366
（图书出现印装问题，本社负责调换）
图字：01－2013－0575
本社质量投诉电话：010－88190744

International Financial Reporting Standards (IFRSs) together with their accompanying documents are issued by the International Accounting Standards Board (IASB):
30 Cannon Street, London, EC4M 6XH, United Kingdom.

Tel: +44 (0) 20 7246 6410   Fax: +44 (0) 20 7246 6411

Email: info@ifrs.org   Web: www.ifrs.org
ISBN 978-7-5095-4146-3

IFRS Foundation Publications Department

30 Cannon Street, London, EC4M 6XH, United Kingdom.

Tel: +44 (0) 20 7332 2730   Fax: +44 (0) 20 7332 2749

Email: publications@ifrs.org   Web: www.ifrs.org

国际财务报告准则（IFRSs）及其配套文件由国际会计准则理事会（IASB）发布。
30 Cannon Street，London，EC4M 6XH，United Kingdom.
Tel：+44（0）20 7246 6410　　Fax：+44（0）20 7246 6411
Email：info@ ifrs. org
Web：www. ifrs. org

ISBN 978 - 7 - 5095 - 4146 - 3

国际财务报告准则中文翻译审核专家组

组　　长： 王　军　财政部党组副书记、副部长，中国会计准则委员会主席，博士生导师

副组长： 余蔚平　财政部部长助理

组　　员： 冯淑萍　全国人大常委会预算工作委员会副主任，中国会计准则委员会委员，博士生导师

沈小南　全国社会保障基金理事会副理事长，中国会计准则委员会咨询专家

杨　敏　财政部会计司司长，中国会计准则委员会秘书长

汤云为　上海财经大学教授，上海市会计学会会长，博士生导师

刘光忠　财政部会计司副司长，中国会计学会秘书长

袁文辉　德勤华永会计师事务所技术部合伙人，中国会计准则委员会咨询专家

支晓强　中国人民大学商学院副院长，副教授

毛新述　北京工商大学商学院副院长，副教授

陆建桥　财政部会计司准则二处处长，中国会计准则委员会咨询专家

出版说明

2011年，国际会计准则理事会先后发布了《国际财务报告准则第10号——合并财务报表》、《国际财务报告准则第11号——合营安排》、《国际财务报告准则第12号——在其他主体中权益的披露》和《国际财务报告准则第13号——公允价值计量》四项新准则，并对《国际会计准则第1号——财务报表列报》、《国际会计准则第19号——雇员福利》、《国际会计准则第27号——合并财务报表和单独财务报表》和《国际会计准则第28号——在联营企业和合营企业中的投资》四项准则进行了修订。除修订后的《国际会计准则第1号》于2012年7月1日生效外，上述其他新发布或修订的国际财务报告准则都将于2013年1月1日起生效。

我国2006年发布的企业会计准则体系实现了与国际财务报告准则的趋同。2010年，财政部又发布了《中国企业会计准则与国际财务报告准则持续趋同路线图》。为借鉴国际财务报告准则完善我国企业会计准则体系，实现中国准则与国际财务报告准则的持续趋同，中国会计准则委员会组织人员对国际会计准则理事会新发布或修订的上述八项准则进行了翻译。经国际财务报告准则基金会认可的中文翻译审核专家组审核，上述国际财务报告准则中文版是国际财务报告准则基金会认可的国际财务报告准则官方译本，为国际财务报告准则基金会的正式出版物。

在翻译审校过程中，财政部会计司陆建桥、高大平、朱琳、陈瑜、夏文贤、徐华新、林屾等同志对本书的译稿进行了校译。财政部会计司副司长、中国会计学会秘书长刘光忠和财政部会计司司长、中国会计准则委员会秘书长杨敏对全部译稿进行了审阅。本书最后由财政部部长助理余蔚平和财政部党组副书记、副部长、中国会计准则委员会主席王军审定。值此相关国际财务报告准则中文版出版之际，特别感谢国际财务报告准则中文翻译审核专家组以及中国财政经济出版社的有关同志为本书的翻译出版工作所付出的辛勤劳动！

中国会计准则委员会

2013 年 1 月

总目录

国际财务报告准则第 13 号——公允价值计量 …… 1
《国际财务报告准则第 13 号——公允价值计量》结论基础 …… 37
《国际财务报告准则第 13 号——公允价值计量》示例 …… 90

INTERNATIONAL FINANCIAL REPORTING STANDARD 13 FAIR VALUE MEASUREMENT …… 112
BASIS FOR CONCLUSIONS ON IFRS 13 FAIR VALUE MEASUREMENT …… 165
IFRS 13 FAIR VALUE MEASUREMENT ILLUSTRATIVE EXAMPLES …… 234

国际财务报告准则第 13 号
——公允价值计量

目　　录

段落

引言

国际财务报告准则第13号——公允价值计量

目标 …… 1–4
范围 …… 5–8
计量 …… 9–90
　公允价值的定义 …… 9–10
　相关资产或负债 …… 11–14
　交易 …… 15–21
　市场参与者 …… 22–23
　价格 …… 24–26
　应用于非金融资产 …… 27–33
　应用于负债和主体自身权益工具 …… 34–47
　应用于存在市场风险或对方信用风险抵销头寸的金融资产和金融负债 …… 48–56
　初始确认时的公允价值 …… 57–60
　估值技术 …… 61–66
　估值技术输入值 …… 67–71
　公允价值级次 …… 72–90
披露 …… 91–99
附录
　附录一　术语定义
　附录二　应用指南
　附录三　生效日期和过渡性规定
理事会批准2011年5月发布的《国际财务报告准则第13号》

引言

概述

1.《国际财务报告准则第13号——公允价值计量》:

(1)对公允价值进行了定义;

(2)在单独一项国际财务报告准则中建立了计量公允价值的框架;并且

(3)规定了公允价值计量的披露要求。

2. 除特定情况外,本国际财务报告准则适用于要求或允许进行公允价值计量或公允价值计量披露(以及基于公允价值的计量及其披露,如公允价值扣除出售费用)的国际财务报告准则。

3. 本国际财务报告准则适用于2013年1月1日或以后日期开始的年度期间。允许提前采用。

4. 本国际财务报告准则解释了如何为财务报告目的计量公允价值。它没有在已经要求或允许公允价值计量的其他国际财务报告准则之外再额外要求进行公允价值计量,其目的也不是建立估值准则或影响财务报告目的以外的估值实务。

发布本国际财务报告准则的原因

5. 一些国际财务报告准则要求或允许主体计量或披露资产、负债或主体自身权益工具的公允价值。由于这些国际财务报告准则经过多年陆续制定完成,关于公允价值计量和披露公允价值计量信息的要求是零散的,并且在很多情况下没有勾勒出清晰的计量或披露目标。

6. 因此,有些国际财务报告准则包含关于如何计量公允价值的有限指南,而另一些国际财务报告准则包含详细指南,但这些指南在涉及公允价值的国际财务报告准则之间并不总是一致。关于公允价值计量及披露公允价值计量信息的要求不一致导致了实务的多样性,降低了财务报告中列报信息的可比性。《国际财务报告准则第13号》修正了这种状况。

7. 而且,国际会计准则理事会(IASB)和美国国家会计准则制定机构——财务会计准则委员会(FASB)于2006年发布了谅解备忘录,作为双方共同努力建立全球统一高质量会计准则的基础。与该谅解备忘录及双方达成这一目标的承诺相一致,《国际财务报告准则第13号》作为双方的工作成果,为遵循国际财务报告准则和美国公认会计原则(GAAP)计量公允价值和披露公允价值计量信息制定了统一要求。

主要特征

8.《国际财务报告准则第13号》将公允价值定义为，市场参与者之间在计量日进行的有序交易中，出售一项资产所能收到或转移一项负债所需支付的价格（即退出价格）。

9. 公允价值的这一定义强调公允价值是基于市场的计量，不是特定主体的计量。在计量公允价值时，主体使用市场参与者在当前市场条件下对资产和负债进行定价时所使用的假设（包括关于风险的假设）。因此，在计量公允价值时，主体持有资产、偿还或以其他方式履行负债的意图并不相关。

10. 本国际财务报告准则指出，公允价值计量要求主体确定：

（1）被计量的特定资产或负债；

（2）对于非金融资产，该资产的最高效和最佳使用，以及该资产是否和其他资产一起使用或单独使用；

（3）资产或负债有序交易所处的市场；以及

（4）计量公允价值采用的恰当估值技术。该估值技术应当尽可能多地使用相关可观察输入值，尽可能少地使用不可观察输入值，并且这些输入值应当与市场参与者对该资产或负债定价时所使用的输入值相一致。

《国际财务报告准则第 13 号——公允价值计量》

目标

1. 本国际财务报告准则：

（1）对公允价值进行了定义；

（2）在单独一项国际财务报告准则中建立了计量公允价值的框架；并且

（3）规定了公允价值计量的披露要求。

2. 公允价值是基于市场的计量，而不是特定主体的计量。对于一些资产和负债，可观察的市场交易或市场信息可能能够获得。而对于其他资产和负债，可观察的市场交易和市场信息可能不能够获得。然而，公允价值计量的目标在两种情况下是一致的——估计计量日当前市场条件下，“市场参与者”之间发生“有序交易”时，出售一项资产或转移一项负债的价格（即从持有一项资产或承担一项负债的市场参与者的角度，为计量日的“退出价格”）。

3. 当相同资产或负债的价格无法直接观察得到时，主体可运用最大限度使用相关可观察输入值、最小限度使用不可观察输入值的其他估值技术计量公允价值。因为公允价值是基于市场的计量，计量时应当使用市场参与者对资产和负债进行定价时所使用的假设，包括关于风险的假设。因此，在计量公允价值时，主体持有资产、偿还或以其他方式履行负债的意图并不相关。

4. 公允价值的定义侧重于资产和负债，因为它们是会计计量的主要对象。此外，本国际财务报告准则也适用于以公允价值计量的主体自身权益工具。

范围

5. 本国际财务报告准则适用于要求或允许进行公允价值计量或公允价值计量披

露（以及基于公允价值的计量及其披露，如公允价值扣除出售费用）的国际财务报告准则，第6段和第7段所述情况除外。

6. 本国际财务报告准则的计量和披露要求不适用于下列各项：

（1）《国际财务报告准则第2号——以股份为基础的支付》范围内的以股份为基础的支付交易；

（2）《国际会计准则第17号——租赁》范围内的租赁交易；以及

（3）与公允价值类似但并非公允价值的计量值，如《国际会计准则第2号——存货》中的可变现净值，或《国际会计准则第36号——资产减值》中的使用价值。

7. 本国际财务报告准则要求的披露不适用于下列各项：

（1）按照《国际会计准则第19号——雇员福利》以公允价值计量的计划资产；

（2）按照《国际会计准则第26号——退休福利计划的会计和报告》以公允价值计量的退休福利计划投资；以及

（3）按照《国际会计准则第36号》以公允价值扣除处置费用作为可收回金额的资产。

8. 如果其他国际财务报告准则要求或允许采用公允价值进行计量，本国际财务报告准则规范的公允价值计量框架既适用于初始计量，也适用于后续计量。

计量

公允价值的定义

9. 本国际财务报告准则将公允价值定义为：市场参与者之间在计量日进行的有序交易中，出售一项资产所能收到或转移一项负债所需支付的价格。

10. 应用指南第2段总体描述了公允价值计量的方法。

相关资产或负债

11. 公允价值计量是针对一项特定资产或负债的。因此，如果市场参与者在确定资产或负债在计量日的价格时考虑了该资产或负债的特征，主体就应在计量公允价值时考虑这些特征。例如，这些特征包括：

（1）资产的状况和所在位置；以及

（2）出售或使用资产的限制（如有）。

12. 有些特征对计量的影响因市场参与者如何考虑该特征而有所不同。

13. 以公允价值计量的资产或负债可能是下列两者之一：

（1）单独的资产或负债（例如一项金融工具或一项非金融资产）；或者

（2）资产组、负债组或资产和负债的组合（如一个现金产出单元或一项业务）。

14. 资产或负债是否作为单独资产或负债、资产组、负债组或是资产和负债的组合进行确认和披露，取决于其计量单元。资产或负债计量单元的确定应当遵循要求或允许进行公允价值计量的国际财务报告准则，除非本国际财务报告准则另有规定。

交易

15. 公允价值计量假定，资产或负债的交换发生在计量日当前市场条件下，市场参与者之间出售资产或转移负债的有序交易中。

16. 公允价值计量假定出售资产或转移负债的交易发生在：

（1）资产或负债的主要市场；或者

（2）在没有主要市场的情况下，资产或负债的最有利市场。

17. 主体不需要对所有可能的市场进行彻底的搜寻，以识别主要市场或在没有主要市场情况下的最有利市场，但主体应当考虑所有可合理获取的信息。如果不存在相反的证据，主体正常进行资产出售或负债转移所进入的市场可以假定为主要市场，或在没有主要市场的情况下，假定其为最有利市场。

18. 如果资产或负债存在主要市场，公允价值计量应当采用该市场的价格（无论该价格是直接可观察的，还是使用其他估值技术估计的），即使另一不同市场在计量日的价格更为有利。

19. 主要市场（或最有利市场）是主体在计量日可进入的市场。因为具有不同活动的不同主体（以及这些主体的业务）可能能够进入不同的市场，所以对不同主体（以及这些主体的业务）而言，相同资产或负债的主要市场（或最有利市场）可能不同。因此，应当从报告主体的角度考虑主要市场（或最有利市场）（及市场参与者），因而允许具有不同活动的主体之间存在差异。

20. 尽管在计量日主体必须有能力进入市场，但并不需要在计量日出售特定资产或转移特定负债来计量以市场价格为基础的公允价值。

21. 即使计量日不存在提供出售资产或转移负债价格信息的可观察市场，公允价值计量仍应从持有资产或承担负债的市场参与者的角度考虑，假设当日发生了交易。该假设的交易是估计出售资产或转移负债价格的基础。

市场参与者

22. 主体在计量资产或负债的公允价值时，应当采用市场参与者给资产或负债定价时使用的假设，并假定市场参与者以实现其最高经济利益为目的。

23. 在确定这些假设时，主体不需要识别特定的市场参与者。但主体应当考虑下列特定因素，识别总体上区分市场参与者的特征：

（1）资产或负债；

（2）资产或负债的主要市场（或最有利市场）；以及

（3）在该市场上与主体进行交易的市场参与者。

价格

24. **公允价值是指，在计量日当前市场条件下，在主要市场（最有利市场）的有序交易中出售一项资产所能收到或转移一项负债所需支付的价格（退出价格），无论该价格是直接可观察的，还是用其他估值技术估计的。**

25. 用来计量资产或负债公允价值的主要市场（或最有利市场）的价格不需因交易费用而进行调整。交易费用应当按照其他准则的要求进行会计处理。交易费用不属于一项资产或负债的特征；相反，它们是与特定交易相关的，因主体参与资产或负债的交易方式不同而不同。

26. 交易费用不包括运输费用。如果资产所在地是资产的一项特征（如对商品而言情况就可能如此），主要市场（或最有利市场）的价格应按照将该资产从当前位置运抵该市场发生的成本（如果有的话）进行调整。

应用于非金融资产

非金融资产的最高效和最佳使用

27. **非金融资产公允价值的计量应当考虑市场参与者通过最高效和最佳使用资产或将其出售给最高效和最佳使用该项资产的其他市场参与者而创造经济利益的能力。**

28. 最高效和最佳使用非金融资产应当考虑在实物上可能、法律上允许以及财务上可行的情况下使用资产，具体如下：

（1）实物上可能的情况下使用资产，考虑市场参与者在给资产定价时考虑的资产实物特征（例如一项房地产的所在地或大小）。

（2）法律上允许的情况下使用资产，考虑市场参与者在给资产定价时考虑的对资产使用的任何法律限制（例如一项房地产适用的区域规划）。

（3）财务上可行的情况下使用资产，考虑在实物上可能且法律上允许的情况下使用资产能否产生足够的收益或现金流量（考虑将资产转换到该用途的成本），以满足市场参与者投资于这样使用的该项资产所要求的投资回报。

29. 最高效和最佳使用应从市场参与者的角度确定，即使主体计划以不同方式使用该资产。但是，主体当前使用非金融资产的方式可推定为最高效和最佳使用，除非市场或其他因素表明市场参与者对资产的不同使用可使资产价值最大化。

30. 为保护其竞争地位或出于其他原因，主体可能不打算积极使用已获取的非金融资产，或者不以最高效和最佳方式使用该资产。例如，主体可能为防止其他主体使用资产而防御性地使用取得的无形资产。然而，主体应在假定市场参与者最高效和最佳使用的前提下计量非金融资产的公允价值。

非金融资产的估值前提

31. 非金融资产的最高效和最佳使用形成了用于计量资产公允价值的估值前提，包括：

（1）一项资产的最高效和最佳使用可能通过与其他资产组合（如为了使用需安装或配置）或与其他资产及负债组合（如一项业务）使用，为市场参与者提供最大价值。

①如果资产的最高效和最佳使用是通过与其他资产组合使用或与其他资产及负债组合使用来实现，那么该资产的公允价值是在假定该资产将同其他资产或同其他资产及负债组合使用的情况下，出售资产的当前交易中所获取的价格，并且市场参与者可获得这些资产和负债（即其配套资产和相关负债）。

②与资产及其配套资产相关的负债包括为筹集营运资本产生的负债，但不包括为组合之外的资产筹集资金产生的负债。

③关于非金融资产的最高效和最佳使用假设对其所在资产组合或资产与负债组合中（与最高效和最佳使用相关）的所有资产而言都是一致的。

（2）一项非金融资产的最高效和最佳使用可能独立地为市场参与者提供最大价值。如果资产通过独立使用来实现最高效和最佳使用，资产的公允价值是将资产出售给单独使用该资产的市场参与者的当前交易中所获取的价格。

32. 非金融资产的公允价值计量假定，资产将按照与其他国际财务报告准则规定的计量单元相一致的方式（可能是单项资产）出售。即使在公允价值计量假定资产的最高效和最佳使用通过与其他资产组合使用或与其他资产及负债组合使用来实现时，情况也如此，这是因为公允价值计量假定市场参与者已经持有了配套资产和相关负债。

33. 应用指南第 3 段规定了非金融资产估值前提概念的应用。

应用于负债和主体自身权益工具

一般原则

34. 公允价值计量假定一项金融或非金融负债或者主体自身权益工具（例如企业合并中作为对价发行的权益）在计量日被转移给市场参与者。负债或主体自身权益工具的转移假定：

（1）负债继续存在，作为受让方的市场参与者将被要求履行义务。负债在计量日并没有与对方结清或以其他方式消除。

（2）主体自身权益工具继续存在，作为受让方的市场参与者将取得与该工具有

关的权利并承担相关义务。该工具在计量日并没有被取消或以其他方式消除。

35. 即使不存在可观察市场，以提供关于转移负债或主体自身权益工具的定价信息（例如由于存在合同或其他法律限制阻止了这些项目的转移），如果其他方将这些项目作为资产（如公司债券或主体股票的买入期权）持有，这些项目的可观察市场可能仍然存在。

36. 在任何情况下，主体都应当尽可能多地使用相关的可观察输入值，尽可能少地使用不可观察输入值，以满足公允价值计量的目标，即估计计量日市场参与者之间按照当前市场条件在有序交易中转移一项负债或权益工具的价格。

其他方作为资产持有的负债和权益工具

37. **如果转移相同或类似负债或主体自身权益工具的报价无法取得，但相同项目被其他方作为资产持有，主体应当从在计量日将相同项目作为资产持有的市场参与者的角度计量负债或权益工具的公允价值。**

38. 在这种情况下，主体应当根据下列方法计量负债或权益工具的公允价值：

（1）如果被其他方作为资产持有的相同项目存在活跃市场的报价，使用该价格；

（2）如果该价格不存在，使用其他可观察的输入值，如被其他方作为资产持有的相同项目在不活跃市场中的报价。

（3）如果（1）和（2）中的可观察价格不存在，使用其他估值技术，例如：

①收益法（如现值技术，即考虑市场参与者希望从作为资产持有的负债或权益工具中取得的未来现金流量，参见应用指南第 10 段和第 11 段）。

②市场法（如使用被其他方作为资产持有的类似负债或权益工具的报价，参见应用指南第 5 段至 7 段）。

39. 只有当存在资产特有的因素且该因素不适用于负债或权益工具的公允价值计量时，主体才能对被其他方作为资产持有的负债或主体自身权益工具的报价进行调整。主体应保证资产的价格不反映资产销售受限的影响。可能表明资产价格应当被调整的因素包括：

（1）资产报价与被其他方作为资产持有的类似（但不完全相同）负债或权益工具相关。例如，该负债或权益工具可能具有特定特征（例如发行方的信用质量），与被作为资产持有的类似负债或权益工具的公允价值中反映的特征不同。

（2）资产的计量单元与负债或权益工具的计量单元不同。例如，对于负债，某些情况下资产的价格反映了由发行人和第三方信用增级共同引起的金额组合而形成的价格。如果负债的记账单元不是这一组合，则目标是计量发行人负债的公允价值，而非组合的公允价值。因此，在这种情况下，主体应当调整资产的可观察价格，剔除第三方信用增级的影响。

未被其他方作为资产持有的负债和权益工具

40. **如果转移相同或类似负债或主体自身权益工具的报价无法取得，并且相同项**

目也没有被其他方作为资产持有，主体应当从承担负债或发行权益工具的市场参与者角度，采用估值技术计量负债或权益工具的公允价值。

41. 例如，当采用现值技术时，主体可能考虑：

（1）市场参与者为履行义务预期发生的未来现金流量流出，包括市场参与者为承担义务要求的补偿（参见应用指南第31段至33段）。

（2）市场参与者承担或发行相同负债或权益工具所取得的金额，使用市场参与者在主要市场（或最有利市场）中发行相同合同条款的负债或权益工具时对相同项目（例如具有相同信用特征）进行定价时的假设。

不履约风险

42. **负债的公允价值反映了不履约风险的影响。不履约风险包括但不限于主体自身的信用风险（根据《国际财务报告准则第7号——金融工具：披露》中的定义）。假定不履约风险在负债转移前后相同。**

43. 当计量一项负债的公允价值时，主体应该考虑其信用风险（信用状况）的影响，以及其他可能影响义务是否被履行的因素。这些影响可能因负债而不同，例如：

（1）该负债是否是一项偿付现金的义务（金融负债）或者一项提供商品或服务的义务（非金融负债）。

（2）与负债相关的信用增级条款，如果存在的话。

44. 负债的公允价值应在计量单元的基础上反映不履约风险的影响。如果负债在发行时附有不可分割的第三方信用增级且该信用增级与负债单独进行会计处理，该负债的发行人在计量负债的公允价值时不应当考虑信用增级（如第三方的债务担保）的影响。如果信用增级与负债单独进行会计处理，发行人在计量负债的公允价值时应考虑自身的信用状况，而不考虑第三方保证人的信用状况。

转移负债或主体自身权益工具的限制

45. 在计量负债或主体自身权益工具的公允价值时，主体不应当设置与限制该项目转移相关的单独输入值或者对其他输入值进行调整。限制负债或主体自身权益工具转移的影响已经显性或隐性地包含在公允价值计量的其他输入值中。

46. 例如在交易日，债权人和债务人在完全了解该义务包括转移限制的情况下接受负债的交易价格。由于交易价格中已经包含转移限制的考虑，在交易日不再需要单独输入值或者对现有输入值的调整来反映转移限制的影响。类似地，在后续计量日也不需要单独输入值或者对现有输入值的调整来反映转移限制的影响。

具有可随时要求偿还特征的金融负债

47. 具有可随时要求偿还特征的金融负债（例如活期存款）的公允价值不低于被要求偿还时支付的金额，该金额为从可以被要求支付的第一天起折现的金额。

应用于存在市场风险或对方信用风险抵销头寸的金融资产和金融负债

48. 持有一组金融资产和金融负债的主体面临着市场风险（根据《国际财务报告准则第7号》中的定义）和每个对方的信用风险（根据《国际财务报告准则第7号》中的定义）。如果主体基于市场风险或信用风险的净敞口管理该组金融资产和金融负债，主体可以适用本国际财务报告准则对公允价值计量的例外要求。该例外要求允许主体在计量一组金融资产和金融负债的公允价值时，基于在当前市场条件下市场参与者之间在计量日进行的有序交易中，卖出特定风险敞口的净多头（即资产）或转移特定风险敞口的净空头（即负债）所取得的价格。相应地，主体应当采用与市场参与者在计量日对净风险敞口定价相一致的方式，计量一组金融资产和金融负债的公允价值。

49. 只有当主体符合下列全部条件时，才允许适用第48段中的例外要求：

（1）根据主体记录在案的风险管理或投资策略，主体以特定市场风险或某特定对方信用风险的净敞口为基础，管理一组金融资产和金融负债；

（2）向主体的关键管理人员（根据《国际会计准则第24号——关联方披露》中的定义）提供的关于该组金融资产和金融负债的信息，是基于该管理基础的。

（3）在报告期末的财务状况表中，被要求或选择以公允价值计量这些金融资产和金融负债。

50. 第48段的例外要求不适用于财务报表列报。在某些情况下，在财务状况表中列报金融工具的基础与计量金融工具的基础不同，例如，当国际财务报告准则不要求或不允许金融工具以净额为基础列报时。在这种情况下，主体可能需要将组合层面的调整（参见第53段至56段），分配到以主体净风险敞口为基础管理的金融资产和金融负债组合中的单项资产或负债上。主体应当合理、一致地采用适合于当前情况的方法进行分配。

51. 主体在决定采用第48段的例外要求作为其会计政策时，应当遵循《国际会计准则第8号——会计政策、会计估计变更和差错》。采用第48段例外要求的主体应当在各个会计期间针对特定组合一致地使用这一会计政策，其中包括分配出价—要价调整（参见第53段至55段）和信用调整（参见第56段）的政策（如果适用的话）。

52. 第48段的例外要求仅适用于《国际会计准则第39号——金融工具：确认和计量》或《国际财务报告准则第9号——金融工具》范围内的金融资产和金融负债。

市场风险敞口

53. 当运用第48段的例外要求计量基于主体特定市场风险的净敞口管理的一组金融资产和金融负债的公允价值时，主体应当对主体市场风险净敞口使用出价—要价价差区间内最能代表当前环境下公允价值的价格（参见第70段和第71段）。

54. 当运用第48段的例外要求时，主体应确保主体在该金融资产和金融负债组合中面临的市场风险实质上是相同的。例如，主体不会将与金融资产相关的利率风险和与金融负债相关的商品价格风险相结合，因为这样不会减小主体利率风险或商品价格风险的敞口。当运用第48段的例外要求时，对组合中金融资产和金融负债进行公允价值计量应当考虑所有市场风险参数不完全相同所引起的基础风险。

55. 类似地，主体金融资产和金融负债面临特定市场风险的期限实质上应当相同。例如，主体使用12个月的期货合同对应5年期金融工具中与12个月利率风险敞口价值相关的现金流量，对于由这些金融资产和金融负债组成的组合，主体以净额为基础计量12个月利率风险敞口的公允价值，以总额为基础计量剩余利率风险敞口（即第2至第5年）的公允价值。

特定对方的信用风险敞口

56. 当运用第48段所示的例外要求计量涉及特定对方的一组金融资产和金融负债的公允价值时，如果市场参与者在出现违约情况下，将考虑所有能够减小信用风险敞口的现行安排（如与对方签订的主净额结算协议，或要求基于各方对对方的信用风险净敞口交换抵押品的协议），主体应当在公允价值计量中考虑该对方的信用风险净敞口的影响或对方对主体的信用风险净敞口的影响。公允价值计量应当反映市场参与者对这些安排在出现违约情况下能够依法强制执行的可能性的预期。

初始确认时的公允价值

57. 在获得一项资产或承担一项负债的交换交易中，交易价格是为获得该项资产而支付的或为承担该项负债而收取的价格（进入价格）。相反，资产或负债的公允价值是出售资产所能收到或转移负债所支付的价格（退出价格）。主体不一定以获取资产时支付的价格出售资产。同样，主体也不一定以承担负债时收取的价格转移负债。

58. 很多情况下交易价格等于公允价值（例如，在交易日购买一项资产的交易发生在出售该项资产的市场上就属于这种情况）。

59. 在确定初始确认时的公允价值是否等于交易价格时，主体应考虑交易及资产或负债的特定因素。应用指南第4段描述了交易价格可能无法代表资产或负债初始确认时的公允价值的情况。

60. 如果其他国际财务报告准则要求或允许主体对资产或负债以公允价值进行初始计量，并且交易价格不同于公允价值，那么，主体应当在损益中确认由此产生的利得或损失，除非该国际财务报告准则另有规定。

估值技术

61. **主体应该采用适用于当前情况并有足够数据可以利用的估值技术来计量公允价值，而且要尽可能多地使用相关的可观察输入值，尽可能少地使用不可观察输入值。**

62. 使用估值技术的目的是为了估计在计量日当前市场条件下，市场参与者之间有序交易中出售一项资产或转移一项负债的价格。市场法、收益法和成本法是三种广泛使用的估值技术。应用指南第 5 段至第 11 段总结了这些方法的主要方面。主体应当使用与这些方法相一致的一种或多种估值技术来计量公允价值。

63. 在某些情况下，使用单一的估值技术是适当的（例如当使用活跃市场上相同资产或负债的报价对资产或负债进行估值）。在另一些情况下，使用多种估值技术是适当的（例如对一个现金产出单元进行估值）。如果使用多种估值技术对公允价值进行计量，应当在考虑各种结果（即公允价值的各种指示数）所表明的估值范围的合理性的基础上，对这些结果进行评估。公允价值计量是当前情况下估值范围内最能代表公允价值的金额。

64. 如果交易价格是初始确认时的公允价值，且后续期间的公允价值计量基于利用不可观察输入值的估值技术，则应当校正估值技术，使采用估值技术确定的初始确认结果等于交易价格。校正确保了估值技术能够反映当前市场情况，并帮助主体决定是否需要调整估值技术（如估值技术可能未能反映一项资产或一项负债的某个特征）。初始确认后，如果基于利用不可观察输入值的估值技术计量公允价值，主体应当保证估值技术反映了计量日的可观察市场数据（如相似资产或负债的价格）。

65. 计量公允价值使用的各种估值技术应当一致应用。但是，如果通过估值技术及其应用的变更（例如当使用多种估值技术时改变其权重，或改变针对估值技术的调整）取得的计量结果在当前情况下同样或更能代表公允价值，则此变更是适当的。例如，在下列事项发生时就可能符合上述变更情况：

（1）出现新市场；

（2）可获得新信息；

（3）以前使用的信息不再可获得；

（4）估值技术得到改善；

（5）市场情况发生了变化。

66. 改变估值技术及其应用所引起的变更应当按照《国际会计准则第 8 号》作为会计估计变更处理。但是，《国际会计准则第 8 号》中关于会计估计变更的披露规定不适用于改变估值技术及其应用所引起的变更。

估值技术输入值

一般原则

67. **用于计量公允价值的估值技术应该尽可能多地使用相关的可观察输入值，尽可能少地使用不可观察输入值。**

68. 可能存在某些资产和负债（如金融工具）可观察输入值的市场实例包括交易所市场、做市商市场、经纪人市场和买卖双方直接交易的市场（参见应用指南第34段）。

69. 主体应当选择与市场参与者在资产或负债的交易中考虑的与资产或负债特征相一致的输入值（参见第11段和第12段）。有些情况下，这些特征可能导致进行诸如溢价或折价（例如控制权溢价或非控制权益折价）的调整。但是，与要求或允许公允价值计量的国际财务报告准则中规定的计量单元不一致的溢价或折价（参见第13段和第14段）不应包含在公允价值计量中。公允价值计量中不允许包括反映主体持有的规模特征的溢价或折价（具体地说，因市场正常日交易量不足以吸收主体的持有量，而调整资产或负债报价的“大宗持有因素”，参见第80段所述），这种溢价或折价与反映资产或负债规模特征的溢价或折价（例如计量控制权益公允价值的控制权溢价）不同。在各种情况下，如果在活跃市场中存在资产或负债的报价（即第一层次输入值），主体在计量公允价值时应采用该价格而不作任何调整，但第79段规定的情况除外。

基于出价和要价的输入值

70. 如果以公允价值计量的资产或负债存在出价和要价（例如做市商市场上的输入值），那么，无论该输入值被归入公允价值级次中的哪一层次（即第一、第二或第三层次，参见第72段至90段），在出价—要价价差内最能代表当前情况下公允价值的价格就应当用于计量公允价值。允许但不强制要求对资产头寸使用出价和对负债头寸使用要价。

71. 本国际财务报告准则不限制使用市场参与者在公允价值计量中作为实务权宜做法采用的、在出价—要价价差之间的市场中间价或其他定价惯例。

公允价值级次

72. 为了提高公允价值计量和相关披露的一致性和可比性，本国际财务报告准则建立了一套将用于计量公允价值的估值技术输入值分为三个层次（参见第76段至90段）的公允价值级次。公允价值级次最优先使用活跃市场上相同资产或负债的（未经调整的）报价（第一层次输入值），最后使用不可观察输入值（第三层次输入值）。

73. 在有些情形下，资产或负债公允价值计量使用的输入值可能被分类为公允价值级次的不同层次。在这种情况下，公允价值计量整体所属的层次与对计量整体而言具有重要意义的最低层次输入值所属的公允价值级次相同。在评价某一特定输入值对公允价值计量整体的重要性时需要运用判断，考虑资产或负债的特定因素。在决定公允价值计量所属的公允价值级次时，不考虑为取得基于公允价值计量所做的调整，如计量公允价值扣除出售费用时的出售费用。

74. 相关输入值的可获得性及其相对的主观性可能会影响适当估值技术的选择（参见第61段）。但是，公允价值级次更关注估值技术的输入值，而不是用于计量公允价值的估值技术本身。例如，使用现值技术确定的公允价值计量可能被分类至第二层次或第三层次，这取决于对整体计量具有重要意义的输入值以及这些输入值所属的公允价值级次中的层次。

75. 如果可观察输入值需要使用不可观察输入值进行调整，而该调整引起公允价值计量的结果显著增高或显著降低，那么，所得出的计量属于公允价值级次中的第三层次。例如，如果市场参与者在估计资产价值时会考虑其销售受限的影响，主体将调整报价以反映销售受限的影响。如果报价是第二层次输入值，调整是不可观察输入值且对整体计量具有重要影响，那么，该计量应当被划入公允价值级次中的第三层次。

第一层次输入值

76. 第一层次输入值是主体在计量日能获得的相同资产或负债在活跃市场上的报价（未经调整的）。

77. 活跃市场上的报价提供了公允价值最可靠的证据，除了第79段所规定的情况外，只要该报价可获得，就应当不加调整地应用于计量公允价值。

78. 许多金融资产和金融负债可获得第一层次的输入值，其中一些金融资产和金融负债可能在多个活跃市场交易（如不同交易所）。因此，第一层次的重点在于确定：

（1）资产或负债的主要市场，或不存在主要市场的情况下，资产或负债的最有利市场；以及

（2）主体是否可以在计量日以该价格进行资产或负债的交易。

79. 主体不应当对第一层次的输入值进行调整，以下情况除外：

（1）当主体持有大量以公允价值计量的类似（但非相同）资产或负债（例如债务性证券），活跃市场中的报价是可以获得的，但却不易获得每项资产或负债的单独报价（即主体持有大量相似资产或负债，难以获得在计量日每一项资产或负债单独的定价信息）。在这种情况下，主体可以使用不完全依赖于报价的备选定价方法（例如矩阵定价）作为权宜之计来计量公允价值。但是，使用备选定价方法将导致公允价值计量被划入公允价值级次中的较低层次。

（2）当活跃市场的报价不代表计量日的公允价值。例如，在闭市之后但在计量日之前发生重大事项（如买卖双方直接交易、经纪商交易或公告）的情况。主体应

当制定并一致地执行一项政策以识别那些可能影响公允价值计量的事项。然而，如果报价因新信息而有所调整，那么，该调整会导致公允价值计量被划入公允价值级次中的较低层次。

（3）当使用活跃市场中作为资产交易的相同项目的报价计量一项负债或主体自身权益工具的公允价值，且需要根据项目或资产的特定要素调整该价格（参见第 39 段）。如果无需对资产报价进行调整，公允价值计量结果为公允价值级次中的第一层次。然而，任何对资产报价的调整都会导致公允价值计量被划入公允价值级次中的较低层次。

80. 如果主体持有单项的资产或负债头寸（包括大量相同的资产或负债头寸，例如持有金融工具），并且该项资产或负债在活跃市场交易，该资产或负债的公允价值应当按照个别资产或负债的报价与主体持有数量的乘积在第一层次下计量，即使在市场正常日交易量不足以吸收持有量，以致在单项交易中卖掉头寸可能影响报价的情况下，也应如此。

第二层次输入值

81. 第二层次输入值是除了第一层次输入值所包含的报价以外的资产或负债可观察的直接或者间接的输入值。

82. 如果资产或负债具有一个特定（合同）期限，那么，第二层次输入值在资产或负债的几乎整个期限内必须是可观察的。第二层次输入值包括：

（1）活跃市场中类似资产或负债的报价；

（2）非活跃市场中相同或类似资产或负债的报价；

（3）资产或负债除报价以外可观察的输入值，例如：

①在正常报价间隔期间可观察的利率和收益率曲线；

②隐含波动率；以及

③信用利差。

（4）市场验证的输入值。

83. 对第二层次输入值的调整依资产或负债特定因素的不同而不同。这些因素包括：

（1）资产状况或所在地；

（2）输入值与资产或负债的可比项目的相关程度（包括第 39 段中描述的各个因素）；以及

（3）观察到输入值的市场的交易量和活跃程度。

84. 如果使用了重要的不可观察输入值对第二层次输入值进行调整，可能导致公允价值计量被划入公允价值级次中的第三层次。

85. 应用指南第 35 段描述了对特定资产和负债使用第二层次输入值。

第三层次输入值

86. 第三层次输入值是资产或负债不可观察输入值。

87. 只有在相关可观察输入值无法获得的情况下才可以使用不可观察输入值计量公允价值，如在计量日资产或负债的市场活动极少甚至没有的情况。但是，公允价值计量的目标保持不变，即从持有资产或承担负债的市场参与者角度确定计量日的退出价格。因此，不可观察输入值应当反映市场参与者给资产或负债定价时使用的假设，包括有关风险的假设。

88. 有关风险的假设包括用来计量公允价值的特定估值技术（如定价模型）的固有风险和估值技术输入值的固有风险。如果市场参与者在对资产或负债定价时包括了风险调整，那么，计量时如果不包括风险调整就不能代表公允价值计量。例如，当存在重大计量不确定性时，可能需要包括风险调整（当资产、负债或相似资产、负债的交易量或交易活动比正常市场活动显著下降，并且主体确定交易价格或报价无法代表公允价值时，参见应用指南第37段至第47段）。

89. 主体确定不可观察输入值时，应当使用当前环境下可获得的最佳信息，这可能包括主体自身的数据。在确定不可观察输入值时，主体可能先使用自身的数据，但如果可合理获得的信息表明其他市场参与者将使用不同数据，或者主体存在其他市场参与者不具备的特殊之处（例如主体特定的协同效应），主体就应调整这些数据。主体无需不遗余力地获取关于市场参与者假设的信息。然而，主体应考虑所有可合理获得的有关市场参与者假设的信息。按照上述方法确定的不可观察输入值被认为是市场参与者的假设，并符合公允价值计量的目标。

90. 应用指南第36段描述了对特定资产和负债使用的第三层次输入值。

披露

91. 主体应当披露帮助财务报表使用者评价下列内容的信息：

（1）对于初始确认后在财务状况表中持续地或非持续地以公允价值计量的资产和负债，取得这些计量结果使用的估值技术和输入值。

（2）对于使用重要不可观察输入值（第三层次）的持续公允价值计量，该计量对当期损益或其他综合收益的影响。

92. 为了满足第91段的目标，主体应当考虑：

（1）满足披露要求所需要的详尽程度；

（2）对每种披露要求的侧重点；

（3）汇总或分解的程度；以及

（4）财务报表使用者是否需要额外信息来评估披露的量化信息。

如果按照本国际财务报告准则和其他国际财务报告准则提供的披露不足以满足第

91段的目标，主体应当披露满足这些目标所需的额外信息。

93. 为了满足第91段的目标，主体应当对初始确认后在财务状况表中以公允价值计量（包括本国际财务报告准则范围内的以公允价值为基础的计量）的每组资产和负债（关于确定资产和负债适当组别的信息参见第94段）至少披露下列信息：

（1）对于持续和非持续的公允价值计量，报告期末的公允价值计量；对于非持续的公允价值计量，计量的原因。资产或负债的持续公允价值计量是指其他国际财务报告准则要求或允许在每个报告期末的财务状况表中的公允价值计量。资产或负债的非持续的公允价值计量是指其他国际财务报告准则要求或允许特定情况下在财务状况表中的公允价值计量（例如，主体按照《国际财务报告准则第5号——持有待售的非流动资产和终止经营》，因持有待售资产的公允价值扣除出售费用的金额低于其账面价值而以公允价值扣除出售费用计量该资产）。

（2）对于持续和非持续公允价值计量，公允价值计量整体被划入的公允价值级次的层次（第一、第二或第三层次）。

（3）对于报告期末持有的持续以公允价值计量的资产和负债，公允价值级次中所有第一层次与第二层次之间转移的金额、转移的原因，以及主体确定层次之间何时发生转移的政策（参见第95段）。每一层次的转入应当与每一层次的转出分开披露与论述。

（4）对于划入公允价值级次中第二层次和第三层次的持续和非持续公允价值计量，说明公允价值计量中使用的估值技术和输入值。如果估值技术变更（例如从市场法变为收益法，或使用额外的估值技术），主体应当披露这一变更以及变更的理由。对于划入公允价值级次中第三层次的公允价值计量，主体应当提供关于公允价值计量中使用的重要不可观察输入值的量化信息。如果量化的不可观察输入值不是主体在计量公允价值时确定的（例如，主体使用未经调整的以往交易价格或第三方定价信息），主体无需为遵循本披露要求而创造量化信息。但是，在进行本项披露时，主体不能忽略公允价值计量中重要的、主体可合理获取的量化不可观察输入值。

（5）对于划入公允价值级次中第三层次的持续公允价值计量，期初余额与期末余额之间的调节，并单独披露该期间下列内容的变动：

①当期在损益中确认的利得或损失总额，以及确认这些利得或损失时计入的损益项目。

②当期在其他综合收益中确认的利得或损失总额，以及确认这些利得或损失时计入的其他综合收益项目。

③购买、出售、发行及结算（单独披露每一类变化）。

④转入或转出公允价值级次中第三层次的金额、转移的原因以及主体确定层次之间何时发生转移的政策（参见第95段）。第三层次的转入应当与第三层次的转出分开披露与论述。

（6）对于划入公允价值级次中第三层次的持续公允价值计量，与报告期末持有的资产和负债相关的未实现利得或损失变动引起的、包含在（5）①所述损益中的当期利得或损失总额，以及确认这些未实现利得或损失时计入的损益项目。

(7) 对于划入公允价值级次中第三层次的持续和非持续公允价值计量，描述主体的估值流程（例如，包括主体如何确定估值政策和流程，分析各个期间之间的公允价值计量变化）。

(8) 对于划入公允价值级次中第三层次的持续公允价值计量：

①对于所有这些计量，如果改变不可观察输入值的金额可能导致公允价值计量的显著提高或降低，公允价值计量对这些输入值改变的敏感性的叙述性描述。如果这些输入值和公允价值计量中使用的其他不可观察输入值之间具有相关关系，主体同样应当描述这种相关关系，以及它们可能如何扩大或减小不可观察输入值变化对公允价值计量的影响。为遵循这一披露要求，对不可观察输入值变化的敏感性叙述描述应当至少包括遵循第(4)段要求披露的不可观察输入值。

②对于金融资产和金融负债，如果变更不可观察输入值中的一个或多个以反映合理可能的其他假设将导致公允价值的重大改变，主体应当陈述这一事实并披露这些变更的影响。主体应当披露反映合理可能的其他假设的变更造成的影响是如何计算的。是否重大应当相对于损益、资产总额或负债总额、权益总额（当公允价值变动计入其他综合收益时）判断。

(9) 对于持续和非持续公允价值计量，如果非金融资产的最高效和最佳使用与其当期用途不同，主体应当披露这一事实，以及为何非金融资产按照不同于最高效和最佳使用的方式使用。

94. 主体应当基于下列因素恰当确定资产和负债的组别：

(1) 资产或负债的性质、特征和风险；以及

(2) 公允价值计量所属的公允价值级次中的层次。

由于划入公允价值级次中第三层次的公允价值计量有更大的不确定性和主观性，这些计量的组别数量可能更多。确定需要进行公允价值披露的资产或负债的适当组别需要判断。资产和负债的分组通常要在财务状况表列报的项目基础上进行更深入地分解。然而，主体应当为调节至财务状况表列报的项目提供足够的信息。如果其他国际财务报告准则明确规定了某资产或负债的组别，该组别也符合本段要求，主体可以使用该组别提供本国际财务报告准则要求的披露信息。

95. 主体应当根据第93段(3)和(5)④披露并一致地执行确定层次之间何时发生转移的政策。确认转移时间的政策对于转出层次和转入层次应当是相同的。确认转移时间的政策实例包括：

(1) 导致转移的事件或情况变化的日期。

(2) 报告期期初。

(3) 报告期期末。

96. 如果主体决定采用第48段中例外的会计政策，应披露该事实。

97. 对于财务状况表中不以公允价值计量但以公允价值披露的各组资产和负债，主体应当按第93段(2)、(4)和(9)的要求披露信息。但是，不要求主体按照第

93段（4）提供划入公允价值级次第三层次的公允价值计量中，重要不可观察输入值的量化披露。对于这些资产和负债，主体无需披露本国际财务报告准则要求的其他信息。

98. 对于以公允价值计量且在发行时附有不可分割的第三方信用增级的负债，发行人应当披露信用增级的存在，及其是否反映在负债的公允价值计量中。

99. 主体应当以表格形式列报本国际财务报告准则要求的量化披露，除非其他的形式更适当。

附录一　术语定义

本附录是本国际财务报告准则的组成部分。

活跃市场　资产或负债的交易发生频率和数量足以持续提供定价信息的市场。

成本法　反映目前替代资产服务能力所需金额（常被称为现行重置成本）的估值技术。

进入价格　在一项交易中为取得资产而支付的或为承担负债而收取的价格。

退出价格　出售资产所能收到的或转移负债所需支付的价格。

预期现金流量　未来可能现金流量的概率加权平均（即分布的平均数）。

公允价值　市场参与者之间在计量日进行的有序交易中，出售一项资产所能收到或转移一项负债所需支付的价格。

最高效和最佳使用　市场参与者使资产或者该资产所在的一组资产和负债（例如一项业务）达到价值最大化时对非金融资产的使用。

收益法　将未来金额（如现金流量或收入和费用）转换成一个单一现值（即折现）的估值技术。公允价值计量是以当前市场对这些未来金额的预期所表明的价值为基础确定的。

输入值　市场参与者在给资产或负债定价时所使用的假设，包括风险假设，例如：

（1）计量公允价值的特定估值技术（如定价模型）的固有风险；以及

（2）估值技术的输入值的固有风险。

输入值可能是可观察的，也可能是不可观察的。

第一层次输入值　主体在计量日能获得的相同资产或负债在活跃市场上的报价（未经调整）。

第二层次输入值　除了第一层次输入值所包含的报价以外的该资产或负债直接或间接可观察的输入值。

第三层次输入值　资产或负债的不可观察输入值。

市场法　利用涉及相同或可比（即类似）资产、负债或一组资产和负债（如业务）的价格和市场交易产生的其他相关信息的估值技术。

市场验证的输入值　通过相关性分析或其他手段，主要来源于可观察市场数据的输入值或经过可观察市场数据验证的输入值。

市场参与者　在资产或负债主要市场（或最有利市场）上具有下列所有特征的买方和卖方：

（1）他们相互独立，即他们不是《国际会计准则第 24 号》所定义的关联方，但是如果主体有证据表明交易按照市场条款进行，关联方的交易价格可以被作为公允价值计量中的输入值。

（2）他们熟悉情况，基于所有可获取的信息，包括通过常见和惯常的尽职调查可能获取的信息，对资产或负债具有合理认知。

（3）他们有能力进行资产或负债的交易。

（4）他们愿意进行资产或负债的交易，即他们有动机而不是被迫或以其他强制方式进行交易。

最有利市场 在考虑交易费用和运输费用之后，能够使出售资产取得的金额最大化或使转移负债支付的金额最小化的市场。

不履约风险 主体不履行义务的风险。不履约风险包括但不限于报告主体自身的信用风险。

可观察输入值 基于市场数据，如公开可获得的有关实际事项或交易的信息，并反映市场参与者在给资产或负债定价时所使用的假设所确定的输入值。

有序交易 有序交易是这样一种交易，它假定在计量日前在市场上已经存在一定时间，从而已经有对于涉及这些资产或负债的交易是常见和惯常的市场活动；有序交易不是被迫交易（例如被迫清算或抛售）。

主要市场 拥有资产或负债最大交易量和最高活跃度的市场。

风险溢价 风险厌恶型市场参与者因为承担资产或负债现金流量的固有不确定性而要求的补偿也称为“风险调整”。

交易费用 在资产或负债的主要市场（或最有利市场）出售资产或转移负债的、直接归属于资产处置或负债转移的成本，该成本同时满足下列标准：

（1）直接由交易引起且对交易至关重要。

（2）主体如果不作出出售资产或转移负债的决定，该成本将不会产生类似《国际财务报告准则第5号》会议的销售费用。

运输费用 将一项资产从当前位置运抵主要市场（或最有利市场）发生的成本。

计量单元 国际财务报告准则中为确认目的规定的资产或负债汇总或分解的水平。

不可观察输入值 不能从市场数据中获得的输入值，这种输入值是基于可获得的关于市场参与者在给资产或负债定价时所使用假设的最佳信息确定的。

附录二　应用指南

本附录是本国际财务报告准则的组成部分。它规范了第1 段至99 段的应用，与本国际财务报告准则的其他部分具有同等效力。

1. 不同估值情况下应用的判断可能是不同的。本附录规范主体在不同估值情况下计量公允价值时可能应用的判断。

公允价值计量方法

2. 公允价值计量的目标是估计在当前市场条件下市场参与者在计量日出售资产和转移负债的有序交易中的价格。公允价值计量要求主体确定下列各项：

（1）作为计量对象的特定资产或负债（与其计量单元一致）。

（2）对于非金融资产，计量适用的估值前提（与其最高效和最佳使用一致）。

（3）该资产或负债的主要市场（或最有利市场）。

（4）计量适用的估值技术，考虑是否可获得代表市场参与者对资产或负债定价时所使用假定的输入值的相关数据，以及输入值所属的公允价值级次中的层次。

非金融资产的估值前提（第 31 段至 33 段）

3. 计量与其他资产构成组合（如为了使用安装或配置）或与其他资产及负债构成组合（如一项业务）使用的非金融资产公允价值时，估值前提的影响视情况不同而不同。例如：

（1）无论资产单独使用还是与其他资产或其他资产和负债组合使用，资产的公允价值可能是相同的。市场参与者继续运营作为业务的资产就是这种情况。在这种情况下，交易涉及对业务的整体进行估值。在持续业务中，以组合方式使用资产将为市场参与者带来协同效应（即市场参与者协同效应，并因此影响资产的公允价值，无论资产单独使用还是与其他资产或其他资产和负债组合使用）。

（2）资产与其他资产或其他资产和负债组合的使用可以通过对单独使用的资产价值进行调整从而包括在公允价值计量中。例如，资产是一项机器设备，其公允价值计量基于类似机器（没有为使用进行安装或配置）的可观察价格确定，并就运输和安装成本进行调整，从而公允价值计量反映机器（为使用进行了安装和配置）的当前条件和位置。

（3）资产与其他资产或其他资产和负债的组合使用可以通过市场参与者在资产

公允价值计量中采用的假定包括在公允价值计量中。例如，如果资产是独特的在产品存货，市场参与者将会将该存货转化为产成品，存货的公允价值将假定市场参与者已经获取或能够获取将存货转化为产成品所需的任何特殊机器设备。

（4）资产与其他资产或其他资产和负债组合的使用可以包括在计量资产公允价值的估值技术中。例如，在使用多期超额收益法计量无形资产的公允价值时，该估值技术特别考虑了无形资产所在组合中的其他配套资产和相关负债的贡献。

（5）在更有限的情况下，当主体使用归属于资产组中的资产时，主体可能以近似公允价值的金额计量资产，即将资产组的公允价值分配到组合中的单项资产。涉及房地产的估值中，经过改良的不动产（即资产组）的公允价值被分配至其组成资产（如土地和改良），可能就是这种情况。

初始确认时的公允价值（第 57 段至 60 段）

4. 在确定初始确认时的公允价值是否等于交易价格时，主体应当考虑交易及资产或负债的特定因素。例如，如果存在下列情况，交易价格不能代表初始确认时资产或负债的公允价值：

（1）关联方之间的交易，除非主体有证据表明交易按照市场条款进行，关联方的交易价格可以被作为公允价值计量中的输入值。

（2）被迫进行的交易，或者卖方在交易中被迫接受价格的交易。例如，卖方正处于财务困难中可能就是这种情况。

（3）交易价格所代表的计量单元不同于以公允价值计量的资产或负债的计量单元。例如，以公允价值计量的资产或负债仅仅是交易（例如企业合并）中的一部分，交易还包括按照其他国际财务报告准则应单独计量的未申明权利和特权，或者交易价格中包含交易费用。

（4）进行交易的市场不同于主要市场（或最有利市场）。例如，如果主体作为做市商，与顾客在零售市场进行交易，但退出交易的主要市场（或最有利市场）是与其他做市商进行交易的做市商市场，此时，交易市场和主要市场（或最有利市场）就是不同的。

估值技术（第 61 段至 66 段）

市场法

5. 市场法使用相同或可比（即类似）资产、负债或资产和负债的组合（如业务）的市场交易所产生的价格和其他相关信息。

6. 例如，与市场法一致的估值技术经常使用源自一系列可比值的市场倍数。该倍数可能位于一个范围之内，不同可比值对应不同倍数。在该范围内选择恰当的倍数需要运用判断，并考虑与计量相关的定性和定量因素。

7. 与市场法一致的估值技术包括矩阵定价。矩阵定价是一种主要用于诸如债务性证券的一些类型的金融工具估值的数学方法，它不完全依赖于特定证券的报价，而是依赖于该证券与其他基准报价证券之间的关系。

成本法

8. 成本法反映目前替代资产服务能力所需的金额（常被称为现行重置成本）。

9. 从卖方市场参与者的角度来看，出售资产收到的价格取决于买方市场参与者获得或构建一项具有可比效用的替代资产的成本按陈旧贬值情况调整后的金额。这是因为买方市场参与者为该资产付出的金额不会比替代其服务能力所需的金额更高。陈旧贬值包括实物性损耗、功能性（技术）贬值以及经济性（外部）贬值，这种贬值要比出于财务报告目的（历史成本的分配）或纳税目的（使用特定的服务期限）的折旧范围更广。在很多情况下，现行重置成本法被用于计量与其他资产或其他资产和负债一起使用的有形资产的公允价值。

收益法

10. 收益法将未来金额（例如现金流量或收入和费用）转换成一个单一的当前（即折现）金额。当使用收益法时，公允价值计量反映对这些未来金额的当前市场预期。

11. 例如，这些估值技术包括：

（1）现值技术（参见应用指南第12段至30段）；

（2）期权定价模型，例如布莱克—斯科莱—默顿模型或包含了现值技术并可同时反映期权时间价值和内在价值的二项式模型（即点阵模型）；以及

（3）用于计量某些无形资产公允价值的多期超额收益法。

现值技术

12. 应用指南第13段至30段规范了现值技术在计量公允价值中的运用。这些段落侧重于折现率调整技术和预期现金流量（预期现值）技术。这些段落既没有规范使用单一的特定现值技术，也没有将计量公允价值使用的现值技术局限于所讨论的技术。计量公允价值所使用的现值技术将取决于被计量的资产或负债的特定因素和情形（例如类似资产或负债的价格能否在市场上观察到）以及充足数据的可获得性。

现值计量的构成

13. 现值（即收益法的一种应用）是运用折现率将未来金额（如现金流量或价值）与现在金额联系起来所使用的工具。使用现值技术计量资产或负债的公允价值涵盖了计量日从市场参与者角度考虑的下列所有要素：

（1）对被计量资产或负债未来现金流量的估计。

（2）对代表现金流量固有不确定性的现金流量金额和时间可能变动的预期。

（3）资金的时间价值，由无风险货币资产的利率代表，该资产的到期日或期限与现金流量覆盖的期限相一致，且对持有人而言不存在时间的不确定性或违约风险（即无风险利率）。

（4）因承受现金流量固有不确定性要求的价格（即风险溢价）。

（5）市场参与者在当前情况下考虑的其他因素。

（6）对于负债，负债相关的不履约风险，包括主体（即债务人）的自身信用风险。

一般原则

14. 现值技术因其如何获取应用指南第 13 段中列举的要素不同而有所不同。但是，计量公允价值所使用的任何现值技术在应用中都应遵循下列一般原则：

（1）现金流量和折现率应反映市场参与者对资产或负债定价时使用的假设。

（2）现金流量和折现率应仅考虑与被计量资产或负债相关的特定因素。

（3）为避免重复计算或忽略风险因素的影响，折现率应反映与现金流量内在假定相一致的假设。例如，如果使用贷款的合同现金流量，反映未来违约预期不确定性的折现率（即折现率调整技术）是适当的。如果使用预期（即概率加权）现金流量（即预期现值技术）就不应采用该折现率，因为预期现金流量已经反映了对未来违约不确定性的假设；相反，应采用与预期现金流量固有风险相匹配的折现率。

（4）关于现金流量和折现率的假设应具有内在一致性。例如，包含了通货膨胀影响的名义现金流量应采用包含通货膨胀影响的比率折现。名义无风险利率包含了通货膨胀的影响。排除了通货膨胀影响的实际现金流量应采用排除通货膨胀影响的比率折现。类似地，税后现金流量应采用税后折现率折现。税前现金流量应采用与这些现金流量一致的比率折现。

（5）折现率应与现金流量计价货币的基础经济因素相一致。

风险和不确定性

15. 采用现值技术计量公允价值是在不确定的条件下进行的，因为使用的现金流量是估计的而不是已知金额。很多情况下，现金流量的金额和时间都不确定。即使是合同固定的金额（如贷款支付额），在存在违约风险时也是不确定的。

16. 市场参与者一般会为承担资产或负债现金流量中的固有不确定性而要求补偿（即风险溢价）。公允价值计量应包括风险溢价，以反映市场参与者就现金流量固有不确定性所要求的补偿金额。否则，该计量将无法如实代表公允价值。在某些情况下，确定合适的风险溢价可能很困难。但是，困难程度本身不足以作为不考虑风险溢价的理由。

17. 现值技术因对风险的调整方式和采用现金流量的类型的不同而不同。例如：

（1）折现率调整技术（参见应用指南第 18 段至 22 段）使用风险调整折现率和合同、承诺或最可能现金流量。

（2）预期现值技术的方法 1（参见应用指南第 25 段）使用风险调整预期现金流量和无风险利率。

（3）预期现值技术的方法2（参见应用指南第26段）使用未经风险调整的预期现金流量和包含市场参与者要求的风险溢价的折现率。该折现率与折现率调整技术中使用的比率不同。

折现率调整技术

18. 折现率调整技术使用可能的估计金额范围内一组单一的现金流量中的合同、承诺（如债券）或最可能现金流量。在任何情况下，这些现金流量都是以特定事项的出现为条件的（例如，债券的合同或承诺现金流量是以债务人不存在违约为条件的）。折现率调整技术使用的折现率源自市场上交易的可比资产或负债的可观察收益率。相应地，合同、承诺或最可能现金流量以这些附条件现金流量的可观察的或估计的市场利率（即市场回报率）进行折现。

19. 折现率调整技术要求对可比资产或负债的市场数据进行分析。在确定是否可比时，需要考虑现金流量的性质（例如现金流量是合同现金流量还是非合同现金流量、现金流量对经济条件的改变会否作出类似反应）以及其他因素（例如信用状况、抵押品、期限、限制性合同和流动性）。此外，如果单一的可比资产或负债无法公允反映被计量资产或负债现金流量的固有风险，可能通过使用多项可比资产或负债的数据并结合无风险利率曲线推演出折现率（即使用“构建”法）。

20. 为了说明构建法，假定A资产是在一年内收取800货币单位①的合同权利（即不存在时间不确定性）。存在可比资产的现成市场，且关于这些资产的信息，包括价格信息，是可获得的。这些可比资产中：

（1）B资产是在一年内收取1 200货币单位的合同权利，且市价为1 083货币单位。因此，内含的年度收益率（即一年的市场回报率）为10.8%［（1 200货币单位/1 083货币单位）－1］。

（2）C资产是在两年内收取700货币单位的合同权利，且市价为566货币单位。因此，内含的年度收益率（即两年的市场回报率）为11.2%［(700货币单位/566货币单位)$^{\frac{1}{2}}$－1］。

（3）三项资产在风险方面（即可能的支付分布和信用状况）是可比的。

21. 基于A资产相对于B资产和C资产收到合同支付的时间（即B资产一年，C资产两年），B资产被认为与A资产更可比。利用A资产收到的合同支付（800货币单位）和从B资产推演的一年期市场利率（10.8%），计算得到A资产的公允价值为722货币单位（800货币单位/1.108）。此外，如果不能获得B资产的市场信息，可以采用构建法从C资产推演出一年期市场利率。在这种情况下，可以利用无风险收益率曲线的期限结构将C资产计算出的两年期市场利率（11.2%）调整为一年期市场利率。为确定一年期和两年期资产的风险溢价是否相同，可能要求获取更多信息和进行额外分析。如果确定一年期资产和两年期资产的风险溢价不同，两年期市场收益率将对这一影响作进一步调整。

---

① 在本国际财务报告准则中，货币金额以“货币单位”表示。

22. 当折现率调整技术应用于固定收入或支出时，折现率中应包括对被计量资产或负债现金流量中固有风险的调整。有时，折现率调整技术应用于现金流量不是固定收入或支出的情况，这可能需要对现金流量进行调整，以使其与推演出折现率的可观察资产或负债具有可比性。

预期现值技术

23. 预期现值技术以反映所有可能未来现金流量加权平均的一组现金流量（即预期现金流量）为起点。得到的估计值应与期望值相同，期望值在统计术语中是指离散随机变量的可能值以各自概率作为权重计算的加权平均值。由于对所有可能的现金流量都给予了概率加权，得到的预期现金流量不再以特定事项的出现为条件（与折现率调整技术中使用的现金流量不同）。

24. 在作出投资决策时，风险厌恶型市场参与者将考虑实际现金流量可能不同于预期现金流量的风险。组合理论将下列两种风险区分开来：

（1）非系统性（可分散）风险，即个别资产或负债的特定风险。

（2）系统性（不可分散）风险，即分散化组合中资产或负债与其他项目承担的共同风险。

组合理论认为，在市场均衡的情况下，市场参与者仅会因承担现金流量的固有系统性风险而得到补偿（在市场无效或不均衡时，可能存在其他形式的回报或补偿）。

25. 预期现值技术的方法1通过扣减现金风险溢价（即风险调整预期现金流量）对资产预期现金流量的系统性（即市场）风险进行调整。经风险调整后的预期现金流量代表确定的等值现金流量，并按照无风险利率折现。确定的等值现金流量是指经风险调整后的预期现金流量（如定义），从而是否以确定现金流量交换预期现金流量对市场参与者来说无关紧要。例如，如果市场参与者愿意以1 200货币单位的预期现金流量交换1 000货币单位的确定现金流量，该1 000货币单位即为1 200货币单位的确定等值金额（即200货币单位代表现金风险溢价）。在这种情况下，市场参与者对于所持有的资产不存在偏好。

26. 相比之下，预期现值技术的方法2通过在无风险利率之上应用风险溢价对系统性（即市场）风险进行调整。相应地，预期现金流量以与概率加权现金流量相关的预期利率相对应的利率（即预期回报率）进行折现。可以使用对风险资产进行计价的模型，如资本资产定价模型来估计预期回报率。由于折现率调整技术中使用的折现率是与附条件现金流量相关的回报率，该折现率可能比预期现值技术方法2中使用的折现率高，方法2中的折现率是与预期或概率加权现金流量相关的预期回报率。

27. 为了说明方法1和方法2，假定根据以下列示的可能现金流量和概率，计算确定资产在一年内拥有780货币单位的预期现金流量。适用的一年期现金流量无风险利率为5%，具有相同风险状况的资产的系统性风险溢价为3%。

可能的现金流量	概率	概率加权现金流量
500货币单位	15%	75货币单位
800货币单位	60%	480货币单位

900 货币单位	25%	225 货币单位
预期现金流量		780 货币单位

28. 在这个简单的示例中，预期现金流量（780货币单位）代表三个可能结果的概率加权平均。在更现实的情况下，可能存在许多可能的结果。但是，应用预期现值技术时，不总是需要运用复杂的模型和技术考虑所有可能的现金流量分布，而是构造能够刻画可能现金流量数组的有限数量的离散情景和概率。例如，主体可能使用相关历史期间的实际现金流量，并在考虑市场参与者假定的基础上，对后续发生的情况（例如外部因素的改变，包括经济或市场条件、行业趋势和竞争，以及具体影响主体的内部因素的改变）进行调整。

29. 理论上讲，无论使用方法1还是方法2确定的资产现金流量的现值（即公允价值）都是一样的，如下：

（1）使用方法1时，预期现金流量因系统性（即市场）风险而进行调整。当直接表示风险调整金额的市场数据缺失时，这种调整可以从资产定价模型推演出来并使用确定等值额概念。例如，风险调整（即22货币单位的现金风险溢价）可以通过使用3%的系统性风险溢价确定｛780货币单位－［780货币单位×（1.05/1.08）］｝，得出758货币单位（780货币单位－22货币单位）的风险调整预期现金流量。758货币单位是780货币单位的确定等值额，并以无风险利率（5%）折现。资产的现值（即公允价值）为722货币单位（758货币单位/1.05）。

（2）使用方法2时，预期现金流量不因系统性（即市场）风险而进行调整。对这一风险的调整被包括在折现率中。因此，预期现金流量以8%（即5%的无风险利率加上3%的系统性风险溢价）的预期回报率折现。资产的现值（即公允价值）为722货币单位（780货币单位/1.08）。

30. 当使用预期现值技术计量公允价值时，方法1或方法2均可使用。对方法1或方法2的选择取决于被计量资产或负债的特定事实和环境，以及可获取足够数据和运用判断的程度。

对未被其他方作为资产持有的负债和主体自身权益工具运用现值技术（第40段和第41段）

31. 当使用现值技术计量未被其他方作为资产持有的负债（即退役负债）的公允价值时，主体应估计市场参与者为履行义务预期将引起的未来现金流出。这些未来现金流出应当包括市场参与者关于履行义务成本的预期以及市场参与者为承担义务所要求的补偿。该补偿包括市场参与者因下列方面所要求的回报：

（1）采取此行动（即履行义务的价值，例如使用了本可用于其他用途的资源）；以及

（2）承担与该义务相关的风险（即反映实际现金流出可能不同于预期现金流出风险的风险溢价）。

32. 例如，一项非金融负债不含有合同回报率，也无该负债可观察的市场收益率。有些情况下，市场参与者所要求回报的成分无法相互分离（例如使用合同第三方承包商在固定费用基础上确定的价格）。另一些情况下，主体需要对各成分单独估计（如使用合同第三方承包商在成本加成基础上确定的价格，因为该承包商不愿承担未来成本变化的风险）。

33. 主体可以通过下列方法，在对未被其他方作为资产持有的负债和主体自身权益工具进行公允价值计量中时考虑风险溢价：

（1）通过调整现金流量（即增加现金流出金额）；或者

（2）通过调整用于将未来现金流量折现到现值的比率（即降低折现率）。

主体应确保不重复计算或忽略对风险的调整。例如，如果因考虑与承担义务相关的风险补偿而增加了估计现金流量，则折现率不应为反映该风险而作出调整。

估值技术的输入值（第67段至71段）

34. 可观察到某些资产和负债（例如金融工具）输入值的市场例子包括：

（1）交易所市场。在交易所市场上，收盘价是可获得的且通常能代表公允价值。此类市场的例子是伦敦证券交易所。

（2）做市商市场。在做市商市场上，做市商随时准备交易（用自己的账户或买或卖），用自身资本持有做市项目的存货，以此提供流动性并形成市场。通常出价和要价（分别表示做市商愿意购买的价格和愿意出售的价格）比收盘价更容易获得。柜台交易市场（价格公开）是做市商市场。其他的一些资产或负债也存在做市商市场，包括金融工具、商品和有形资产（如二手设备）。

（3）经纪人市场。在经纪人市场上，经纪人试图撮合买方和卖方，但不用自身账户随时准备交易。换而言之，经纪人不利用自身的资本持有做市项目的存货。经纪人知道各方的出价和要价，但每一方通常不知道另一方的价格要求。完成交易的价格有时是可以获得的。经纪人市场包括撮合买方和卖方的电子交流网络，以及商用或民用房地产市场。

（4）买卖双方直接交易的市场。在买卖双方直接交易的市场上，一级或二级交易都是独立协商无中介参与。这些交易的信息很少能够公开获得。

公允价值级次（第72段至90段）

第二层次输入值（第81段至85段）

35. 特定资产和负债第二层次输入值的例子包括：

（1）基于伦敦同业拆借利率（LIBOR）互换利率的固定收入、变动支出的利率互换。如果伦敦同业拆借利率互换利率在互换的几乎整个期限内的通常报价间隔内可观察，则第二层次输入值为该利率。

（2）基于外币计价的收益率曲线的固定收入、变动支出的利率互换。如果基于外币计价的收益率曲线的互换利率在互换的几乎整个期限内的通常报价间隔内可观察，则第二层次输入值为该利率。例如，当利率互换期限为 10 年，并且 9 年利率都是在通常报价间隔内可观察的，则属于上述情况，其中，假设 10 年收益率曲线的合理外推值对互换公允价值计量的整体而言并不重要。

（3）基于特定银行优惠利率的固定收入、变动支出的利率互换。如果外推价值由可观察市场数据证实，例如，通过与涵盖互换几乎整个期限的可观察利率建立起相关关系，则第二层次输入值为通过外推取得的银行优惠利率。

（4）交易所交易股票的三年期期权。如果下列两个条件成立，第二层次输入值为通过外推至第三年得到的股票的隐含波动率：

①一年期和两年期的股票期权价格可获得。

②外推的三年期期权的隐含波动率可以由涵盖期权几乎整个期限的可观察市场数据验证。

在这种情况下，只要建立起与一年期和两年期隐含波动率的相关关系，隐含波动率可以通过一年期和两年期该股票期权的隐含波动率外推得到，并经三年期可比主体股票期权的隐含波动率验证。

（5）许可协议。对于在企业合并中获得的、近期由被合并主体（为许可协议方）与非关联方协商的许可协议，第二层次输入值为协议初始时与非关联方订立合同中的特许权费率。

（6）零售渠道的产成品存货。对于在企业合并中取得的产成品存货，第二层次输入值或者是零售市场上对客户的价格，或者是批发市场上对零售商的价格，并针对存货项目与可比（即类似）存货项目条件和位置的差异作出调整，从而公允价值反映将存货销售给完成所需销售工作的另一零售商的交易中收到的价格。从概念上讲，无论对零售价格做（向下）调整，还是对批发价格作（向上）调整，公允价值计量将是一样的。公允价值计量一般应使用要求最少主观调整的价格。

（7）持有并已使用的建筑物。第二层次输入值可能是来源于可观察市场数据的建筑物每平米价格（估值乘数）。例如，来源于类似位置的可比（即类似）建筑物的可观察交易价格的乘数。

（8）现金产出单元。第二层次输入值可能是来源于可观察市场数据的估值乘数。（例如收益或收入或类似业绩度量的乘数）例如，来源于涉及可比（即类似）业务的可观察交易价格的乘数，并考虑经营、市场、财务和非财务因素的影响。

第三层次输入值（第 86 段至 90 段）

36. 特定资产和负债第三层次输入值的例子包括：

（1）长期货币互换。第三层次输入值为特定货币的利率，该利率不可观察，无法由通常报价间隔内或货币互换几乎整个期限内的可观察市场数据验证。货币互换中的利率是通过各自国家收益率曲线计算取得的互换利率。

（2）交易所交易股票的三年期期权。第三层次输入值为历史波动率，即基于股票历史价格的股票波动率，历史波动率一般不代表当前市场参与者对未来波动率的预期，即使它是期权定价的唯一可获得信息。

（3）利率互换。第三层次输入值为对互换的市场共识（非约束性）中间价格的调整，调整时使用不能直接观察和无法由可观察市场数据验证的数据。

（4）企业合并中承担的退役负债。输入值如果没有合理可获得的信息表明市场参与者将使用其他假定时，第三层次输入值为主体对自身履行义务需要支付的未来现金流量的估计数（包括市场参与者对履行义务成本和市场参与者为承担弃置资产义务要求的补偿的预期）。该第三层次输入值将与其他输入值一起用于现值技术，例如，当前无风险利率或当主体的信用状况对负债公允价值的影响反映在利率中而不是在未来现金流出估计中时的经信用调整的无风险利率。

（5）现金产出单元。如果没有合理可获得的信息表明市场参与者将使用其他假定时，第三层次输入值为使用主体自身数据作出的财务预测（例如现金流量或损益的财务预测）。

在资产或负债交易量或交易活跃程度大幅下降时计量公允价值

37. 当资产或负债的交易量或交易活跃程度与该资产或负债（或类似资产或负债）的正常市场活动相比出现大幅下降时，资产或负债的公允价值可能受到影响。为了基于可获得的证据确定资产或负债的交易量或交易活跃程度是否出现大幅下降，主体应当评估下列因素的重要性和相关性：

（1）最近几乎没有交易。

（2）报价信息不是基于当前信息。

（3）报价信息在一段时间内或在做市商之间（例如一些经纪人市场）变化极大。

（4）以往与资产或负债公允价值高度相关的指标被证明与该资产或负债近期公允价值的指示值不相关。

（5）与主体对预期现金流量的估计相比，可观察交易或报价的隐含流动性风险溢价、收益率或业绩指标（如拖欠率或损失严重程度）大幅增加，该估计考虑了所有关于资产或负债信用和其他不履约风险可获得的市场数据。

（6）出价—要价价差很大或者大幅增加。

（7）资产、负债或类似资产、负债的新发行市场（即一级市场）的交易活动大幅下降或不存在此类市场。

（8）几乎没有公开可获得的信息（例如对于在货主与货主间的直接交易市场上进行的交易）。

38. 如果主体认为资产或负债的交易量或交易活跃程度与该资产或负债（或类似资产或负债）的正常市场活动相比出现大幅下降，则需要对交易或报价进行进一步分析。交易量或交易活跃程度降低本身可能并不意味着交易价格或报价不代表公允价值，或在该市场中的交易不是有序的。但是，如果主体确定交易或报价不代表公允价值（例如，可能存在非有序交易），并且以这些价格为基础计量公允价值，需要对交易或报价进行调整，且该调整可能对公允价值计量整体具有重要意义。其他情况下（例如，为使类似资产价格与被计量资产可比而需要进行重大调整，或者价格过期），调整也可能是必要的。

39. 本国际财务报告准则不规范对交易或报价作出重大调整的方法。关于计量公允价值使用估值技术的讨论参见第61段至66段和应用指南第5段至11段。无论使用何种估值技术，主体都应考虑合适的风险调整，包括反映市场参与者因资产或负债现金流量固有不确定性而要求作为补偿的风险溢价（参见应用指南第17段）。否则，计量不能真实代表公允价值。在某些情况下，确定适当的风险调整可能是困难的。但是，困难程度本身并不足以表明可以不进行风险调整。风险调整应反映在当前市场条件下市场参与者在计量日进行的有序交易。

40. 如果资产或负债的交易量或交易活跃程度大幅下降，可能需要改变估值技术或者使用多种估值技术（例如使用市场法和现值技术）。当权衡使用不同估值技术取得的公允价值计量结果时，主体应考虑公允价值计量范围的合理性。目标是确定范围内在当前市场条件下最能代表公允价值的金额。公允价值计量范围过于大，可能说明需要进行进一步分析。

41. 即使资产或负债的交易量或交易活跃程度出现大幅下降，公允价值计量的目标仍应保持不变。公允价值是在当前市场条件下，市场参与者之间在计量日进行的有序交易（即非被迫清算或抛售）中，出售一项资产所能收到或转移一项负债所需支付的价格。

42. 如果资产或负债交易量或交易活跃程度大幅下降，估计市场参与者在计量日按照当前市场条件愿意进行交易的价格依赖于计量日的事实和环境，这需要进行判断。主体持有资产、偿还或以其他方式履行负债的意图与计量公允价值无关，因为公允价值是以市场为基础的计量，不是特定主体的计量。

识别非有序交易

43. 如果资产或负债的交易量或交易活跃程度与该资产或负债（或类似资产或负债）的正常市场活动相比出现大幅下降，确定交易是否为有序（或不是有序）交易更为困难。在这种情况下，认为该市场上的所有交易都不是有序的（即被迫清算或抛售）是不合适的。可能表明交易非有序的情形包括：

（1）在当前市场条件下，计量日之前的一段时间内市场没有提供足够的空间来进行涉及此类资产或负债的常见或惯常的市场交易活动。

（2）有常见或惯常的营销期，但是卖方将资产或负债出售或转移给单一的市场参与者。

（3）卖方处于或接近于破产或者破产托管（即卖方陷于困境）。

（4）卖方的出售是为了满足监管或者法律的要求（即卖方被迫销售）。

（5）与相同或类似资产或负债近期发生的其他交易相比，该交易的价格是一个异常值。

主体应当基于可获取的证据，权衡不同情况来决定交易是否有序。

44. 主体在计量公允价值或者估计市场风险溢价时，应当考虑下列所有方面：

（1）如果有证据表明交易是非有序的，主体应当对该交易价格不赋或者只赋很少的权重（与其他公允价值指示值相比）。

（2）如果证据表明交易是有序的，主体应当考虑该交易价格。与其他公允价值指示值相比，对该交易价格赋予的权重依赖于事实和环境，例如：

①交易量。

②该交易与被计量资产或负债的可比性。

③交易日与计量日的相近程度。

（3）如果主体没有足够信息认定交易是否有序，主体应当考虑该交易价格。但是，该交易价格可能无法代表公允价值（即交易价格不一定是计量公允价值或者估计市场风险溢价的唯一或最重要的基础）。当主体没有足够信息认定特定交易是否有序时，与其他已知为有序的交易相比，主体应当对这些交易赋予较少权重。

主体无需为确定交易是否有序而竭尽全力，但也不能忽视合理可获得的信息。如果主体为交易的参与方，则假定主体拥有足够信息来决定交易是否有序。

利用第三方报价

45. 如果主体确定由诸如定价服务或经纪人等第三方提供的报价是遵循本国际财务报告准则形成的，本国际财务报告准则不限制使用第三方提供的报价。

46. 如果资产或负债的交易量或交易活跃程度出现大幅下降，主体应当评估第三方提供的报价在形成中是否使用了反映有序交易的当前信息或是反映市场参与者假定（包括有关风险的假定）的估值技术。在权衡作为公允价值计量输入值的报价时，（与其他反映了交易结果的公允价值指示值相比），主体应对不能反映交易结果的报价赋予较少权重。

47. 此外，主体权衡可获得的证据时，应当考虑报价的性质（例如，报价是参考价格还是具有约束性的要约），对第三方提供的具有约束性要约的报价应赋予更多权重。

附录三　生效日期和过渡性规定

本附录是本国际财务报告准则的组成部分，与本国际财务报告准则的其他部分具有同等效力。

1. 主体应将本国际财务报告准则适用于 2013 年 1 月 1 日或以后日期开始的年度期间。允许提前采用。如果主体提前采用了本国际财务报告准则，则应披露这一事实。

2. 主体应在初始采用的年度期间期初采用未来适用法应用本国际财务报告准则。

3. 主体不必将本国际财务报告准则中规定的披露要求应用于比较信息中初始采用本国际财务报告准则之前的期间。

理事会批准 2011 年 5 月发布的《国际财务报告准则第 13 号》

国际会计准则理事会 15 位理事同意批准发布《国际财务报告准则第 13 号——公允价值计量》。

David Tweedie 爵士	主席
Stephen Cooper	
Philippe Danjou	
Jan Engström	
Patark Finnegan	
Amaro Luiz de Oliveira Gomes	
Prabhakar Kalavacherla	
Elke Köng	
Patricia Mc Connell	
Wannen J McGregor	
Paul Pacter	
Darrd Scott	
John T Smith	
Tatsumi Yamada	
Wei – Guo Zhang	

《国际财务报告准则第 13 号——公允价值计量》结论基础

目 录

	段落
引言	**1-18**
概述	4-8
背景	9-18
范围	**19-26**
计量	**27-182**
公允价值的定义	27-45
相关资产或负债	46-47
交易	48-54
市场参与者	55-59
价格	60-62
应用于非金融资产	63-79
应用于负债	80-103
应用于主体自身权益工具	104-107
应用于市场风险或对方信用风险抵销头寸的金融资产和金融负债	108-131
初始确认时的公允价值	132-138
估值技术	139-148
估值技术输入值	149-165
公允价值级次	166-182
披露	**183-224**
区分持续和非持续的公允价值计量	186
划入公允价值级次中第三层次的公允价值计量信息	187-210
公允价值级次中第一层次和第二层次之间的转移	211-212
主体以不同于最高效和最佳使用的方式使用非金融资产	213-214
在财务状况表中不以公允价值计量的项目在级次中的分组	215-217
可收回金额为公允价值扣除处置费用的资产	218-221
中期财务报告	222-224
生效日期和过渡性规定	**225-230**
在新兴和转型经济体中的应用	**231-235**

与美国公认会计原则的趋同 …… 236－238
成本－效益的考虑 …… 239－243
对征求意见稿主要变动的概述 …… 244

本结论基础与《国际财务报告准则第13号》一并发布，但不构成其组成部分。

引言

1. 本结论基础总结了国际会计准则理事会（IASB）在就《国际财务报告准则第13号——公允价值计量》形成结论的过程中所考虑的因素，包括接受特定观点及驳回其他观点的原因。国际会计准则理事会理事个人对有些因素比对其他因素更为重视。

2.《国际财务报告准则第13号》是国际会计准则理事会就按照国际财务报告准则计量公允价值及披露公允价值计量信息进行讨论的成果，包括与美国国家会计准则制定机构——财务会计准则委员会（FASB）开展的公允价值计量联合项目讨论的成果。

3. 作为上述讨论的成果，财务会计准则委员会对《会计准则汇编》中的《主题820——公允价值计量》（汇编了《财务会计准则公告第157号——公允价值计量》（SFAS 157））的特定内容进行了修订。财务会计准则委员会另行制定了一项结论基础，概括了其就上述修订形成结论时所考虑的因素。

概述

4. 一些国际财务报告准则要求或允许主体计量或披露资产、负债或主体自身权益工具的公允价值。由于这些国际财务报告准则是多年来陆续制定的，因此，有关计量公允价值及披露公允价值计量信息的要求较为分散，并且在许多情况下未阐明清晰的计量或披露目标。

5. 因此，这些国际财务报告准则中有些仅包含关于如何计量公允价值的有限指南，而其他则包含广泛指南，并且涉及公允价值的国际财务报告准则中的指南并非总是一致的。有关计量公允价值及披露公允价值计量信息的不一致要求导致了实务的多样化，并降低了财务报表列报信息的可比性。

6. 为改善这一情况，国际会计准则理事会在议程中加入一个项目，旨在实现下列目标：

（1）针对国际财务报告准则要求或允许的所有公允价值计量制定统一的要求，以降低其应用的复杂性，提高其应用的一致性，从而增加财务报表列报信息的可比性；

（2）澄清公允价值的定义及相关指南，以更清晰地传达计量的目标；

（3）改善有关公允价值计量的披露，以有助于财务报表使用者评估形成公允价值计量的估值技术和所使用的输入值；以及

（4）促进国际财务报告准则与美国公认会计原则（GAAP）的趋同。

7.《国际财务报告准则第 13 号》是上述项目的成果。《国际财务报告准则第 13 号》是公允价值计量指南的唯一来源，它澄清了公允价值的定义、提供了计量公允价值的清晰框架并改善了有关公允价值计量的披露。它也是国际会计准则理事会和财务会计准则委员会共同努力的成果，确保了国际财务报告准则与美国公认会计原则关于公允价值的含义及计量和披露要求均相同（除了措辞和形式上的细微差异；有关《国际财务报告准则第 13 号》与《主题 820》之间的差异参见结论基础第 237 段和第 238 段）。

8.《国际财务报告准则第 13 号》适用于要求或允许公允价值计量或披露的国际财务报告准则。它未引入新的公允价值计量，亦未取消在不可行的情况下无需以公允价值计量的例外情况（如《国际会计准则第 41 号——农业》中规定的当主体在初始确认时无法可靠地计量生物资产公允价值的情况下，无需以公允价值计量的例外情况）。也就是说，《国际财务报告准则第 13 号》阐明了主体应如何计量公允价值及披露公允价值计量信息，它并未具体规定主体应何时以公允价值计量一项资产、负债或其自身权益工具。

背景

9. 国际会计准则理事会和财务会计准则委员会最初分别制定其公允价值计量准则。

10. 财务会计准则委员会于 2003 年 6 月开始有关公允价值计量项目的工作。在 2005 年 9 月财务会计准则委员会重新审议该项目时，国际会计准则理事会将澄清国际财务报告准则中公允价值含义并为其应用提供指南的项目加入议程。

11. 财务会计准则委员会于 2006 年 9 月发布《财务会计准则公告第 157 号》（现行的《主题 820》）。《主题 820》定义了公允价值，制定了计量公允价值的框架并对公允价值计量的披露提出要求。

12. 2006 年 11 月，作为制定公允价值计量准则的第一步，国际会计准则理事会发布了讨论稿《公允价值计量》。在该讨论稿中，国际会计准则理事会将《财务会计准则公告第 157 号》作为其初步意见的基础，因为《财务会计准则公告第 157 号》与现行国际财务报告准则中公允价值计量指南基本一致，以及促进国际财务报告准则与美国公认会计原则趋同的需要。国际会计准则理事会收到 136 封针对该讨论稿的意见函。2007 年 11 月，国际会计准则理事会开始就制定《公允价值计量（征求意见稿）》进行审议。

13. 国际会计准则理事会于 2009 年 5 月发布了征求意见稿，涉及公允价值的定义、计量公允价值和公允价值计量披露的框架。由于征求意见稿中的建议采用了《财务会计准则公告第 157 号》的要求，因此，两者之间存在许多相似之处。但是，某些建议仍然与《财务会计准则公告第 157 号》的要求存在差异，且很多建议采用的措辞与《财务会计准则公告第157号》类似，但并不完全相同。国际会计准则理事会收到160封针对该征求意见稿建议的意见函。最为普遍的反馈意见之一是要求国际会计准则理事会和财务会计准则委员会合作，在国际财务报告准则与美国公认会计原则中制定共同的关于公允价值计量和披露的要求。

14. 针对上述要求，国际会计准则理事会和财务会计准则委员会在2009年10月举行的联合会议中同意合作制定共同的要求。国际会计准则理事会和财务会计准则委员会得出结论，制定公允价值计量和披露的共同要求将能够提高按照国际财务报告准则和美国公认会计原则编制的财务报表的可比性。而且，共同要求将能够减少应用公允价值计量要求时的多样性并简化财务报告。为实现上述目标，国际会计准则理事会和财务会计准则委员会需要确保在国际财务报告准则与美国公认会计原则中公允价值具有相同的含义和相同的公允价值计量和披露的要求（除了措辞和形式上的细微差异）。因此，财务会计准则委员会同意考虑针对国际会计准则理事会征求意见稿提出的反馈意见，并在必要时建议修订美国公认会计原则。

15. 国际会计准则理事会和财务会计准则委员会于2010年1月开始其联合讨论。他们共同讨论了几乎所有事项，以便双方能够得益于聆听对方就每一事项作出决定的理论依据。他们最初关注于：

（1）《主题820》与国际会计准则理事会征求意见稿建议之间的差异；

（2）针对国际会计准则理事会的征求意见稿收到的反馈意见（包括于2009年11月和12月举行的国际会计准则理事会圆桌会议的与会者所提出的意见）；以及

（3）就《主题820》的实施收到的反馈意见（如财务会计准则委员会估值资源小组所讨论的事项）。

16. 国际会计准则理事会和财务会计准则委员会于2010年3月完成其初步讨论。作为讨论的成果，财务会计准则委员会于2010年6月发布了建议的《会计准则更新》（ASU）《公允价值计量和披露（主题820）：有关美国公认会计原则与国际财务报告准则中公允价值计量和披露的共同要求的修订》，国际会计准则理事会则重新就披露公允价值计量中使用的不可观察输入值的建议征求意见（《公允价值计量的不确定性分析的披露》）。国际会计准则理事会得出结论，有必要就上述建议重新征求意见，因为在讨论中，国际会计准则理事会和财务会计准则委员会同意要求披露关于计量不确定性的分析，包括披露不可观察输入值之间相关关系的影响（这一要求并未纳入2009年5月发布的征求意见稿中，现行国际财务报告准则中也没有相关要求）。国际会计准则理事会收到92封针对该重新征求意见稿的意见函。

17. 2010年9月，在国际会计准则理事会重新征求意见的文档和财务会计准则委员会建议的《会计准则更新》意见征询期结束后，国际会计准则理事会和财务会计准则委员会联合考虑了收到的关于这些征求意见稿的反馈意见，并于2011年3月完成了有关讨论。

18. 在整个过程中，国际会计准则理事会考虑了来自国际财务报告准则咨询委员会、分析师代表小组、国际会计准则理事会公允价值专家咨询小组（参见结论基础第177段）以及其他利益相关方的信息。

范围

19. 鉴于国际财务报告准则与美国公认会计原则在其他准则所规范的初始确认和后续计量的计量基础方面存在差异，国际会计准则理事会和财务会计准则委员会分别讨论了其各自公允价值计量准则的范围。

20. 当其他国际财务报告准则要求或允许公允价值计量或提供有关公允价值计量的披露（和基于公允价值的计量，如公允价值扣除出售费用，或提供有关此类计量的披露）时，《国际财务报告准则第13号》适用，下列情形除外：

（1）《国际财务报告准则第13号》的计量和披露要求不适用于下列各项：

①《国际财务报告准则第2号——以股份为基础的支付》范围内的以股份为基础的支付交易；

②《国际会计准则第17号——租赁》范围内的租赁交易；以及

③类似于公允价值但并非公允价值的计量值，如《国际会计准则第2号——存货》中的可变现净值，或《国际会计准则第36号——资产减值》中的使用价值。

（2）《国际财务报告准则第13号》的披露要求不适用于下列各项：

①按照《国际会计准则第19号——雇员福利》以公允价值计量的计划资产；

②按照《国际会计准则第26号——退休福利计划的会计和报告》以公允价值计量的退休福利计划投资；以及

③按照《国际会计准则第36号》，可收回金额为公允价值扣除处置费用的资产。

21. 征求意见稿建议针对《国际财务报告准则第2号》引入一个新的计量基础，即以市场为基础的价值。“以市场为基础的价值”的定义与公允价值的退出价格定义类似，但其明确该计量并未考虑市场参与者针对可行权条件及重置特征的假设。反馈意见者指出《国际财务报告准则第2号》中某些以公允价值计量的项目符合建议的公允价值定义，但却不符合建议的以市场为基础的价值的定义，并对在《国际财务报告准则第2号》引入以市场为基础的价值计量可能导致无意造成的后果存有疑虑。国际会计准则理事会同意这些意见，并认为，修订《国际财务报告准则第2号》以区分公允价值计量和基于公允价值的计量需要就基于公允价值的计量提供的新计量指南。国际会计准则理事会认为，此类指南可能无意中导致计量以股份为基础的支付交易实务的变更，因此，决定将《国际财务报告准则第2号》排除在《国际财务报告准则第13号》的范围之外。

22. 国际会计准则理事会得出结论，运用《国际财务报告准则第13号》的要求，可能显著改变租赁的分类及确认售后租回交易的利得或损失的时间。鉴于取代《国际会计准则第17号》的项目仍在进行当中，国际会计准则理事会认为，要求主体就关于公允价值计量的国际财务报告准则对其会计系统作出潜在的重大改变，并在随后就关于租赁会计的国际财务报告准则再次作出潜在改变，将对主体造成沉重的负担。

23. 征求意见稿建议，要求对《国际会计准则第19号》中的计划资产的公允价值和《国际会计准则第26号》中的退休福利计划投资的公允价值提供有关公允价值计量的披露。在修订《国际会计准则第19号》的项目中，国际会计准则理事会决定要求主体将计划资产的公允价值分解，区分此类资产的风险和流动性特征，并将每一类债务和权益工具进一步细分为具有活跃市场报价和不具有活跃市场报价的类别。据此，国际会计准则理事会决定主体无需针对计划资产或退休福利计划投资的公允价值提供《国际财务报告准则第13号》所要求的披露。

24. 征求意见稿并未明确其计量和披露要求是否适用于基于公允价值的计量，如《国际财务报告准则第5号——持有待售的非流动资产和终止经营》或《国际会计准则第41号》中的公允价值扣除出售费用。国际会计准则理事会和财务会计准则委员会在讨论中得出结论，计量和披露要求应当适用于以公允价值为计量基础的所有计量值（但相关的披露要求不适用于《国际会计准则第36号》中可收回金额为公允价值扣除处置费用的资产，参见结论基础第218段至第221段）。据此，国际会计准则理事会和财务会计准则委员会决定澄清这些计量和披露要求同时适用于公允价值计量以及基于公允价值的计量。国际会计准则理事会和财务会计准则委员会同时决定明确这些计量和披露要求不适用于类似于公允价值但并非公允价值的计量值，如《国际会计准则第2号》中的可变现净值或者《国际会计准则第36号》中的使用价值。

25. 国际会计准则理事会和财务会计准则委员会决定，明确计量要求适用于在财务状况表中未以公允价值计量但须披露其公允价值的资产或负债的公允价值计量（例如，对于按照《国际财务报告准则第9号——金融工具》或《国际会计准则第39号——金融工具：确认和计量》以摊余成本进行后续计量的金融工具，以及按照《国际会计准则第40号——投资性房地产》采用成本模式进行后续计量的投资性房地产）。

26. 国际会计准则理事会认为，征求意见稿中下列两项有关范围的建议是不必要的：

（1）征求意见稿建议，将《国际会计准则第39号》中具有可随时要求偿还特征的金融负债排除在关于公允价值计量的国际财务报告准则的范围之外。基于所收到的反馈意见，国际会计准则理事会确认了其在制定《国际会计准则第39号》时作出的决定，即具有可随时要求偿还特征的金融负债的公允价值不得低于被要求支付的金额的现值（参见结论基础第101段至第103段），并决定为这些金融负债保留“公允价值”的表述。

（2）征求意见稿建议“公允价值”的表述应由反映《国际财务报告准则第3号——企业合并》企业合并中回购的权利计量目标的另一术语所取代。在重新审议过程中，国际会计准则理事会得出结论，由于《国际财务报告准则第3号》已将回购的权利的计量描述为公允价值计量的例外情况，没有必要变更该措辞。

计量

公允价值的定义

明确计量目标

27.《国际财务报告准则第 13 号》将公允价值定义为：

市场参与者之间在计量日进行的有序交易中，出售一项资产所能收到或转移一项负债所需支付的价格。

28. 同时，《国际财务报告准则第 13 号》提供了一个框架，其目标是估计市场参与者在计量日按当前市场条件出售资产或转移负债的有序交易价格（即从在计量日持有资产或承担负债的市场参与者角度而言的退出价格）。

29. 该公允价值的定义保留了国际财务报告准则中原公允价值定义所包含的交换概念：

在公平交易中，熟悉情况的交易方自愿进行资产交换或清偿负债的金额。

30. 与原公允价值定义一样，修订后的定义假定存在假设并有序的交换交易（即并非实际出售或者被迫交易或抛售）。但是，原公允价值定义：

（1）并未阐明主体是购买资产还是出售资产；

（2）并未明确清偿负债的含义，因为其未提及债权人，而仅仅提到熟悉情况的自愿的交易方；以及

（3）并未明确指出交换或清偿是发生在计量日还是其他日期。

31. 国际会计准则理事会认为，修订后的公允价值定义弥补了上述不足。该定义还进一步明确，公允价值是以市场为基础的计量而并非特定主体的计量，并且公允价值反映当前市场条件（其反映的是市场参与者而非主体当前对未来市场条件的预期）。

32. 在确定如何定义国际财务报告准则中的公允价值时，国际会计准则理事会考虑了在修订《国际财务报告准则第 3 号》的项目中所做的工作。在该项目中，国际会计准则理事会考虑了美国公认会计原则的公允价值定义（明确的退出价格）与国际财务报告准则的公允价值定义（交换金额，在某些情况下可能理解为进入价格）之间的差异，是否会导致企业合并中，所取得的资产和所承担的负债的不同计量。这一事项尤其重要，因为在许多企业合并中，资产和负债均是非金融项目。

33. 国际会计准则理事会邀请估值专家参与某企业合并示例中可辨认的所取得资产和所承担负债估值的个案研究。国际会计准则理事会认识到，退出价格与交换金额（在企业合并中可能理解为进入价格）之间的差异不大可能产生，这主要是由于在两个定义中交易费用均不构成公允价值的一部分。国际会计准则理事会观察到虽然两个

定义使用了不同表述，但阐述的基本上是相同的概念。

34. 然而，估值专家在特定领域内识别出潜在的差异。估值专家告知国际会计准则理事会，如果存在下列情形，则企业合并中所取得的资产或所承担的负债的退出价格可能不同于交换金额：

（1）主体对所取得资产的预定用途不同于市场参与者对该资产的最高效和最佳使用（例如，当所取得的资产提供防御性价值时）；或

（2）基于与债权人进行清算而非将该负债转移给第三方计量负债，且主体确定这两项计量基础存在差异。结论基础第 80 段至第 82 段探讨了清算与转移概念之间的差异。

35. 对于最高效和最佳使用，国际会计准则理事会了解到，在《国际财务报告准则第 3 号》发布时，按照美国公认会计原则以防御性价值（即通过阻止竞争对方使用所取得的资产来提高主体其他资产的使用前景的相关的价值）为基础计量资产的方式尚处于发展阶段。鉴于此，国际会计准则理事会认为，评估可能产生的任何差异的重要性还为时过早。对于负债，当时亦未明确主体是否应使用不同的估值技术来计量企业合并中所承担的负债的公允价值。在制定《国际财务报告准则第 13 号》时，国际会计准则理事会旁听了财务会计准则委员会估值资源小组的讨论，以了解《财务会计准则第 157 号》和美国公认会计原则《主题 820》的实施问题。

公允价值是当前退出价格

36.《国际财务报告准则第 13 号》中公允价值的定义是当前退出价格。该定义本身并非一个具有争议性的事项。许多反馈意见者认为，将公允价值定义为当前以市场为基础的退出价格的建议是恰当的，因为该定义保留了国际财务报告准则中原公允价值定义所包含的非关联的熟悉情况及自愿的交易方进行交换的概念，并提供了更清晰的计量目标。其他反馈意见者则认为，在某些情况下（例如在企业合并中的初始确认时）进入价格更为恰当。

37. 然而，公允价值应在“何时”被用作国际财务报告准则的计量基础则是颇具争议性的事项。存在针对下列事项的分歧：

（1）哪些资产及负债应以公允价值计量（例如，公允价值是否应仅限于主体打算在近期出售或转移的且拥有活跃市场报价的资产和负债）；

（2）此类资产和负债应在何时以公允价值计量（例如，当市场变得不太活跃时，是否应当变更计量基础）；以及

（3）公允价值的变动应当确认为什么。

38. 尽管《国际财务报告准则第 13 号》并未涉及公允价值应在何时被用作特定资产或负债的计量基础，也未回顾国际财务报告准则中何时使用了公允价值，国际会计准则理事会确实考虑了各项国际财务报告准则中使用的每一个“公允价值”表述是否与退出价格的定义相符（参见结论基础第 41 段至第 45 段）。而且，国际会计准则理事会在未来考虑是否要求将公允价值作为特定类型资产或负债的计量基础时，

《国际财务报告准则第 13 号》将能够为其提供信息。

39. 国际会计准则理事会得出结论，资产或负债的退出价格体现了持有资产或承担负债的市场参与者角度在计量日，对该资产或负债相关的未来现金流量入和流出的预期。主体通过资产的使用或出售获得资产产生的现金流量入。即使主体是打算通过资产的使用而非出售来获得资产产生的现金流量入，退出价格仍能够通过向将以相同方式使用该资产的市场参与者出售该资产，体现从该资产的使用获得现金流量的预期。这是因为作为买方的市场参与者只会支付其预期将从资产的使用（或出售）获得的利益。因此，国际会计准则理事会认为，不论主体是打算使用还是出售资产，退出价格都是资产公允价值的合适定义。

40. 类似地，负债将因主体在一定期间履行义务或者将义务转移给另一方时导致现金（或其他经济资源）的流出。即使主体打算在一定期间履行义务，退出价格仍能够体现相关现金流出的预期，因为作为受让人的市场参与者最终将被要求履行该义务。因此，国际会计准则理事会认为，不论主体是打算履行义务，还是将义务转移给将履行该义务的另一方，退出价格总是负债公允价值的合适定义。

41. 在制定修订后的公允价值定义时，国际会计准则理事会逐项复核了要求或允许公允价值计量的国际财务报告准则，以评估国际会计准则理事会或其前身是否旨在将公允价值作为当前退出价格的计量基础使用。如果有证据表明，在特定情况下，当前退出价格并非当时的意图，国际会计准则理事会将使用另一计量基础来描述相应的目标。其他可能选用的计量基础为当前进入价格。对于逐项准则的复核，国际会计准则理事会对当前进入价格的定义如下：

市场参与者之间在计量日进行的有序交易中购买一项资产所支付的价格或承担一项负债所收到的价格（包括主体承担一项负债时须支付的金额）。

42. 与公允价值的定义一样，当前进入价格的定义同样假设市场参与者之间在计量日进行假定的有序交易。该价格不一定与主体为购买一项资产所支付的价格或承担一项负债所收到的价格相同，例如，那些并非公平的交易。在与利益相关方的讨论中，国际会计准则理事会发现，大多数认为资产或负债应使用进入价格计量基础而非退出价格计量基础的人士，实际上，倾向于使用主体的实际交易价格（或成本），而不是上文所定义的以市场为基础的当前进入价格。国际会计准则理事会观察到，在某些情况下并不存在实际交易价格（例如，取得了一组资产但计量单元是单项资产，或者再生的生物资产），因此，必须使用假设或假定的价格。

43. 在对准则的逐项复核过程中，国际会计准则理事会要求，各方就其在实务中针对国际财务报告准则的特定前后文是将公允价值诠释为当前进入价格还是当前退出价格提供有关信息。国际会计准则理事会利用该信息来确定是将公允价值定义为当前退出价格，还是删除“公允价值”的表述，并根据采用“公允价值”表述的各项国际财务报告准则的计量目标使用术语“当前退出价格”和“当前进入价格”。

44. 在对准则的逐项复核完成后，国际会计准则理事会得出结论，对于在同一日期同一市场内相同形式的相同资产或负债，当前退出价格将等同于当前进入价格。因此，国际会计准则理事会认为，没有必要在采用以市场为基础的计量（即公允价值）目标的国际财务报告准则中区分当前退出价格和当前进入价格，并且决定保留公允价值的表述，并将其定义为当前退出价格。

45. 国际会计准则理事会认为，国际财务报告准则中的某些公允价值计量要求与当前退出价格或计量公允价值的要求不符。《国际财务报告准则第13号》将此类公允价值的计量排除在其范围之外（参见结论基础第19段至第26段）。

相关资产或负债

46.《国际财务报告准则第13号》阐明公允价值计量应考虑资产或负债的特征，例如资产的状况和所在位置，以及对其出售或使用的限制（如果有的话）。如果市场参与者在计量日对资产进行定价时将考虑对资产出售或使用的限制，则此类限制将影响资产的公允价值。这与现行国际财务报告准则中的公允价值计量指南相一致。例如：

（1）《国际会计准则第40号》规定，主体应当确定以公允价值计量的房地产与具有可观察市场价格的类似房地产之间的差额，并作出适当调整；以及

（2）《国际会计准则第41号》提及应当基于其当前的地点和状况来计量生物资产或农产品的公允价值。

47. 国际会计准则理事会得出结论，《国际财务报告准则第13号》应当描述如何计量公允价值而非哪些项目应以公允价值计量。其他国际财务报告准则明确公允价值计量是考虑单项资产或负债，还是考虑一组资产或负债（即计量单元）。例如：

（1）《国际会计准则第36号》规定，主体在评估现金产出单元的可收回金额时，应当计量其公允价值扣除处置费用后的余额。

（2）《国际会计准则第39号》和《国际财务报告准则第9号》中的计量单元通常是单项金融工具。

交易

48. 征求意见稿建议，出售资产或转移负债的交易应发生在主体能够进入的最有利市场。这与《主题820》的方法不同，《主题820》提及资产或负债的主要市场，或者如果不存在主要市场，则是资产或负债的最有利市场。国际会计准则理事会认为，在大多数情况下，资产或负债的主要市场将是最有利市场，并且主体无需持续监控不同的市场以确定在计量日哪一个市场是最有利市场。这一建议包含一个假设，即主体通常进行资产或负债交易的市场将是最有利市场，并且主体可以假定资产或负债的主要市场是最有利市场。

49. 许多反馈意见者同意最有利市场的概念，因为大多数主体进行的交易使得出售资产所收到的价格最大化或转移负债所支付的价格最小化。而且，他们认为，对于

所有资产和负债而言最有利市场的概念是最适合的，无论市场活跃水平如何，或者资产或负债的市场是否是可以观察的。

50. 然而，某些反馈意见者担忧在全球范围内多个市场进行资产或负债交换时，识别和选择最有利市场存在困难。其他反馈意见者则认为，有关指南会产生混淆，因为其并未明确是否必须使用最有利市场或者主体通常进行交易的市场如何与主要市场或最有利市场相联系。总体而言，反馈意见者倾向于采用《主题820》的方法。

51. 尽管国际会计准则理事会和财务会计准则委员会认为，在大多数情况下主要市场等同于最有利市场，但得出结论认为，关注重点应是资产或负债的主要市场，并决定明确主要市场的定义。

52. 某些对征求意见稿的反馈意见者指出，美国公认会计原则中的措辞未明确主要市场是应当基于“资产或负债”的交易量或交易活跃程度，还是基于“报告主体在特定市场内”的交易量或交易活跃程度来确定。据此，国际会计准则理事会和财务会计准则委员会决定，明确主要市场是“资产或负债”最大交易量或交易活跃程度的市场。由于主要市场是资产或负债流动性最强的市场，因此，该市场将能够提供公允价值计量最具代表性的输入值。因此，国际会计准则理事会和财务会计准则委员会也决定明确，出售资产或转移负债的交易应发生在主要（或最有利）市场，前提是主体能够在计量日进入该市场。

53. 此外，国际会计准则理事会和财务会计准则委员会得出结论，主体通常在资产或负债的主要市场（即流动性最强的市场，假设主体能够进入该市场）中进行交易。因此，国际会计准则理事会和财务会计准则委员会决定，明确主体可以使用其通常进行交易的市场中的价格，除非有证据表明主要市场不同于这一市场。鉴于此，主体无需全面详尽地查找与其通常进行交易的市场相比具有更多资产或负债交易活动的市场。因此，《国际财务报告准则第13号》消除了对实务中查找拥有资产或负债最大交易量或交易活跃程度的市场所需成本的疑虑。

54. 国际会计准则理事会和财务会计准则委员会同时认为，确定资产或负债的最有利市场（在不存在主要市场时使用）应同时考虑交易费用和运输费用。但是，无论主体基于主要市场还是最有利市场中的价格来计量公允价值，公允价值计量均应考虑运输费用而不是交易费用（参见结论基础第60段至62段关于运输费用和交易费用的讨论）。这与征求意见稿中的建议相一致。

市场参与者

55. 《国际财务报告准则第13号》规定，公允价值计量是以市场为基础的计量而并非特定主体的计量。因此，公允价值计量采用市场参与者对资产或负债进行定价时所使用的假设。

56. 国际财务报告准则中的原公允价值定义提及“在公平交易中，熟悉情况的交易方”。国际会计准则理事会得出结论，原定义与《国际财务报告准则第13号》中的公允价值定义表达了相同的概念，但是原定义不够清晰明确。因此，《国际财务报告准则第13号》将市场参与者定义为在资产或负债的主要（或最有利）市场中，相互独立的（即其并非关联方）、熟悉资产或负债情况的、并且能够且愿意进行资产或负债交易的买方和卖方。

独立

57.《国际财务报告准则第13号》规定，市场参与者是相互独立的（即其并非关联方）。这与征求意见稿中的建议相符。对于该建议，某些反馈意见者指出，在某些管辖区域，主体往往拥有共同的所有权（例如，国有企业或者相互持股的主体），并询问此类管辖区域内观察到的交易是否允许作为公允价值计量的输入值。国际会计准则理事会和财务会计准则委员会决定明确，关联方交易的价格可用作公允价值计量的输入值，前提是主体有证据表明此类交易是按市场条款达成的。国际会计准则理事会和财务会计准则委员会认为，这与《国际会计准则第24号——关联方披露》相一致。

熟悉情况

58. 征求意见稿指出，应假设市场参与者与主体一样熟悉资产或负债的情况。某些反馈意见者对该结论提出质疑，因为他们认为，主体可能获得其他市场参与者无法获取的信息（信息的不对称性）。

59. 国际会计准则理事会认为，如果市场参与者愿意进行资产或负债的交易，他将付出包括通常和常规性的尽职调查在内的努力，以熟悉资产或负债的有关情况，并且将相关的风险纳入计量。

价格

60.《国际财务报告准则第13号》规定，用于计量公允价值的价格不应因主体出售该资产或转移该负债时所发生的费用（即交易费用）而减少（针对资产）或增加（针对负债）。

61. 某些反馈意见者指出，交易费用是进行资产或负债交易时不可避免的。然而国际会计准则理事会注意到，此类费用可能因特定主体达成交易的方式不同而存在差异。因此，国际会计准则理事会得出结论，交易费用并非资产或负债的特征，而是交易的特征。该决定与现行国际财务报告准则中计量公允价值的要求一致。主体应按照相关的国际财务报告准则来核算此类费用。

62. 交易费用不同于运输费用。运输费用是将资产从其当前地点运抵其主要（或最有利）市场所发生的费用。与产生于交易且不会改变资产或负债特征的交易费用不同，运输费用产生于事项（运输）且将改变资产特征（其所处地点）。《国际财务报告准则第13号》指出，如果地点是资产的一项特征，则主要（或最有利）市场中的价格应当就该资产从其当前地点运抵该市场所发生的费用进行调整。这与现行国际财务报告准则中的公允价值计量指南一致。例如，《国际会计准则第 41 号》要求，主体在计量生物资产或农产品的公允价值时应扣除运输费用。

应用于非金融资产

区分金融资产、非金融资产和负债

63. 征求意见稿指出，最高效和最佳使用的概念及估值前提并不适用于金融资产或负债。

国际会计准则理事会得出该结论的理由如下：

（1）金融资产不具有替代用途，因为金融资产拥有特定的合同条款，当且仅当金融资产的特征（即合同条款）发生改变时才可能具有不同用途。然而，特征的改变会导致特定资产变为一项不同的资产。公允价值计量的目标是计量在计量日存在的资产。

（2）即使主体可以通过以不同方式免除自身的义务来改变与某项负债相关的现金流量，但此类不同方式并非替代用途。而且，虽然主体可能拥有主体特定的有利或不利因素使其能够比其他市场参与者更有效或低效地清偿负债，但这些主体特定的因素并不影响公允价值。

（3）上述概念最初来源于评估界对诸如土地的非金融资产进行估值。

64. 在对《主题 820》进行修订前，美国公认会计原则规定，最高效和最佳使用的概念及估值前提适用于资产的公允价值计量，但并未对金融资产和非金融资产作出区分。

65. 财务会计准则委员会同意国际会计准则理事会的意见，即认为最高效和最佳使用的概念及估值前提与非金融资产公允价值的计量相关，而与金融资产公允价值或负债公允价值的计量无关。国际会计准则理事会和财务会计准则委员会还得出结论，该概念不适用于主体自身的权益工具，因为此类安排与金融工具类似，通常拥有特定的合同条款。结论基础第 108 段至第 131 段描述了国际会计准则理事会和财务会计准则委员会在制定关于市场风险和交易对方信用风险抵销头寸的金融资产和金融负债的公允价值计量要求时的理论依据。

66. 有些反馈者担心，财务会计准则委员会在《会计准则更新》中建议的最高效和最佳使用的概念仅限于非金融资产会消除市场参与者的价值最大化概念，而价值最大化概念是金融资产和金融负债公允价值计量的根本。

67. 国际会计准则理事会和财务会计准则委员会决定澄清，尽管持有投资组合中的金融资产和金融负债并未产生超额收益（因为在有效市场中，价格将反映市场参与者因持有多样化投资组合中的资产或负债而获得的利益），但公允价值计量假设市场参与者通过在资产或负债的主要市场（或最有利市场）出售资产或转移负债的交易中采取实现其最佳经济利益的行动，来寻求金融或非金融资产公允价值的最大化或者金融或非金融负债公允价值的最小化。此类交易可能涉及将资产和负债以市场参与者进行交易的方式进行组合，如果其他国际财务报告准则中的计量单元未禁止该类组合。

最高效和最佳使用

68. 最高效和最佳使用是许多非金融资产（如房地产）评估所使用的估值概念。非金融资产的最高效和最佳使用必须是实物上可能、法律上允许以及财务上可行的。在制定征求意见稿中的建议时，国际会计准则理事会注意到美国公认会计原则当时未作出上述规定，并认为有必要提出以上三项标准。

69. 某些反馈意见者要求就法律上允许的最高效和最佳使用是否在计量日必须是合法的，还是可以考虑诸如未来法规变更等因素提供进一步的指南。国际会计准则理事会得出结论，在计量日对资产的使用无需是合法的，但必须在管辖区域内不被法律禁止（例如，如果特定国家的政府禁止在保护区内进行建造或开发，则该区域内土地的最高效和最佳使用就不可能是工业用途的开发）。《国际财务报告准则第 13 号》所附的示例说明了资产在计量日规划为特定用途，但因市场参与者会假定其他规划而使其公允价值计量也可以假定其他规划的情况（计入转换资产及获取不同规划许可的成本，包括无法取得该等许可的风险）。

70. 《国际财务报告准则第 13 号》指出，公允价值考虑了从市场参与者角度而言的最高效和最佳使用。即使主体购买了一项资产，但出于保护其竞争地位或其他原因，计划不积极使用该资产或不以其他市场参与者相同的方式使用该资产（例如，因为购买方持有无形资产以防止其被竞争对方使用，而使无形资产提供防御性价值）。在 2008 年对《国际财务报告准则第 3 号》作出修订时，国际会计准则理事会决定主体必须以公允价值确认此类资产，因为《国际财务报告准则第 3 号》的意图是此类资产，包括有形资产和无形资产，均应以其公允价值计量，无论购买方如何或是否打算使用他们（参见《国际财务报告准则第 3 号》的结论基础第 262 段）。《国际财务报告准则第 13 号》规定了以公允价值计量此类资产的要求。

71. 如果没有证据表明资产的当前使用并非其最高效和最佳使用，则《国际财务报告准则第 13 号》并不要求主体全面详尽地查找非金融资产的其他潜在用途。国际会计准则理事会得出结论，寻求其资产价值最大化的主体将以达到其最高效和最佳使用的方式来使用相关资产，仅当有证据表明资产的当前使用并非其最高效和最佳使用（即替代用途将使其公允价值最大化）时，主体才有必要考虑此类资产的替代用途。而且，在与估值专家进行讨论后，国际会计准则理事会认为，在许多情况下，在考虑了将资产转换成替代用途的成本之后，资产的当前使用不大可能不是其最高效和最佳使用。

72. 在国际会计准则理事会制定征求意见稿中的建议时，财务报表使用者要求国际会计准则理事会考虑，如果资产在一组资产中的最高效和最佳使用与主体对其当前的使用不同（即有证据表明资产的当前使用并非其最高效和最佳使用，且替代用途将使其公允价值最大化）时，应如何对此类资产进行会计处理。例如，某厂房的公允价值与其所处的土地公允价值相联系。如果假设该厂房被拆除而土地被用于替代用途，则该厂房的公允价值将为零。国际会计准则理事会在制定征求意见稿时得出结论，当主体在其经营中使用该厂房时，厂房的计量值为零将不能提供有用的信息。财务报表使用者尤其希望了解该厂房的折旧以便能够评估主体经营所产生的现金流量所消耗的经济资源。因此，征求意见稿建议要求主体将资产组的公允价值拆分为其当前使用部分和公允价值部分。

73. 某些反馈意见者指出该建议会造成混淆，并认为针对非金融资产计算两项价值的成本较高。因此，国际会计准则理事会和财务会计准则委员会决定，当主体以不同于其最高效和最佳使用的方式使用一项非金融资产（并且该资产是以公允价值计量的）时，主体只需要披露这一事实，以及以不同于其最高效和最佳使用的方式使用该资产的原因（参见结论基础第213段和第214段）。

估值前提

术语

74. 在应用最高效和最佳使用的概念时，征求意见稿列明了两项可能与计量资产的公允价值相关的估值前提：

（1）使用估值前提，适用于一项资产与其他资产和负债组成组合使用时达到最高效和最佳使用状态。使用估值前提假定退出价格为向已拥有或能够取得通过使用该资产产生现金流量所必需的其他资产及负债（补充资产及相关负债）的市场参与者出售的价格。

（2）在交换估值前提，适用于单独使用资产就可以达到最高效和最佳使用状态。其假定退出价格为向单独使用该资产的市场参与者出售的价格。

75. 许多反馈意见者认为，“在用”和“在交换”的表述会造成混淆，因为该等术语未能准确反映估值前提的目标（即在两种情况下均存在资产交换，且两种情况均涉及评估市场参与者将如何使用资产）。此外，某些反馈意见者指出，在用估值前提可能会与《国际会计准则第36号》所定义的术语“使用价值”相混淆。

76. 作为回应，国际会计准则理事会和财务会计准则委员会决定删除“在用”和“在交换”的表述，取而代之的是描述估值前提的目标：估值前提将假定资产通过以下方式之一使用：（1）与其他资产或其他资产和负债一起组合使用（之前被称为“在用”），或者（2）单独使用（之前被称为“在交换”）。对财务会计准则委员会《会计准则更新》的反馈意见者普遍支持该建议。国际会计准则理事会和财务会计准则委员会得出结论，上述变更改善了估值前提概念的可理解性。

针对单项非金融资产的估值前提

77.《国际财务报告准则第13号》指出，估值前提假定以公允价值计量的非金融资产是（在计量单元层次）单独出售的，并且相应地按其单独出售进行计量，即使该资产交易通常是该资产作为资产组或业务的一部分进行出售的结果。即使资产是与其他资产相结合使用的，资产的退出价格仍是该资产单独的价格，因为公允价值计量假定该资产的市场参与者（买方）已持有配套资产及相关负债。由于假定买方已持有使该资产正常运作的其他必需资产（及负债），买方不会愿意仅因为该资产是作为一组资产的一部分出售而支付更多的金额。该结论与《国际财务报告准则第3号》就计量企业合并中取得的可辨认资产的公允价值所得出的结论一致。

针对专门用途的非金融资产的估值前提

78. 征求意见稿的某些反馈意见者就针对专门用途的非金融资产使用退出价格概念表示关注，此类专门用途资产在与其他非金融资产相结合使用时（例如，在生产过程中）拥有重大价值，但在作为废料出售给未拥有配套资产的另一市场参与者时却几乎没有价值。他们担心退出价格将以报废价值为基础（特别是鉴于最大限度使用诸如市场价格的可观察输入值的要求），认为其未能反映主体通过在其经营中使用该资产预期产生的价值。然而，《国际财务报告准则第13号》明确，情况并非如此。在上述情况下，单项资产的报废价值是不合适的，因为估值前提假定资产将与其他资产或者其他资产和负债一起结合使用。因此，退出价格反映了向已拥有或能够取得在其自身经营中使用该专门用途资产所必需的配套资产及相关负债的市场参与者进行出售的价格。实际上，作为买方的市场参与者将以与主体相同的方式持有该专门用途资产。

79. 在上述情况下，即使能够获得市场价格，也不大可能反映专门用途资产为业务贡献的价值，因为市场价格针对的是未被改动的资产。如果市场价格未能反映资产的特征（例如，如果市场价格代表未经安装或配置的资产的单独使用，而非经安装或配置后与其他资产相结合的使用），则该价格将不能代表公允价值。在这种情况下，主体将根据具体情况和可获得的信息，使用其他估值技术（如收益法）或者重置或再造该资产的成本（如成本法）来计量其公允价值。

应用于负债

一般原则

80. 征求意见稿建议公允价值计量应假设负债在计量日转移给市场参与者，因为作为公允价值计量标的的负债继续存在（即由主体承担且在计量日并没有与对方结清或以其他方式消除）。由于假设负债转移给市场参与者，因此该负债继续存在，作为受让方的市场参与者将像主体一样将被要求履行义务。如结论基础第 104 段至第 107 段所讨论的，相同的概念适用于主体自身权益工具。

81. 在许多情况下，主体可能并不打算（或不能够）向第三方转移其负债。例如，主体相对于市场拥有优势，通过其自身内部资源来清偿负债更为有利，或者对方可能不允许主体将负债转移给另一方。然而，国际会计准则理事会得出结论，公允价值计量提供了一个市场基准，相对于市场而言，以作为评估主体在履行或清偿（资产和负债）中的优势或劣势的依据。因此，当一项负债以公允价值计量时，主体使用自身内部资源清偿负债的相对效率应在清偿过程中，而不是在清偿之前反映在损益中。

82. 此外，即使主体无法将负债转移给第三方，国际会计准则理事会仍然认为转移概念是公允价值计量所必需的，因为这一概念体现了市场参与者对流动性、不确定性以及与负债相关的其他因素的预期，而清偿概念则并非如此，因为它考虑了主体的特定因素。根据国际会计准则理事会的意见，从承担负债的市场参与者角度而言，不论该负债是被清偿或者转移，其公允价值都是相同的。这是因为：

（1）负债的清偿和转移均反映了履行义务将发生的所有成本，包括主体和作为受让方的市场参与者期望从其所有活动中赚取的以市场为基础的利润。

（2）主体在履行义务时面临着与作为受让方的市场参与者履行该义务时面临的相同风险。主体或作为受让方的市场参与者均无法完全获悉现金流出的时间和金额，即使金融负债亦是如此。

（3）公允价值计量中的清偿是基于在计量日而不是在一定期间（例如，当本金和利息付款额到期时）与对方进行清偿的假设。因此，公允价值计量中的清偿金额反映的是对方在一定期间将取得的经济利益（如付款额）的现值。

因此，国际会计准则理事会得出结论，在估计清偿一项负债的金额以及转移该项负债的金额时，应采取类似的思路。

83. 征求意见稿建议，主体可采用与计量另一主体作为资产持有的负债公允价值（即对应资产的公允价值）相同的方法，来估计市场参与者之间在交易中转移该负债时的金额。如果该负债是作为一项资产进行交易的，则其可观察的价格同时代表发行人负债的公允价值。如果不存在对应资产（例如，对于退役负债的情况），则可使用估值技术计量该负债的公允价值，例如，市场参与者预期在履行义务时将发生的未来现金流出的现值。

84. 该建议与美国公认会计原则《主题 820》所述的方法一致（在 2009 年 8 月，继国际会计准则理事会的征求意见稿发布之后，财务会计准则委员会对《主题 820》作出修订，以提供有关负债公允价值计量的额外指南）。然而，与国际会计准则理事会的征求意见稿相比，《主题 820》提供了更多指南，包括说明如何运用该指南的额外示例。由于《主题 820》中的指南与国际会计准则理事会征求意见稿中的建议一致但并非完全相同，因此，国际会计准则理事会和财务会计准则委员会共同合作将两者相结合。

85. 国际会计准则理事会和财务会计准则委员会得出结论，使用估值技术（即不存在为负债的转移提供定价信息的可观察市场）计量负债公允价值的目标是，估计市场参与者在计量日按当前市场状况进行的有序交易中转移负债时所支付的价格。

86. 因此，国际会计准则理事会和财务会计准则委员会决定说明，当不存在为负债的转移提供定价信息的可观察市场时，主体应如何计量负债的公允价值。例如，《国际财务报告准则第13号》规定，主体可以使用另一方作为资产持有的相同或类似负债的报价，或采用另一种估值技术（如收益法）来计量负债的公允价值。

87. 国际会计准则理事会和财务会计准则委员会明确，不论主体采用何种方法，如果不存在转移负债的可观察市场价格并且相同的负债被另一方作为资产持有，均应从在计量日将相同负债作为资产持有的市场参与者的角度来计量负债的公允价值。该方法与征求意见稿和美国公认会计原则的方法相一致。

88. 因此，根据国际会计准则理事会和财务会计准则委员会的意见，负债的公允价值等同于经适当界定的对应资产（即与该负债拥有对应特征的资产）的公允价值，假定两种头寸在同一市场退出。国际会计准则理事会和财务会计准则委员会在作出这一决定时，已考虑了流动性不足的影响是否会导致上述两个金额之间存在差异。国际会计准则理事会和财务会计准则委员会指出，流动性不足的影响难以与信用相关影响区分开来。国际会计准则理事会和财务会计准则委员会认为，除非负债和资产的计量单元不一致，或者资产的报价与作为资产持有的类似（而非完全相同的）负债相关，否则，从概念上没有理由认为负债的价值会不同于相同市场上对应资产的价值，因为合同条款均是相同的。

89. 国际会计准则理事会和财务会计准则委员会进一步得出结论，在有效市场上，另一方作为资产持有的负债的价格必须等同于对应资产的价格。如果两者的价格不同，则作为受让人的市场参与者（即承担义务的一方）将能够通过以承担义务取得的收入融资购买资产而赚取利润。在这种情况下，负债和资产的价格将进行调整，直至套利机会被消除。

90. 征求意见稿指出，当使用现值技术计量未被另一方作为资产持有的负债时，主体应包括市场参与者因承担义务而要求的补偿。《主题820》包含了此项要求。反馈意见者要求明确市场参与者因承担义务而要求的补偿的含义。因此，国际会计准则理事会和财务会计准则委员会决定就市场参与者所要求的补偿提供额外指南，例如，对承担履约义务及承担与不确定性义务相关的风险（即实际现金流出可能不同于预计现金流出的风险）的补偿。国际会计准则理事会和财务会计准则委员会得出结论，增加此项说明将能够改善对未被另一方作为资产持有的负债公允价值计量要求的应用。

91. 对财务会计准则委员会建议的《会计准则更新》的某些反馈意见者要求明确，在运用现值技术计量未被另一方作为资产持有的负债（例如企业合并中承担的退役负债）公允价值时如何考虑风险溢价。他们注意到，在有关现值技术的描述中，将风险调整表述为“增加”折现率 ，并认同这与资产的估值相一致，但未必与缺少对应资产的负债估值相一致。国际会计准则理事会和财务会计准则委员会对此的解释是，从市场参与者的角度而言，针对负债相关不确定性的补偿导致市场参与者预期因承担义务所收到的金额的增加。如果在折现率而不是现金流量中核算该补偿，则导致用于负债公允价值计量的折现率降低。因此，国际会计准则理事会和财务会计准则委员会得出结论，在所有其他条件相同的情况下，与资产相关的风险将使该资产的公允价值降低，而与负债相关的风险则使该负债的公允价值增加。然而，国际会计准则理事会和财务会计准则委员会决定不对主体应如何调整资产或负债的固有风险作出规定，而是指出其目标在于确保公允价值计量已考虑了该风险。这可以通过调整现金流量或折现率，或者在预计现金流量的现值之上加入风险调整（调整现金流量的另一种方法）来实现。

不履约风险

92.《国际财务报告准则第 13 号》指出，公允价值计量假定负债的公允价值反映不履约风险的影响，即主体不履行义务的风险的影响。不履约风险包括但不限于主体自身的信用风险（信用状况）。这与现行国际财务报告准则中的公允价值计量指南相一致。例如，《国际会计准则第 39 号》和《国际财务报告准则第 9 号》规定，如果市场参与者在对金融工具进行定价时考虑了信用风险，则需要就信用风险作出调整。然而，该原则的应用并不一致，因为：

（1）《国际会计准则第 39 号》和《国际财务报告准则第 9 号》仅一般性地提及信用风险，而未特别阐述报告主体“自身”的信用风险；以及

（2）在运用原公允价值定义中的清偿概念时，对于主体自身信用风险应如何在负债公允价值中反映存在不同的理解，因为如果主体的信用状况发生变化，对方不大可能会接受以不同金额清偿义务。

93. 这导致某些主体在计量其负债的公允价值时考虑了自身信用风险，而其他一些主体没有考虑。因此，国际会计准则理事会决定在《国际财务报告准则第 13 号》中明确负债的公允价值应当包括主体自身的信用风险。

94. 在公允价值计量中，与负债相关的不履约风险在该项负债转移前后是相同的。尽管国际会计准则理事会承认该假定可能不符合实际交易的现实（因为在大多数情况下，作为出让人的报告主体和作为受让人的市场参与者不可能拥有相同的信用状况），但是国际会计准则理事会认为，该假定是公允价值计量所必需的，原因如下：

（1）承担义务的市场参与者不会进行改变与负债相关的不履约风险的交易，又不将其反映在价格中（例如，债权人一般不允许债务人向信用状况相对更差的另一方转移其义务，而如果出让人协商的条款反映了其相对较差的信用状况，信用状况相对较好的受让人亦不愿意按相同条款承担该义务）。

（2）在未能明确承担义务主体的信用状况的情况下，可能因主体对作为受让人

的市场参与者特征的假设不同，而存在完全不同的负债的公允价值。

（3）可能将主体义务作为资产持有的其他方在对该等资产进行定价时将考虑主体信用风险及其他风险因素的影响（参见结论基础第 83 段至结论基础第 89 段）。

财务会计准则委员会在制定《财务会计准则公告第 157 号》和《会计准则更新 2009 - 05 号——公允价值计量和披露（主题 820）：以公允价值计量负债》时亦得出相同的结论。

95. 很少有反馈意见者质疑负债初始确认时的公允价值计量反映不履约风险的有用性。但是，较多反馈意见者质疑在初始确认后反映不履约风险的有用性，其理由是，这将可能导致混乱和有违常理的报告（即信用恶化产生利得，而信用改善则产生损失）。国际会计准则理事会对此类强烈的疑虑表示理解，但得出结论认为，解决此类担忧超出了公允价值计量项目的范畴。该项目的目的是对公允价值进行定义，而非确定何时使用公允价值或如何列报公允价值变动。不考虑主体不履约风险的计量不是公允价值计量。国际会计准则理事会在制定《国际财务报告准则第 9 号》（2010 年 10 月发布）时已解决了上述疑虑。

附有第三方信用增级的负债

96.《国际财务报告准则第 13 号》包含针对附有从发行人角度而言不可分割的第三方信用增级的负债的公允价值计量要求。这些要求与《主题 820》一致。

97. 信用增级（也称之为“担保”）可由发行人购买，将其与诸如债务的负债进行组合，并将组合的证券发行给投资者。例如，债务的发行可能附有为发行人的支付义务提供担保的第三方财务担保。一般而言，如果负债的发行人无法向投资者履行其支付义务，则担保人有义务代表发行人进行支付，并且发行人将对担保人负有义务。通过与信用增级进行组合发行债务，发行人能够更容易地推销其债务，并且能够降低需向投资者支付的利率或者增加发行债务所取得的收入。

98. 国际会计准则理事会和财务会计准则委员会得出结论，负债的计量应遵循其以财务报告为目的的计量单元。当这类负债的计量单元是不附有信用增级的义务时，从发行人的角度而言，负债的公允价值将不同于另一方作为资产持有的被担保负债的公允价值。因此，需要对另一方作为资产持有的被担保负债的公允价值作出调整，因为担保人根据担保作出的任何支付都将导致发行人的债务义务由投资者转向担保人，而由此产生的发行人对担保人负有的债务义务则未被担保。因此，国际会计准则理事会和财务会计准则委员会决定，如果将第三方信用增级与负债分开核算，则该义务的公允价值应考虑发行人而非担保人的信用状况。

转移限制

99. 履行义务的要求在很大程度上限制了主体将其负债转移给另一方的能力，并且此类限制的影响通常已经在价格中得以反映。因此，《国际财务报告准则第 13 号》

规定，如果转移限制已包括在公允价值计量的其他变量之中，负债的公允价值不应针对其转移限制的影响作进一步调整。然而，如果主体获悉对负债转移的限制未在价格（或用于计量公允价值的其他输入值）中反映，则主体应当对输入值进行调整以反映该限制。

100. 国际会计准则理事会和财务会计准则委员会得出结论，资产的公允价值计量与负债的公允价值计量之间存在两项根本差异，从而有必要针对资产转移限制和负债转移限制采用不同的处理。首先，对负债转移的限制与义务的履行相关（即主体被法定要求必须履行相关义务，并且为免除该义务需要采取相应行动），而对资产转移的限制则与资产的可销售性相关。其次，几乎所有负债均包含防止负债转移的限制，而大多数资产均不包含类似限制。因此，负债转移限制的影响在理论上针对所有负债均是一致的。因此，在确定原交易价格所考虑的因素之外，不要求作出额外的调整。在所有其他因素均相同的情况下，考虑资产出售限制通常将导致受限制资产的公允价值低于不受限制的资产的公允价值。

具有可随时要求偿还特征的金融负债的计量

101. 在制定《国际财务报告准则第 13 号》时，国际会计准则理事会确认了其在制定《国际会计准则第 39 号》时作出的决定，即具有可随时要求偿还特征的金融负债的公允价值，不得低于被要求偿还的金额自可能被要求偿还的第一天起进行折现后的金额。

102. 针对先前的《国际会计准则第 39 号》于 2002 年所发布的征求意见稿的某些反馈意见要求，应明确在具有公允价值选择权或者按照其他要求对负债公允价值进行计量的情况下，如何计量具有可随时要求偿还特征的金融负债（如活期存款）的公允价值。也就是说，公允价值是否可以低于被要求偿还的金额自可能被要求偿还第一天起进行折现后的金额（要求偿还的金额）。例如，在主体预期存款未偿付的期间折现的存款金额？某些反馈意见者认为，具有可随时要求偿还特征的金融负债的公允价值低于要求偿还的金额，理由包括，这样计量与出于风险管理目的对此类金融负债进行的处理方式相一致。

103. 在制定《国际会计准则第 39 号》时，国际会计准则理事会同意明确上述事项。国际会计准则理事会确认，具有可随时要求偿还特征的金融负债的公允价值不低于被要求偿还的金额自其可被要求偿还第一天起进行折现后的金额（《国际财务报告准则第 13 号》第 47 段）。该结论与原《国际会计准则第 32 号——金融工具：披露和列报》（由国际会计准则理事会的前身国际会计准则委员会于 1995 年发布），现《国际会计准则第 32 号——金融工具：列报》中的结论一致。国际会计准则理事会指出，在许多情况下，此类金融负债可观察的市场价格是客户与存款接受者之间产生此类负债时所使用的价格，即要求偿还的金额，并同时指出，将具有可随时要求偿还特征的金融负债公允价值确认为低于要求偿还的金额，将导致此类存款产生时立即确认一项利得，而国际会计准则理事会认为这样做是不恰当的。

应用于主体自身权益工具

104. 征求意见稿和《主题 820》指出，尽管公允价值的定义提及资产和负债，但是其也应当适用于以公允价值计量的归类为主体自身股东权益的工具。针对讨论稿的反馈意见者要求就计量此类工具的公允价值提供明确指南，因为《主题 820》并未包含清晰的指南。因此，国际会计准则理事会和财务会计准则委员会决定描述主体应如何计量其自身权益工具的公允价值（例如，当企业合并中购买方发行权益工具作为被购买方的对价时）。

105. 对于主体自身权益工具，征求意见稿建议要求主体从将该工具作为一项资产持有的市场参与者的角度来计量其公允价值。这是因为仅当该权益工具不再存在或主体向其持有人回购该工具时，该权益工具的发行人才能从该权益工具退出。财务会计准则委员会同意该结论。

106. 国际会计准则理事会和财务会计准则委员会同时指出，因交易的特征和工具的特征不同，某些工具可被归类为负债或权益。此类工具的例子包括《国际财务报告准则第 3 号》规范的企业合并中发行的或有对价，以及《国际会计准则第 39 号》或《国际财务报告准则第 9 号》规范的主体发行的认股权证。国际会计准则理事会和财务会计准则委员会得出结论，计量主体自身权益工具公允价值的要求应当与计量负债公允价值的要求相一致。据此，国际会计准则理事会和财务会计准则委员会决定明确，一项工具的会计分类不应影响该工具的公允价值计量。

107. 国际会计准则理事会和财务会计准则委员会决定明确，负债及主体自身权益工具的公允价值计量目标应当是，如果存在相应资产时，从在计量日将该工具作为一项资产持有的市场参与者角度而言的退出价格，无论该工具作为一项资产是否存在可观察的市场。该决定与国际会计准则理事会和财务会计准则委员会有关负债公允价值计量要求的决定相一致。

应用于市场风险或对方信用风险抵销头寸的金融资产和金融负债

108. 持有一组金融资产和金融负债的主体将面临市场风险（即利率风险、货币风险或其他价格风险）和每一交易对方的信用风险。持有金融资产和金融负债的金融机构及类似主体往往基于一个或多个特定市场风险或特定交易对方信用风险的净敞口来管理此类工具。

109. 之前国际财务报告准则和美国公认会计原则关于以组合方式管理的金融资产和金融负债公允价值计量要求的表述不尽相同。因此，国际会计准则理事会和财务会计准则委员会认为，国际财务报告准则与美国公认会计原则以相同的方式表述关于此类金融工具公允价值计量的要求是十分重要的。

110. 在应用国际财务报告准则时，无论主体采用《国际财务报告准则第 9 号》或《国际会计准则第 39 号》，均允许主体在计量金融资产或金融负债的公允价值时考虑相同市场风险抵销头寸的影响。许多主体以类推方式采用相同的方法来处理针对特定交易对方信用风险的抵销头寸。

111. 在应用美国公认会计原则时，许多主体在计量此类金融资产和金融负债的公允价值时应用在用估值前提。也就是说，主体将考虑该资产或负债与主体持有的其他金融资产或金融负债相结合时，将如何影响每项金融资产或金融负债的公允价值。其他主体则针对主体的净风险敞口应用在交换估值前提，并且假定交易针对净头寸而非构成该头寸的单项资产和负债发生。由于《主题 820》并未明确针对金融资产的估值前提，因此产生了对估值前提的不同应用。

112. 在制定征求意见稿时，国际会计准则理事会认为，一项金融资产的公允价值应反映市场参与者因在多样化组合中持有该资产而获得的利益。主体不会因在投资组合中持有资产而获得任何增量价值。而且，国际会计准则理事会指出，估值前提仅与资产相关，而与负债无关，因此，不能应用于包含金融负债的金融工具组合。因此，征求意见稿建议，在交换估值前提必须用于计量金融资产的公允价值。国际会计准则理事会同时建议修订《国际会计准则第 39 号》，使其明确对于所有公允价值级次（第一层次、第二层次或第三层次），金融工具的计量单元均为单项金融工具。

113. 国际会计准则理事会和财务会计准则委员会了解到，尽管国际财务报告准则和美国公认会计原则关于计量金融资产和金融负债公允价值所采用方法的表述不同，但其在许多情况下均产生类似的公允价值计量结论。但是，财务会计准则委员会意识到，在《主题 820》作出修订前，有时对其的理解较财务会计准则委员会原本的意图更为广泛。例如，当主体并未拥有针对特定市场风险或交易对方信用风险的抵销头寸时，主体应用在用估值前提计量一组金融资产的公允价值。这些理解导致国际会计准则理事会在其征求意见稿中建议要求针对金融资产应用在交换估值前提。

114. 国际会计准则理事会要求运用在交换估值前提来计量金融资产公允价值的建议是其征求意见稿中最具争议性的建议之一。该建议连同关于修订《国际会计准则第 39 号》中金融工具计量单元的建议，导致反馈意见者认为，金融资产的公允价值无法反映此类资产是在一个投资组合中持有的事实，即使主体是基于主体市场风险和信用风险的净敞口而非总敞口来管理金融工具。

115. 反馈意见者担心，征求意见稿中的建议将导致为财务报告进行的金融工具估值与主体的内部风险管理实务分离。此外，他们对实施实务变更所必需的系统变更表示担忧。为保持财务报告与风险管理之间的关系，某些反馈意见者询问能否针对每一单项工具应用买卖价差指南，从而使单项工具的公允价值总和等于净头寸的价值。

116. 其他反馈意见者建议，国际会计准则理事会应继续允许在应用《国际会计准则第 39 号》应用指南第 72 段中所形成的实务，该段规定：

如果主体拥有市场风险相互抵销的资产和负债，则基于中间市价，确定相互抵销的风险头寸的公允价值，并在恰当时对净敞口使用出价或要价。

117. 以往国际财务报告准则和美国公认会计原则中的要求并未明确说明金融工具的公允价值计量与主体如何管理其净风险敞口之间的关系。例如，《主题820》、《国际会计准则第39号》和《国际财务报告准则第9号》均未明确涉及下列情形如何实现金融工具公允价值计量的目标：

（1）主体通常并非通过“出售”金融资产或转移金融负债（如通过交易的转回）来管理其面临的市场风险及信用风险敞口，而是通过交易具有相同风险的一项或多项金融工具形成抵销头寸来管理其风险敞口。相应的计量反映的是净风险敞口的公允价值，而非单项金融工具的公允价值。单项工具的公允价值总和并不等于净风险敞口的公允价值。

（2）主体持有的其他金融工具和主体的风险偏好（两者均是特定主体的决策，从而不构成公允价值计量的一部分）很大程度上决定了主体的净风险敞口。市场参与者可能持有不同的金融工具组合或具有不同的风险偏好，并且在计量公允价值时需考虑这些因素。但是，国际会计准则理事会和财务会计准则委员会注意到，持有特定金融工具组合及具有特定风险偏好的市场参与者很可能对金融工具作出类似的定价（即使用类似的估值技术和类似的市场数据）。因此，市场参与者对该特定组合内金融工具的计量是以市场为基础的计量，而使用主体风险偏好的计量并非公允价值计量，而是主体特定的计量。

118. 因此，国际会计准则理事会和财务会计准则委员会决定，当主体基于其市场风险或特定交易对方信用风险的净敞口来管理其金融资产和金融负债时，允许存在对《国际财务报告准则第13号》和《主题820》的公允价值计量要求的例外处理。对财务会计准则委员会建议的《会计准则更新》的反馈意见者普遍支持该建议，并指出其符合关于此类金融资产和金融负债公允价值计量的现行实务。

119. 该例外情况允许主体在遵循特定要求的情况下，基于市场参与者之间在计量日按当前市场状况进行的有序交易中出售特定风险敞口的净多头头寸（即资产）或者转移特定风险敞口的净空头头寸（即负债）所收到的价格，来计量一组金融资产和金融负债的公允价值。

基于净风险敞口管理金融工具的证据

120.《国际财务报告准则第13号》规定，为应用上述例外处理，主体必须提供一致地基于市场风险或信用风险的净敞口来管理金融工具的证据。此外，主体必须（或必须选择，例如应用公允价值选择权）在持续基础上以公允价值计量该金融工具。国际会计准则理事会和财务会计准则委员会得出结论，如果主体并未以净额基础管理风险敞口，且并未基于公允价值管理金融工具，则不允许该主体将基于主体的净风险敞口来计量金融工具的公允价值。

121. 国际会计准则理事会和财务会计准则委员会决定，要求主体提供一致的在各期间内管理其净风险敞口的证据。国际会计准则理事会和财务会计准则委员会作出这一决定的原因是，能够提供基于净风险敞口管理金融工具的证据的主体，可能在各期间内针对特定投资组合保持一致的管理，也可能在有些期间针对该投资组合运用净额基础，而在其他期间运用总额基础。对财务会计准则委员会建议的《会计准则更新》的某些反馈意见者发现该要求存在局限性，他们指出，投资组合的构成将根据主体重新平衡投资组合以及其风险偏好随时间的变化而不断发生变化。尽管主体无需保持静态的投资组合，国际会计准则理事会和财务会计准则委员会决定明确，主体必须（遵循《国际会计准则第 8 号——会计政策、会计估计变更和差错》）将应用结论基础第 118 段和第 119 段所述的例外作为一项会计政策决定。国际会计准则理事会和财务会计准则委员会同时决定，如果主体的风险偏好发生变化，可以改变其会计政策。在该情况下，主体可以决定不采用该例外处理，而是以单项工具为基础计量其金融工具的公允价值。但是，如果主体继续将该例外适用于投资组合估值，则必须在各期间内保持一致。

市场风险敞口

122. 国际会计准则理事会和财务会计准则委员会决定，仅当被抵销的市场风险实质上相同时，主体才可以针对主体特定市场风险的净头寸（而非包含在该头寸中的每一单项金融工具）应用买卖价差指南。考虑到可能构成投资组合的不同工具和工具类型，对财务会计准则委员会建议的《会计准则更新》的某些反馈意见者要求就“实质上相同”提供额外指南。此外，反馈意见者担心，建议的市场风险实质上相同的要求意味着组合可以不存在基础风险，或者相反，基础风险将不在公允价值计量中反映。

123. 据此，国际会计准则理事会和财务会计准则委员会决定提供关于确定市场风险是否实质上相同的额外指南。国际会计准则理事会和财务会计准则委员会与如果基于市场风险净敞口管理金融资产和金融负债的金融机构进行了讨论。根据这些讨论，国际会计准则理事会和财务会计准则委员会得出结论，当基于主体的市场风险净敞口计量公允价值时，主体不应将使其面临特定市场风险的金融资产与使其面临不同市场风险的金融负债相合并，如果其未能缓解主体面临的市场风险敞口。国际会计准则理事会和财务会计准则委员会同时得出结论，将特定金融资产和金融负债归为一组无需导致主体不存在基础风险，因为公允价值计量将考虑任何的基础风险。而且，根据与金融机构的讨论，国际会计准则理事会和财务会计准则委员会认为，主体不应将使其面临特定时期内的特定市场风险的金融资产与使其面临不同时期内实质上相同的市场风险的金融负债相合并，却不考虑主体在该市场风险未被抵销的时期内全面面临该市场风险的事实。如果存在市场风险未被抵销的时期，主体可以计量其在市场风险被抵销的时期内的市场风险净敞口，并且必须计量在剩余时期（即市场风险未被抵销的时期）内的市场风险总敞口。

特定交易对方的信用风险敞口

124. 由于买卖价差（对主体市场风险敞口作出调整以得出净头寸公允价值的基

础）并未包含针对交易对方信用风险的调整（参见结论基础第 164 段），国际会计准则理事会和财务会计准则委员会决定明确，主体在应用公允价值计量的例外时可以考虑其特定交易对方的信用风险净敞口。

125. 国际会计准则理事会和财务会计准则委员会决定，在计量公允价值时，如果主体已与交易对方达成了在违约时的缓解信用风险敞口的安排（如总净额合约），则主体可以考虑其信用风险净敞口。根据与金融机构的讨论，国际会计准则理事会和财务会计准则委员会得出结论，公允价值计量应反映市场参与者有关此类协议在法律上执行的可能性的预期。

126. 对财务会计准则委员会建议的《会计准则更新》的某些反馈意见者询问在计量公允价值时是否必须存在总净额合约，还是可以考虑其他的信用风险缓解安排。国际会计准则理事会和财务会计准则委员会决定明确，在公允价值计量中，主体必须考虑可以缓解信用风险的其他安排。例如，要求基于每一方面临的另一方信用风险净敞口交换担保品的协议，如果市场参与者预期在违约发生时此类安排可依法执行。

127. 国际会计准则理事会和财务会计准则委员会承认，主体为管理一个或多个特定市场风险净敞口而组合的金融资产和金融负债，可以不同于主体为管理其特定交易对方信用风险净敞口而组合的金融资产和金融负债，因为不大可能所有合同均与相同的交易对方订立。

计量和列报的关系

128. 在某些情况下，财务状况表内金融工具的列报基础不同于此类金融工具的计量基础。例如，如果国际财务报告准则并未要求或允许金融工具以净额基础列报，则会出现这种情况。财务会计准则委员会建议的《会计准则更新》指出，公允价值计量的例外处理不适用于财务报表的列报（即主体必须遵循其他准则中规定的财务报表列报要求）。

129. 国际会计准则理事会和财务会计准则委员会讨论了计量和列报的不同方法，特别是现行针对金融资产和金融负债抵销的不同要求。根据《国际会计准则第 32 号》，除非满足特定标准，否则主体不可以采用净额列报，而根据美国公认会计原则，许多主体均能够在其财务报表中采用净额列报。但是，美国公认会计原则中的净额列报标准与信用风险相关，而不是与市场风险相关。因此，当主体在净额基础上运用买卖价差调整但却必须以总额基础列报公允价值信息时，列报和计量的基础是不同的（尽管一般而言进行买卖价差调整的金融工具因存在总净额合约 及其他信用风险缓解安排，将符合美国公认会计原则中以净额列报的标准）。

130. 国际会计准则理事会和财务会计准则委员会得出结论，列报和计量之间无需保持一定关系，针对市场风险或信用风险的调整（即组合层次的调整）是计量而非列报问题。他们的理由是，公允价值计量旨在反映：（1）主体所面临的风险敞口；（2）市场参与者如何对该风险敞口进行定价（这是国际会计准则理事会和财务会计准则委员会允许例外的原因之一，参见结论基础第 117 段）。在对金融工具进行定价时，市场参与者将考虑其持有的其他工具对总体风险敞口的增加和减少。这是要求或允许金融工具以公允价值计量的结果。国际会计准则理事会和财务会计准则委员会关于要求以净额或总额列报金融工具的考虑与要求以净额或总额计量金融工具的考虑是不同的。

131. 某些反馈意见者要求就如何将买卖价差及信用调整分摊至构成金融资产和金融负债组合的单项资产和负债提供额外指南。尽管任何的分摊方法都具有潜在的主观性，但国际会计准则理事会和财务会计准则委员会得出结论，定量分摊如果能够合理和一致地应用，将是恰当的分摊方法。因此，国际会计准则理事会和财务会计准则委员会决定，不对特定的分摊方法作出规定。

初始确认时的公允价值

132. 征求意见稿提供了使用可观察和（合适的）不可观察输入值在初始确认时计量公允价值的指南。征求意见稿同时列举表明交易价格可能并非初始确认时资产或负债公允价值最佳证据的情形。

133. 反馈意见者普遍同意所列举的情形，但认为所使用的措辞暗示其为所有情形，而非情形的示例。反馈意见者建议，有关公允价值计量的国际财务报告准则应当使用美国公认会计原则中的措辞。国际会计准则理事会和财务会计准则委员会同意该反馈意见，认为该清单并非穷尽所有情形，并决定使用《主题 820》中的措辞。

134. 某些反馈意见者建议，市场不活跃应当被纳入情形的清单。国际会计准则理事会和财务会计准则委员会得出结论，市场不活跃并非交易价格可能并未代表公允价值的情形，而是主体应当实施进一步工作以确定交易价格是否代表公允价值的情形。

135. 征求意见稿并未涉及首日利得或损失的确认，但指出，除非其他国际财务报告准则另有要求，否则主体应当确认此类利得或损失。例如，《国际会计准则第 39 号》和《国际财务报告准则第 9 号》规定，主体不得确认金融工具的首日利得或损失，除非其公允价值能够被相同资产或负债在活跃市场中的报价或基于仅使用可观察市场数据的估值技术所证明。相比之下，《国际财务报告准则第 3 号》和《国际会计准则第 41 号》要求，即使公允价值使用不可观察的输入值来计量，也应当确认首日利得或损失。

136. 国际会计准则理事会得出结论，初始确认时的公允价值计量，不应考虑其是否导致资产或负债在初始确认时产生一项利得或损失。反馈意见者的观点存在较大差异，某些意见认为，交易价格是初始确认时公允价值的最佳证据，除非公允价值仅使用可观察的输入值计量（即《国际会计准则第 39 号》和《国际财务报告准则第 9 号》所采用的方法），而其他意见则认为，交易价格有时但并非总能代表初始确认时的公允价值，并且输入值的可观察程度并非总是交易价格是否代表公允价值的最佳证据（即美国公认会计原则所采用的方法）。

137. 许多反馈意见者建议，国际财务报告准则和美国公认会计原则关于初始确认时利得或损失的确认应采用相同的要求。国际会计准则理事会和财务会计准则委员会得出结论，确定是否确认首日利得或损失超出了公允价值计量项目的范畴。国际会计准则理事会和财务会计准则委员会指出，国际财务报告准则和美国公认会计原则中金融工具初始确认的计量基础并非总是相同的。因此在现阶段无法处理其可比性问题。因此，国际会计准则理事会和财务会计准则委员会决定，主体在确定是否确认此金额时应当参照针对资产或负债的相关国际财务报告准则。国际会计准则理事会和财务会计准则委员会认为，如果相关国际财务报告准则并未明确是否确认和如果需确认在何处确认此金额，则主体应当将其计入损益。

138. 尽管国际会计准则理事会并未变更确认条件，但修订了《国际会计准则第39号》和《国际财务报告准则第9号》，以明确金融工具初始确认时的公允价值应当按照《国际财务报告准则第13号》计量，并且因应用《国际会计准则第39号》和《国际财务报告准则第9号》的确认条件而产生的任何递延金额应与公允价值计量区分开来。也就是说，《国际会计准则第39号》和《国际财务报告准则第9号》中的确认条件不是对公允价值计量的限制，而是确定了是否（及何时）确认在初始确认时公允价值与交易价格之间的差额（如果有的话）。

估值技术

139. 在计量公允价值时，使用估值技术的目标旨在估计市场参与者在计量日按当前市场条件进行的有序交易价格。

140. 为实现上述目标，征求意见稿建议用于计量公允价值的估值技术应与市场法、收益法或成本法一致。这些估值技术与现行的国际财务报告准则及估值实务相符。

141. 反馈意见者普遍同意上述三种估值技术的描述。某些反馈意见者质疑成本法与公允价值的退出价格定义是否相符，因为他们认为重置资产的成本更贴近于进入价格而非退出价格。国际会计准则理事会指出，主体重置资产的成本应等于作为该资产买方（以类似方式使用该资产）的市场参与者为购置该资产将支付的金额（即在同一市场中进入价格和退出价格是相同的）。因此，国际会计准则理事会得出结论，成本法与公允价值的退出价格定义相符。

单一估值技术与多项估值技术

142. 《国际财务报告准则第13号》并未包含估值技术的级次，因为在某些情况下，特定估值技术可能较其他技术更为恰当。国际会计准则理事会得出结论，需要运用判断来确定估值技术在当前情况下的适当性，并指出《主题820》和现行国际财务报告准则中的公允价值计量指南并未包含估值技术的级次。例如，《国际会计准则第41号》承认，在某些情况下，主体采用的各种方法得出生物资产或农产品的公允价值可能不同，但是主体应当考虑产生不同结果的原因，以在合理范围内确定公允价值。

估值调整

143. 某些反馈意见者要求就估值调整（包括与公允价值计量所使用的输入值固有的不确定性相关的风险调整；参见结论基础第 149 段和第 150 段）的应用制定更明确的要求。他们认为，在国际会计准则理事会的公允价值专家咨询小组于 2008 年 10 月发布的报告《在市场不再活跃时金融工具公允价值的计量和披露》中描述的估值调整很有帮助（参见结论基础第 177 段）。此外，监管机构要求国际会计准则理事会解决计量的不确定性问题，以确保在财务状况表中的公允价值计量未被高估或低估，从而改善财务报表使用者可获得的信息的质量。

144. 尽管征求意见稿并未对估值调整加以明确，但其指出主体必须采用市场参与者对资产或负债进行定价时所使用的假设，包括关于特定估值技术或估值技术所使用输入值的固有风险的假设，这间接地包含了计量的不确定性。

145. 国际会计准则理事会和财务会计准则委员会指出，在市场不再活跃的期间内计量金融工具的公允价值时，主体发现国际会计准则理事会的公允价值专家咨询小组的报告是有帮助的。因此，国际会计准则理事会和财务会计准则委员会决定描述主体在使用估值技术时可能需要作出的估值调整，因为市场参与者在计量日按当前市场条件对金融资产或金融负债进行定价时将作出此类调整，包括针对计量不确定性的调整。此类估值调整包括：

（1）考虑未被估值技术反映的资产或负债特征而对估值技术的调整（在对使用可观察市场信息的估值技术校准计算的价值时通常能够发现需要作出该项调整）。

（2）应用出价—要价价差范围内最能代表当前情况下公允价值的价格。

（3）考虑不履约风险（如主体自身的信用风险或者某项交易的交易对方的信用风险）的调整。

（4）考虑计量不确定性的调整（例如，当与某资产或负债或者类似资产或负债的正常市场活动相比交易量或交易活跃程度显著减少，并且主体确定交易价格或报价未能代表公允价值时）。

146. 国际会计准则理事会和财务会计准则委员会决定，如果上述估值调整与公允价值计量的目标相符，则应用此类调整是恰当的。估值调整可有助于避免公允价值的低估或高估，并且在估值技术或估值技术的输入值并未涵盖市场参与者在计量日对资产或负债进行定价所考虑的包括有关风险的假设在内的因素时，应当应用估值调整。

一致性的限制

147.《国际财务报告准则第 13 号》强调了用于计量公允价值的一项或多项估值技术保持一致的必要性，但其并未限制估值技术的变更，前提是该变更将导致计量值同样代表或更能代表当前情况下的公允价值。征求意见稿建议要求主体披露公允价值计量采用的估值技术变更的影响（类似于《国际会计准则第 8 号》针对估值技术变更所要求的披露）。反馈意见者并不支持该建议，因为难以确定公允价值变动是归属于所采用的估值技术的变更，还是归属于其他因素的变化（例如，计量所使用的输入值可观察程度的变化）。

148. 国际会计准则理事会同意这些反馈意见者的建议，并决定在不存在差错的情况下（如选择或应用特定估值技术时），估值技术或其应用的变更所导致的修正应当按照《国际会计准则第 8 号》的规定作为会计估计的变更核算。国际会计准则理事会得出结论，披露公允价值计量采用的估值技术变更的影响，或者要求提供《国际会计准则第 8 号》规定的会计估计变更的披露均不符合成本效益原则。

估值技术输入值

有关风险的假设

149. 在《国际财务报告准则第 13 号》中，输入值泛指市场参与者在对资产或负债进行定价时所使用的假设，包括有关风险的假设。国际会计准则理事会决定，针对风险的调整是估值技术的必要输入值，因为市场参与者在对资产或负债进行定价时将作出此类调整。因此，考虑风险调整将确保计量值反映资产或负债的退出价格，即在计量日按当前市场条件进行的有序交易中出售资产所收到的价格或转移负债所支付的价格。

150. 国际会计准则理事会接受主体在某些情况下可能难以量化风险调整的观点，但得出结论认为，如果市场参与者考虑该输入值，该困难不能成为不考虑该输入值的合理理由。征求意见稿着重关注对计量公允价值的特定估值技术的固有风险，例如定价模型（模型风险），以及估值技术的输入值的固有风险（输入值风险）进行调整的需要。该建议与美国公认会计原则相一致。

可观察和不可观察输入值

151.《国际财务报告准则第 13 号》对可观察输入值和不可观察输入值进行了区分，并要求主体最大限度地使用相关的可观察输入值且尽量少地使用不可观察输入值（这与现行国际财务报告准则中的公允价值计量指南一致）。对征求意见稿的反馈意见者对使用自 2007 年开始的全球金融危机期间的可观察输入值的要求存有疑虑，因为当时可获得的可观察输入值并不能代表所计量的资产或负债的公允价值。鉴于上述反馈意见，国际会计准则理事会希望确保输入值的可观察程度并非选择估值技术输入值的唯一标准。因此，《国际财务报告准则第 13 号》着重提及“相关的”可观察输入值，因为国际会计准则理事会注意到，在某些情况下，将要求主体根据资产或负债的特征及在计量日的具体情况（如市场条件）对可获得的可观察输入值作出重大调整。

公允价值计量中溢价和折价的应用

152. 征求意见稿建议修订《国际会计准则第 39 号》，以明确在所有公允价值级次中金融工具的计量单元均为单项金融工具。该建议实际上禁止针对《国际会计准则第 39 号》范围内划入任何公允价值级次的金融工具的公允价值计量应用与主体持有的规模相关的溢价和折价。国际会计准则理事会建议进行这一修订的原因如下：

（1）金融工具的计量单元不应取决于该工具在公允价值级次内的归类。

（2）市场参与者出售金融工具的交易都将使资产的公允价值最大化或者负债的公允价值最小化。主体决定以不利的价格出售其持有的整个组合而不是出售单项工具，是与该报告主体相关的特定因素。

153. 在对《主题 820》作出修订前，对于划入公允价值级次第一层次的公允价值计量，美国公认会计原则通常禁止对相同资产或负债的活跃市场报价作出任何调整（包括大宗持有因素或其他溢价或折价，大宗持有因素指在资产或负债的正常每日交易量不足以吸收持有的数量，从而在单项交易中出售资产或负债的交易指令可能影响报价的情况下，对资产或负债报价所作的调整）。但是，《主题 820》并未明确大宗持有因素是否适用于划入公允价值级次第二层次或第三层次的公允价值计量，如果市场参与者在对资产或负债进行定价时考虑大宗持有因素（或者其他溢价或折价，例如控制权溢价或非控制性权益折价）。

154. 反馈意见者认为，征求意见稿中的建议与《主题 820》中划入公允价值级次第一层次的公允价值计量相符，但与《主题 820》中划入公允价值级次第二层次和第三层次的公允价值计量不符。例如，某些反馈意见认为，国际会计准则理事会的意图是禁止在划入公允价值级次第二层次和第三层次的公允价值计量中应用任何溢价或折价（如控制权溢价），即使市场参与者对特定计量单元的资产或负债进行定价时将考虑该溢价或折价。

155. 某些反馈意见者支持针对划入公允价值级次第一层次的公允价值计量的建议，即使他们认为主体通常不会以单项工具为基础退出某一头寸（例如，通过订立出售单项股权的交易）。此类反馈意见理解国际会计准则理事会和财务会计准则委员会有关第一层次输入值的可核实性存有的疑虑。其他反馈意见者指出，公允价值计量应当反映主体“所持组合”的公允价值，而非该组合内每一单项工具的公允价值（即他们并不同意金融工具的计量单元是单项工具）。此类反馈意见者认为，所依据的原则应当是计量单元应反映市场参与者如何订立资产或负债的交易。他们声称市场参与者不会（且往往无法）出售单个项目。财务会计准则委员会在制定《财务会计准则第 157 号》时亦收到类似的意见。国际会计准则理事会和财务会计准则委员会得出结论，上述疑虑不属于公允价值计量项目的范畴，因为该项目旨在处理“如何”计量公允价值，而非“什么”应以公允价值计量。

156. 此外，针对征求意见稿的反馈意见者表示对术语“大宗持有因素”存在不同的理解。许多反馈意见者将大宗持有因素解释为因资产或负债的规模而作出的任何调整。根据国际会计准则理事会和财务会计准则委员会的观点，作为资产或负债特征的规模与作为主体所持组合特征的规模之间存在差异。因此，国际会计准则理事会和财务会计准则委员会澄清，大宗持有因素涵盖的是后者且与公允价值计量并不相关，因为公允价值计量反映的是从市场参与者角度而言特定计量单元的资产或负债的价值，而不一定代表主体整个所持组合的价值。

157. 鉴于对大宗持有因素的描述，国际会计准则理事会和财务会计准则委员会得出结论，主体实现大宗持有因素的决定是与主体相关的特定因素，而不是与资产或负债特征相关的因素。在许多情况下，财务报告的金融工具计量单元为单项金融工具。在该情况下，主体所持组合的规模与公允价值计量并不相关。当主体决定出售包含大量相同资产或负债的大宗交易时，主体将能够实现大宗持有因素。因此，大宗持有因素因主体订立资产或负债交易的方式不同而有所不同，在这一点上，大宗持有因素在概念上类似于交易费用。国际会计准则理事会和财务会计准则委员会得出结论，如果主体决定订立一项大宗出售交易，该决定的后果应当在该决定付诸实施时予以确认，不论其公允价值计量被划入哪一个公允价值级次。

158. 因此，国际会计准则理事会和财务会计准则委员会决定明确，在公允价值计量中，溢价和折价的应用与以公允价值计量的资产或负债的特征及其计量单元相关。《国际财务报告准则第13号》明确，当无法获得第一层次输入值时，如果市场参与者在资产或负债的交易中将考虑溢价或折价，则公允价值计量应当包括溢价或折价。结论基础第168段描述了国际会计准则理事会要求主体在可行的情况下尽量使用未经调整的第一层次输入值的理论依据。然而，国际会计准则理事会和财务会计准则委员会决定明确，溢价或折价的应用必须与要求或允许公允价值计量的国际财务报告准则中的计量单元相一致。

159. 国际会计准则理事会和财务会计准则委员会决定不提供溢价或折价的具体描述，亦不提供有关其在公允价值计量中应用的具体指南，并指出，该类描述和指南将导致过分具体详尽的规定，因为公允价值计量中溢价和折价的应用取决于在计量日的具体事实和情况。根据国际会计准则理事会和财务会计准则委员会的观点，不同的事实和情况可能导致特定的溢价或折价与某些资产和负债相关，而与其他资产和负债无关（如在不同的管辖区域内）。而且，国际会计准则理事会和财务会计准则委员会并不打算禁止特定溢价或折价的使用，但大宗持有因素除外。

基于出价和要价的输入值

160. 在某些情况下，输入值可能基于出价和要价来确定，例如，对于来自经纪人市场的输入值，出价代表经纪人愿意支付的价格，而要价则代表经纪人愿意出售的价格。《国际会计准则第39号》要求针对资产头寸使用出价，以及针对负债头寸使用要价。《国际会计准则第36号》和《国际会计准则第38号——无形资产》亦有类似的规定。

161. 征求意见稿建议，公允价值计量应使用买卖价差范围内最能代表当前情况下公允价值的价格。此外，征求意见稿指出，如果出价和要价是相关的（参见结论基础第 165 段），则买卖价差指南适用于所有公允价值级次，而且不限制使用市场参与者作为实务权宜做法采用的市场中间价或其他定价惯例。

162. 许多反馈意见者均支持上述建议，因为根据其经验，不同的市场参与者是按买卖价差范围内的不同价格来订立交易的。某些反馈意见者倾向于采用《国际会计准则第 39 号》所述的单一买卖价差定价方法，因为其能够最大限度实现使用出价和要价的公允价值计量的一致性和可比性。

163. 国际会计准则理事会观察到在许多情况下，出价和要价界定了市场参与者议定资产或负债交换价格的界限。在澄清公允价值计量目标后，国际会计准则理事会得出结论认为，主体应运用判断来实现该目标。因此，《国际财务报告准则第 13 号》规定，公允价值计量应当使用买卖价差范围内最能代表当前情况下公允价值的价格，并且允许但不强制规定针对资产头寸使用出价及针对负债头寸使用要价。

164.《国际会计准则第 39 号》指出，"买卖价差"仅包括交易费用。在《国际会计准则第 39 号》中，术语"买卖价差"不包含为得出公允价值而作出的其他调整（例如，交易对方信用风险）。某些反馈意见者询问建议的买卖价差指南是否反映该观点。尽管国际会计准则理事会和财务会计准则委员会决定不明确规定除交易费用外买卖价差还包括哪些项目（如果有的话），但根据国际会计准则理事会和财务会计准则委员会的观点，买卖价差并不包括针对交易对方信用风险的调整（有关计量公允价值时交易对方信用风险调整的讨论，参见结论基础第 124 段至第 127 段）。因此，主体在确定买卖价差范围内最能代表当前情况下公允价值的价格时，将需要评估资产或负债的买卖价差包含什么。

165. 某些反馈意见者指出，当主体按买卖价差范围内的不同价格订立交易时，进入价格和退出价格之间可能存在差异。例如，主体可能按要价（进入价格）来购买资产，并使用出价（退出价格）来计量该资产的公允价值。国际会计准则理事会和财务会计准则委员会得出结论，买卖价差仅与金融工具及必须通过中介（如经纪人）才能使买卖双方进行交易（即买方和卖方需要通过中介才能找到对方）的市场相关。在计量非金融资产或非金融负债的公允价值时，买卖价差的概念并不相关，因为主要（或最有利）市场中的买方和卖方已经找到了对方，并且假设其已议定了交易价格（即公允价值）。

公允价值级次

166.《国际财务报告准则第 13 号》使用以下三个层次的公允价值级次：

（1）第一层次包括相同资产和负债在活跃市场中未经调整的报价。

（2）第二层次包括不包含在公允价值级次第一层次中的其他可观察的输入值。

（3）第三层次包括不可观察的输入值（包括主体自身的数据，必要时需对其进行调整以反映市场参与者在当前情况下使用的假设)。

167. 国际会计准则理事会指出，许多国际财务报告准则通过参照可观察的市场交易或使用估值技术计量公允价值，已隐含地包括了公允价值级次。例如，《国际会计准则第39号》和《国际财务报告准则第9号》隐含了以下三个层次的计量级次：

（1）在活跃市场中有报价的金融工具；

（2）其公允价值通过与相同工具（即未被修改或重新打包）的其他可观察现行市场交易的比较得到证明，或者其公允价值是基于输入值仅包括可观察市场数据的估值技术确定的金融工具；以及

（3）其公允价值是全部或部分使用未能由相同工具（即未被修改或重新打包）可观察的现行市场交易价格支持的假设，且并非基于可获得的可观察市场数据的估值技术确定的金融工具。

第一层次输入值

168. 第一层次输入值是相同资产和负债在活跃市场中未经调整的报价。国际会计准则理事会得出结论，此类价格通常提供最可靠的公允价值证据，并且在可获得的情况下应尽量使用此类价格来计量公允价值。

169.《国际财务报告准则第13号》将活跃市场定义为资产或负债的交易频率和交易量足以在持续基础上提供定价信息的市场。国际会计准则理事会得出结论认为，尽管使用了不同的措辞，该定义与现行国际财务报告准则中活跃市场的定义相一致：

(1)《国际会计准则第36号》、《国际会计准则第38号》和《国际会计准则第41号》规定，活跃市场是满足以下条件的市场：“（1）市场中交易的项目是同质的；(2) 通常可在任何时候找到自愿的买方和卖方；以及（3）价格是公众可公开获得的。”

(2)《国际会计准则第39号》和《国际财务报告准则第9号》规定，活跃市场是“报价易于且可定期从交易所、交易商、经纪人、行业集团、定价机构或监管机构获得，并且这些报价代表了公平交易基础上实际并经常发生的市场交易”的市场。

170.《国际财务报告准则第13号》规定，如果主体持有须以公允价值计量的大量类似资产和负债，且不易获得各项资产和负债在活跃市场上的报价，为方便实务中的应用，主体可以使用不单纯依赖报价的另一种定价方法作为实务中的权宜做法(尽管由此产生的公允价值计量为较低层次的计量)。例如，主体可能持有大量类似的债务工具（例如，主权债务证券)，并使用不单纯依赖报价的矩阵定价模型来计量此类工具的公允价值。在该情况下，虽然主体使用了第一层次输入值来计量公允价值，但公允价值计量将不被划入公允价值级次的第一层次。这违背了公允价值计量应最大限度地使用相关的可观察输入值的原则。但是，国际会计准则理事会认为，基于成本效益的考虑，上述为方便实务应用所采用的方法是合理的。

第二层次输入值

171. 第二层次输入值是资产或负债除第一层次的报价外所有（直接或间接）可观察的输入值。国际会计准则理事会得出结论，将可能不能直接观察，但能够以可观察市场数据为基础或支持的经市场验证的输入值包括在第二层次中是恰当的，因为此类输入值涉及的主观性低于划入第三层次的不可观察输入值。

第三层次输入值

172. 第三层次输入值是资产或负债不可观察的输入值。

173. 某些反馈意见者指出，将使用重大不可观察输入值的计量描述为公允价值计量将产生误导。他们同时担忧不可观察输入值可能包括市场参与者不会考虑的主体特定因素。因此，他们建议国际会计准则理事会采用不同的表述来反映使用重大不可观察输入值的计量。然而，国际会计准则理事会得出结论，将征求意见稿所述的所有三个层次均表述为“公允价值”对财务报表使用者而言将更有帮助，原因如下：

（1）建议的公允价值定义列明了估值技术的明确目标及其输入值：考虑市场参与者将考虑的所有因素，并排除市场参与者将排除的所有因素。对第三层次计量采用不同的表述可能无法明确这一清晰目标。

（2）第二层次和第三层次之间的区分不可避免地存在主观性。针对这一主观界限的任一侧采用不同的计量目标是不可取的。

与采用不同的表述来反映使用重大不可观察输入值的计量相比，国际会计准则理事会得出结论，要求提供更完善的有关此类计量的披露（参见结论基础第 187 段至第 210 段）能够更好地处理针对此类计量主观性的疑虑。

174. 国际会计准则理事会接受第三层次输入值的起点可能是主体产生的估计值。但是，如果合理获得的信息表明其他市场参与者在对资产或负债进行定价时将使用不同的数据，或者存在其他市场参与者不可获得的某些特定企业因素（例如，主体特定的协同效应），则主体必须对这些输入值作出调整。

175. 某些反馈意见者关注到，主体可能被审计师或监管机构要求竭尽全力地获取市场参与者在对资产或负债进行定价时所使用假设的有关信息。此外，他们担心在声称不存在相反的数据时，他们的判断会受到质疑。《国际财务报告准则第 13 号》指出，上述竭尽全力的努力是不必要的。但是，当能够合理获得与市场参与者的假设相关的信息时，主体不得忽略此类信息。

在资产或负债的交易量或交易活跃程度显著下降时的公允价值计量

176. 自 2007 年开始的全球金融危机突显了国际财务报告准则与美国公认会计原则采用共同公允价值计量要求的重要性，特别是对于资产或负债的市场活动水平下降时的公允价值计量。因此，为应对二十国集团（G20）领导人、金融稳定理事会和国际会计准则理事会与财务会计准则委员会的金融危机咨询组的建议，国际会计准则理事会和财务会计准则委员会合作制定有关市场不再活跃时计量资产和负债公允价值的共同要求。

177. 国际会计准则理事会于 2008 年 5 月成立了公允价值专家咨询组以回应金融稳定论坛（现称为金融稳定理事会）提出的建议，处理市场不再活跃时金融工具的计量和披露。财务会计准则委员会的工作人员旁听了该小组的讨论。在 2008 年 10 月，国际会计准则理事会的工作人员就该小组的讨论发布了一份工作人员报告。

178. 同样为应对全球金融危机，财务会计准则委员会于 2009 年 4 月发布了《财务会计准则委员会工作人员立场公告（FSP）第 157 - 4 号——在资产或负债的交易量和交易水平显著下降时公允价值的确定以及对非有序交易的识别》。该工作人员立场公告被汇编入《主题 820》，并提供了以下指南：

（1）在资产或负债的交易量或交易活跃程度显著下降时计量公允价值；以及

（2）识别表明交易并非有序的情况。

179. 国际会计准则理事会发布了一份意见征询文件，以询问反馈意见者是否认为该工作人员立场公告中的指南与小组报告一致。国际会计准则理事会同时向公允价值专家咨询组成员提出了相同的问题。国际会计准则理事会收到了 69 份针对该意见征询文件的反馈意见。反馈意见者及公允价值专家咨询组的成员均表示工作人员立场公告与小组报告相一致。因此，国际会计准则理事会将该《财务会计准则委员会工作人员立场公告第 157 - 4 号》的指南纳入了征求意见稿。

180. 征求意见稿的反馈意见者普遍同意所建议的指南，并认为其符合国际会计准则理事会公允价值专家咨询组报告及美国公认会计原则中的概念。然而，某些反馈意见指出，征求意见稿中使用的措辞与美国公认会计原则中的措辞存在差异，并希望了解这是否意味着相应的要求并不一致。国际会计准则理事会与财务会计准则委员会理解这些疑虑并决定统一相关的措辞。此外，国际会计准则理事会和财务会计准则委员会决定明确，有关要求是针对资产或负债的交易量和交易水平显著下降的情况，而非通常不存在可观察市场的资产和负债。

181. 此外，国际会计准则理事会和财务会计准则委员会得出结论，在应用《国际财务报告准则第 13 号》和《主题 820》时，主体应着重关注可观察的交易价格是否为有序交易的结果，而不应仅关注市场的交易水平，因为即使市场存在极少活动，交易也可能是有序的。因此，国际会计准则理事会和财务会计准则委员会认为，除非有证据表明交易并非有序交易，否则，主体应当考虑可观察的交易价格。如果主体不具备确定交易是否有序交易的充分信息，则应当执行进一步分析以计量公允价值。

182. 同样，由于全球金融危机，存在改善金融工具公允价值计量透明度的迫切需求。为回应这一需求，国际会计准则理事会于 2009 年 3 月修订了《国际财务报告准则第 7 号——金融工具：披露》。修订后的关于公允价值计量的披露要求已纳入《国际财务报告准则第 13 号》。

披露

183. 国际财务报告准则中有关公允价值计量的披露要求各不相同，尽管许多要求至少应提供有关计量所使用的方法和重大假设的信息，以及公允价值计量是否使用相同或类似资产或负债的近期市场交易的可观察价格。

184. 国际会计准则理事会决定，除了建立公允价值计量的框架之外，还应改善并统一有关公允价值计量的披露。国际会计准则理事会决定，要求提供的披露仅限于初始确认后在财务状况表中的公允价值计量，无论此类计量是在持续还是在非持续基础上进行的，因为其他国际财务报告准则已涵盖了初始确认时的公允价值披露（例如，《国际财务报告准则第 3 号》要求披露企业合并中所取得的资产和所承担的负债的计量）。

185. 《国际财务报告准则第 13 号》中披露的目标是为财务报表使用者提供有关信息，以便其了解公允价值计量所使用的估值技术和输入值，以及使用重大不可观察输入值的公允价值计量如何影响当期损益或其他综合收益。为实现上述目标，披露框架（1）结合了现行国际财务报告准则和美国公认会计原则的披露要求，以及（2）提供了财务报表使用者建议的有助于他们进行分析的额外披露。在制定披露要求时，国际会计准则理事会使用了从财务报表使用者和编制者及国际会计准则理事会公允价值专家咨询组获取的信息。

区分持续和非持续的公允价值计量

186. 美国公认会计原则中的披露区分了持续与非持续的公允价值计量。征求意见稿并未建议区分持续与非持续的公允价值计量，针对所有公允价值计量要求提供相同的信息。但是，财务报表使用者建议国际会计准则理事会在国际财务报告准则中采用与美国公认会计原则相同的公允价值计量信息披露原则。因此，国际会计准则理事会和财务会计准则委员会决定区分这两类公允价值计量并描述两者之间的差异。

公允价值级次中第三层次的公允价值计量的信息

187. 财务报表使用者建议，国际会计准则理事会和财务会计准则委员会就公允价值级次第三层次的公允价值计量提供更多信息。以下部分阐述了国际会计准则理事会和财务会计准则委员会对该建议作出的回应。

定量信息

188. 征求意见稿建议要求主体披露公允价值计量所使用的方法和假设，包括用于确定输入值的信息。有关建议是基于财务报表使用者及国际会计准则理事会公允价值专家咨询组的反馈制定的。尽管有关建议未明确，但国际会计准则理事会的意图是有关计量所使用输入值的信息应当是定量信息。

189. 在对《主题820》作出修订前，美国公认会计原则要求主体描述公允价值级次第二层次或第三层次的资产或负债公允价值计量所使用的输入值。《主题820》并未明确该描述是否需要包含定量信息。

190. 财务报表使用者建议，国际会计准则理事会和财务会计准则委员会明确主体必须提供有关公允价值计量所使用的输入值的定量信息，特别是公允价值级次第三层次的计量所使用的不可观察输入值的有关信息。公开获取的信息有限或无法获得的情况下，有关此类信息的披露将有助于财务报表使用者了解公允价值计量所固有的计量不确定性。

191. 因此，国际会计准则理事会和财务会计准则委员会决定明确，主体应当披露有关划入公允价值级次第三层次的公允价值计量所使用的重大不可观察输入值的“定量”信息。

192. 鉴于所要求的披露汇总水平，针对财务会计准则委员会建议的《会计准则更新》的某些反馈意见者质疑公允价值计量所使用的不可观察输入值的定量信息的有用性。国际会计准则理事会和财务会计准则委员会认为，披露的目标并非旨在令财务报表使用者复制主体的定价模型，而是向使用者提供足够的信息以便其能够评估主体有关个别输入值的观点与其自身观点是否存在差异，且如果存在差异，使其能够决定在其决策中如何考虑主体的公允价值计量。国际会计准则理事会和财务会计准则委员会得出结论，要求披露的信息将有助于比较一段时期内所使用的输入值，并向使用者提供关于管理层对特定不可观察输入值的观点的变化和特定类别中资产和负债的市场变化的信息。此外，该披露可能有助于拥有公允价值级次第三层次类似资产和负债的主体之间进行比较。

193. 《国际财务报告准则第13号》和《主题820》规定，主体应当基于资产和负债的性质、特征和风险来确定资产和负债的适当类别，并指出公允价值级次第三层次的公允价值计量可能被要求作进一步的分解。因此，国际会计准则理事会和财务会计准则委员会得出结论，披露第三层次公允价值计量所使用定量信息的意义将取决于主体所确定的资产和负债的类别。

194. 对国际会计准则理事会重新征询意见的文件及财务会计准则委员会建议的《会计准则更新》的某些反馈意见者建议，应当要求提供有关公允价值级次第二层次的公允价值计量所使用的不可观察输入值的定量信息，因为确定将公允价值计量划入第二层次还是第三层次具有主观性。国际会计准则理事会和财务会计准则委员会得出结论，公允价值级次第二层次的公允价值计量所使用的不可观察输入值（如果有的话），必须对计量整体而言是不重要的。因此，国际会计准则理事会和财务会计准则委员会决定，有关不可观察输入值的定量信息对于这些计量的有用性极为有限。

195. 此外，国际会计准则理事会和财务会计准则委员会了解到，公允价值计量有时是基于以往交易价格（如针对风险资本投资最近一轮融资作出的调整）或第三方定价信息（如经纪人报价）。此类计量可能划入公允价值级次的第三层次。国际会计准则理事会和财务会计准则委员会得出结论，在这种情况下应当要求主体披露如何计量资产或负债的公允价值，但是如果公允价值计量并未使用除以往交易价格或第三方定价信息之外的定量信息，则主体无需为遵循披露要求而编制相关定量信息（如隐含的市场乘数或未来现金流量）。但是，国际会计准则理事会和财务会计准则委员会认为，当使用以往交易价格或第三方定价信息时，主体不得忽略其他合理可获得的定量信息。如果存在就公允价值计量整体而言重要的针对以往交易价格或第三方定价信息的调整，则该调整属于主体必须披露的有关不可观察输入值的定量信息，即使主体并未披露对以往交易进行定价或确立第三方定价信息时所使用的不可观察信息。

第三层次公允价值持续计量的调节

196. 征求意见稿建议，要求主体提供划入公允价值级次第三层次的公允价值计量的期初余额与期末余额之间的调节。《国际财务报告准则第 7 号》在 2009 年 3 月引入公允价值级次的三个层次作出修订后，要求针对金融工具提供上述披露，并要求提供有关划入公允价值级次第三层次的公允价值计量的更多具体信息。此外，许多国际财务报告准则已要求针对所有公允价值计量，而不仅仅针对那些划入公允价值级次第三层次的计量提供类似的调节。

197. 某些反馈意见者同意披露所建议的调节，他们认为，这将有助于实现向财务报表使用者提供关于公允价值计量相对主观性的有用信息的目标。其他反馈意见者则认为，该披露要求将造成沉重负担，并且不认为其带来的益处将超过需付出的成本，特别是对于非金融资产和负债。国际会计准则理事会针对《国际财务报告准则第 7 号》的建议修订亦收到过类似的反馈意见。但是，财务报表使用者告知国际会计准则理事会，按照美国公认会计原则和《国际财务报告准则第 7 号》提供的披露是有帮助的，尤其是在 2007 年开始的全球金融危机之后。他们指出，有关披露使他们能够作出更合理的判断并细分公允价值计量所固有主观性的影响，从而增强了其评估主体所报告的收益质量的能力。据此，国际会计准则理事会决定要求主体提供上述调节。

198. 征求意见稿和《国际财务报告准则第 7 号》并未区分“已实现”与“未实现”的利得或损失。这是因为这些文件指的是“归属于在报告期末持有的资产和负债的利得或损失”，国际会计准则理事会的意图是，他们应当等同于“未实现”利得或损失（即已实现利得或损失是因资产或负债的出售、处置或结算所致，因此，该资产或负债在报告期末不再被主体所持有；而未实现利得或损失则与主体在报告期末持有的资产或负债的公允价值变动相关）。对征求意见稿的反馈意见者希望了解征求意见稿与《主题 820》中使用的不同术语是否意味着国际财务报告准则所建议的披露将不同于美国公认会计原则所要求的披露。为确保对国际财务报告准则与美国公认会计原则中要求的理解不存在差异，国际会计准则理事会决定在调节披露中使用“已实现”和“未实现”的表述。

199. 国际会计准则理事会得出结论，披露应着重关注持续的公允价值计量，因为当资产或负债的账面金额并不基于每一报告期间的公允价值确定时，难以从非持续的公允价值计量的期初余额调节至期末余额。例如，如果持有待售的资产在某一期间内按照《国际财务报告准则第 5 号》以其账面金额确认，但在下一期间却以公允价值扣除出售费用后的余额确认，这将难以对其公允价值变动进行调节。对于在各期间内使用不同的计量基础所导致的变动，通过要求调节各个期间公允价值的变动以获取信息是无法做到的。

估值流程

200. 国际会计准则理事会和财务会计准则委员会决定，要求主体披露划入公允价值级次第三层次的公允价值计量所使用的估值流程（例如，包括主体如何确定其估值政策、程序以及分析各期间内公允价值计量的变动）。国际会计准则理事会和财务会计准则委员会作出此决定的原因是，根据财务报表使用者的反馈，有关主体估值流程的信息有助于其评估主体公允价值计量的相对主观性，尤其是划入公允价值级次第三层次的计量。

201. 此外，《国际财务报告准则第 13 号》中的要求与国际会计准则理事会公允价值专家咨询组在 2008 年 10 月发布的报告中陈述的结论是一致的。

对不可观察输入值变动的敏感性

202. 征求意见稿建议，要求针对划入公允价值级次第三层次的公允价值计量提供定量敏感性分析。该建议源自《国际财务报告准则第 7 号》的要求，即如果采用合理可能的假设替代计量中所使用的任何不可观察输入值将导致公允价值的显著变动，则应提供敏感性分析。尽管《国际财务报告准则第 7 号》中的该项披露要求是针对以公允价值计量的金融资产和金融负债的，但是征求意见稿建议，针对以公允价值计量的所有资产和负债提供该项披露。

203. 财务会计准则委员会在 2009 年 8 月建议的《会计准则更新》,《公允价值计量和披露（《主题 820》）：改进关于公允价值计量的披露》中提出了类似的披露要求，虽然该建议本来要求主体考虑输入值之间相关关系的影响。对建议的《会计准则更新》的绝大多数反馈意见者均不支持该项建议的披露，认为其不能提供有用信息，而且成本高、操作难度大。然而，财务报表使用者支持该项建议的披露。财务会计准则委员会决定将敏感性分析披露要求推迟到公允价值计量联合项目时再作考虑。

204. 在有关敏感性分析披露的讨论中，国际会计准则理事会和财务会计准则委员会考虑了，如果要求主体披露包括不可观察输入值之间相关关系的影响，以反映截至计量日各种情形下合理计量的一系列公允价值（退出价格）的区间，是否能够改进国际会计准则理事会建议的披露和《国际财务报告准则第 7 号》中的相关要求。由于该项改进披露的建议未被纳入国际会计准则理事会于 2009 年 5 月发布的征求意见稿，亦未包括在《国际财务报告准则第 7 号》的要求中，因此，国际会计准则理事会需要就要求披露包括不可观察输入值之间相互关系的影响的敏感性分析的建议征询公众意见。国际会计准则理事会重新征询意见的文件及财务会计准则委员会于 2010 年 6 月发布的建议的《会计准则更新》中该披露作为《计量不确定性分析的披露》提及。

205. 对财务会计准则委员会建议的《会计准则更新》和国际会计准则理事会重新征询意见的反馈意见者就该建议的可操作性存有疑虑（这些意见与针对财务会计准则委员会于 2009 年 8 月建议的《会计准则更新》所收到的意见一致）。虽然该建议是为了回应财务报表使用者关于公允价值计量（尤其是划入公允价值级次第三层次的计量）所固有的计量不确定性的额外信息的要求，但是财务报表编制者认为，一旦这些信息按资产或负债的类别进行汇总后，编制此类信息的相关成本将超过其为财务报表使用者带来的益处。反馈意见者提出的一项替代建议是，国际会计准则理事会和财务会计准则委员会应要求对划入公允价值级次第三层次的公允价值计量的主观性进行定性评估，以及采用编制成本较低的替代性定量方法（参见结论基础第 188 段至第 195 段）。

206. 因此，国际会计准则理事会和财务会计准则委员会决定，如果计量所使用的不可观察输入值的变动会导致显著较高或较低的公允价值计量值，则主体应按资产或负债的类别提供有关划入公允价值级次第三层次的持续公允价值计量相对于不可观察输入值变动的敏感性的叙述性描述。如果此类输入值与其他不可观察输入值之间相互关联，主体还应描述此类相关关系的，以及他们可能如何增加或减少不可观察输入值的变动对公允价值计量的影响。国际会计准则理事会和财务会计准则委员会得出结论，此类信息将能够向财务报表使用者提供不可观察输入值的选择对特定类别资产或负债估值的影响的有关信息。国际会计准则理事会和财务会计准则委员会希望该叙述性描述应着重关注须披露定量信息的不可观察输入值，因为这些是被主体确定为对公允价值计量最为重要的不可观察输入值。国际会计准则理事会和财务会计准则委员会将在《国际财务报告准则第 13 号》发布后继续评估提供计量不确定性的定量分析披露是否切实可行，以便在日后就是否要求提供这一披露形成结论。

207. 国际会计准则理事会和财务会计准则委员会认为，有关敏感性的叙述性描述将为财务报表使用者提供重大不可观察输入值的变动对公允价值计量的方向性影响的有关信息。该披露连同有关划入公允价值级次第三层次的公允价值计量所使用输入值的定量信息，将为财务报表使用者提供有关信息，以便其能够评估主体有关个别输入值的观点与其自身观点是否存在差异，且如果存在差异，使其能够决定如何将主体的公允价值计量纳入决策。此外，该披露同时亦有助于向不熟悉特定类别资产或负债（例如复杂的金融工具）估值的财务报表使用者提供关于定价模型的信息。

208. 除了有关敏感性分析的叙述性描述外，《国际财务报告准则第 13 号》还要求提供以公允价值计量且划入公允价值级次第三层次的金融工具的定量敏感性分析（即此前《国际财务报告准则第7号》所包含的披露）。国际会计准则理事会决定将该要求从《国际财务报告准则第7号》移至《国际财务报告准则第13号》，以便使国际财务报告准则中的所有公允价值计量的披露要求统一在相同的位置。在制定《国际财务报告准则第7号》时，国际会计准则理事会已得出结论认为，有关公允价值计量相对于主要估值前提的敏感性的信息将有助于财务报表使用者感知计量的潜在变化。国际会计准则理事会在形成该结论的过程中考虑了可能较难提供敏感性披露的观点，尤其是当存在适用该披露要求且相互关联的多项假设时。但是国际会计准则理事会指出，并未要求就公允价值计量相对于所有假设的敏感性提供详细的定量披露（仅要求针对可能导致显著不同的公允价值估计的假设提供有关披露），亦不要求主体在作出披露时反映各假设之间的相互关联性。

209. 国际会计准则理事会和财务会计准则委员会得出结论，有关公允价值敏感性分析的叙述性和定量披露的目标与主体在国际财务报告准则和美国公认会计原则框架下须提供的其他披露的目标有所不同，例如《国际财务报告准则第7号》要求披露的市场风险敏感性分析（参见《国际财务报告准则第7号》第40段）。国际会计准则理事会认为，虽然这些披露有所重复，但是每一项披露的目标各不相同：《国际财务报告准则第7号》中的市场风险敏感性分析披露的目标是提供有关主体针对未来市场风险（即货币风险、利率风险及其他价格风险）变动的风险敞口信息，而公允价值计量披露提供有关计量日公允价值计量相对于最具主观性的公允价值计量（即划入公允价值级次第三层次的公允价值计量）使用的不可观察输入值变动的敏感性的信息。此外，《国际财务报告准则第7号》有关市场风险敏感性分析的披露要求仅针对金融工具（与《国际财务报告准则第13号》有关定量敏感性分析的披露要求相同），而《国际财务报告准则第13号》有关敏感性分析的叙述性披露要求则是针对以公允价值计量的所有资产和负债。

210. 国际会计准则理事会识别出市场风险敏感性分析披露与公允价值敏感性分析披露之间存在以下差异：

（1）市场风险披露不仅针对以公允价值计量的金融工具，而且与以摊余成本计量的金融工具相关。

（2）市场风险披露着重关注对损益和权益的影响，而非特定于价值的变动。

（3）市场风险披露仅着重关注主体的市场风险敞口（即利率风险、货币风险或其他价格风险），而公允价值披露考虑重大不可观察输入值的变动对公允价值计量的影响。

（4）市场风险披露不区分可观察和不可观察的输入值（或者公允价值级次，即第一层次、第二层次或第三层次），而公允价值披露仅涉及划入公允价值级次第三层次的公允价值计量所使用的不可观察输入值。

公允价值级次中第一层次和第二层次之间的转移

211. 征求意见稿建议，要求主体披露转入或转出公允价值级次第一层次和第二层次的“重大”金额以及转移的原因。《主题820》亦包含此项披露要求。国际会计准则理事会和财务会计准则委员会在讨论后决定，要求主体披露转入或转出第一层次和第二层次的“所有”金额。对财务会计准则委员会建议的《会计准则更新》的反馈意见者并不支持该建议，因为这将要求主体每日监控各层级之间的所有转移，而无论其是否重大。此外，反馈意见者就针对所有转移的信息的准确性存有疑虑，因为较不活跃的第一层次公允价值计量与较活跃的第二层次公允价值计量之间的区分并不清晰。

212. 国际会计准则理事会和财务会计准则委员会得出结论，披露的目标旨在提供有助于财务报表使用者评估市场及（主体或其他方的）交易活动变化的信息，以便使用者能够：（1）将主体未来的流动性风险纳入其分析，以及（2）分析主体对公允价值计量相对主观性的风险敞口。根据国际会计准则理事会和财务会计准则委员会的观点，提供该信息及降低编制该信息涉及的主观性的唯一方法是要求提供有关公允价值级次第一层次和第二层次之间“所有”转移的信息。

主体以不同于最高效和最佳使用的方式使用非金融资产

213. 国际会计准则理事会和财务会计准则委员会决定，如果主体使用非金融资产的方式并非其最高效和最佳使用，主体应当披露有关信息（当该资产在财务状况表中是以公允价值计量或者需要披露其公允价值时）。国际会计准则理事会和财务会计准则委员会得出结论，此类披露将能够为依赖公允价值信息来预测未来现金流量的财务报表使用者提供有用的信息，无论该公允价值计量是在财务状况表中列报还是在附注中披露。使用者向国际会计准则理事会和财务会计准则委员会提供的反馈表明，他们需要获悉非金融资产如何被使用以及该使用如何与主体的策略和经营计划相契合。

214. 国际会计准则理事会和财务会计准则委员会曾考虑是否将该披露限定在某些非金融资产而不涉及其他非金融资产。国际会计准则理事会和财务会计准则委员会得出结论，由于计量和披露要求是以原则为导向的，因此，如果国际会计准则理事会和财务会计准则委员会决定使用公允价值作为特定资产或负债的计量基础，在未来应无需对此类要求进行修改。因此，任何以公允价值计量的、未实现其最高效和最佳使用的非金融资产均必须提供该项披露。

在财务状况表中不以公允价值计量的项目在级次中的分组

215.《国际财务报告准则第 7 号》要求主体披露金融工具的公允价值，即使其在财务状况表中并非以公允价值计量。例如，在财务状况表中以摊余成本计量的金融工具。

216. 国际会计准则理事会和财务会计准则委员会决定，要求主体披露（金融或非金融）资产或负债所属的公允价值级次，假如该资产或负债在财务状况表中以公允价值计量。国际会计准则理事会和财务会计准则委员会得出结论，此类披露将能够提供关于公允价值计量相对主观性的有用信息。

217. 对国际会计准则理事会的征求意见稿及财务会计准则委员会建议的《会计准则更新》的反馈意见者对编制此类披露所涉及的成本存有疑虑，因为并非总是能够明确公允价值计量是属于哪一个层级的。国际会计准则理事会和财务会计准则委员会得出结论，即使确定公允价值计量所属的层次须运用判断，这样做的益处仍然超过所需的成本。因此，国际会计准则理事会和财务会计准则委员会决定，要求主体披露资产或负债所属的公允价值级次，假如该资产或负债在财务状况表中以公允价值计量。

可收回金额为公允价值扣除处置费用的资产

218. 由于《国际会计准则第 36 号》要求提供特定于减值资产的披露，因此，针对按《国际会计准则第 36 号》要求可收回金额为公允价值扣除处置费用的资产，征求意见稿并未建议要求披露其公允价值。某些反馈意见者（主要是财务报表使用者）指出，国际财务报告准则和美国公认会计原则中有关减值资产的披露（要求通过比较资产的账面金额与其公允价值来进行资产减值测试）存在差异，并要求国际会计准则理事会最大限度地减少此类差异，以确保财务报表使用者能够获得可供其进行减值资产分析的类似信息。

219. 国际会计准则理事会指出，《国际会计准则第 36 号》中披露要求的制定主要旨在确保减值资产的信息披露的一致性，从而无论可收回金额是基于使用价值还是公允价值扣除处置费用来确定，均能够提供同类的信息。因此，国际会计准则理事会认为，要求主体针对基于公允价值扣除处置费用确定可收回金额时所提供的信息（即《国际财务报告准则第 13 号》要求提供的信息），显著不同于主体针对基于使用价值确定可收回金额时所提供的信息是不恰当的。

220. 由于国际财务报告准则和美国公认会计原则采用不同的减值模型，因此，国际会计准则理事会得出结论，（除提供现行《国际会计准则第 36 号》要求的信息之外）要求提供下列有关以公允价值扣除处置费用计量的减值资产的信息，以提高采用国际财务报告准则的主体与采用美国公认会计原则的主体之间的可比性，并促进国际财务报告准则与美国公认会计原则的趋同：

（1）公允价值扣除处置费用；

（2）公允价值扣除处置费用整体被划入的公允价值级次（第一层次、第二层次或第三层次）；

（3）估值技术的变更及变更的原因（如适用）；以及

（4）有关计量公允价值扣除处置费用时使用的重大输入值的定量信息（连同对使用价值相关披露的相应修正）。

221. 此外，上述披露与《国际财务报告准则第 13 号》和美国公认会计原则中针对非持续的公允价值计量所要求的披露一致。

中期财务报告

222. 对于金融工具，征求意见稿建议，年度财务报表要求提供的特定公允价值披露同时适用于中期财务报告。该要求不同于针对非金融资产和非金融负债所建议的方法，根据该方法，除《国际会计准则第 34 号——中期财务报告》的现行要求外，并无针对非金融资产和非金融负债的特定公允价值披露要求。

223. 反馈意见者普遍认为，《国际会计准则第 34 号》的基本原则阐明了哪些披露应在中期财务报告中予以更新。某些反馈意见者认为，提供更新信息的成本超出了为财务报表使用者提供该信息所带来的益处。

224. 国际会计准则理事会决定在《国际会计准则第 34 号》中纳入须提供更新披露的明确要求，因其得出结论，考虑到自 2007 年开始的全球金融危机致使金融工具备受关注，提供有关金融工具的更多披露所带来的益处将超出需付出的成本。

生效日期和过渡性规定

225. 在决定《国际财务报告准则第 13 号》的生效日期时，国际会计准则理事会考虑了意见征询文件《生效日期和过渡性规定》所收到的反馈意见。许多反馈意见者认为，生效日期应当预留充分的时间以便能使其建立必要的系统来确保其会计政策和模型符合《国际财务报告准则第 13 号》的要求。某些反馈意见者特别是拥有大量以公允价值计量的资产和负债的主体要求采用更迟些的生效日期。其他反馈意见者则要求采用更早些的生效日期，主要是出于可比性原因，且他们认为许多主体可能已在无意间开始运用修订后的概念。

226. 国际会计准则理事会得出结论，虽然《国际财务报告准则第 13 号》是一项主要的新准则，但其未规定任何新的公允价值计量，亦未从根本上改变许多公允价值计量或公允价值计量信息披露的要求。国际会计准则理事会认为，《国际财务报告准则第 13 号》在许多方面使用了不同的表述，以阐明现行国际财务报告准则中已包含的概念。然而，国际会计准则理事会也考虑了特定国家进行翻译及将强制性规定纳入法律所可能需要的时间。

227. 因此，国际会计准则理事会决定，《国际财务报告准则第 13 号》应当对自 2013 年 1 月 1 日或以后日期开始的年度期间生效。由于《国际财务报告准则第 13 号》在其他国际财务报告准则要求或允许公允价值计量时适用（且并未引入任何新的公允价值计量），国际会计准则理事会认为，《国际财务报告准则第 13 号》延长的过渡期将能够为主体、其审计师及财务报表使用者提供充分的时间为有关规定的实施做好准备。

228. 国际会计准则理事会决定允许提前采用《国际财务报告准则第 13 号》，因为这将允许主体在切实可行的情况下尽快采用其计量和披露要求，从而提高计量的可比性及披露的透明度。这同时也将改善与采用美国公认会计原则的主体的可比性。

229. 征求意见稿建议采用未来适用法，因为国际会计准则理事会得出结论，计量公允价值所使用的方法变更与公允价值计量的变更是分不开的（即在新事件发生时或在获得新信息时，例如，通过更好的洞察或者更合理的判断）。对征求意见稿和意见征询文件的反馈意见者均支持该建议。因此，国际会计准则理事会认为，《国际财务报告准则第 13 号》应当采用未来适用法（与会计估计变更的核算方式相同）。

230. 为了实现未来期间的可比性，国际会计准则理事会决定要求，在首次采用国际财务报告准则的首个中期提供《国际财务报告准则第 13 号》所要求的披露。但是，在首次采用国际财务报告之前的期间内无需列报此类披露，因为在应用《国际财务报告准则第 13 号》的某些要求选择前期适用的输入值时将很难避免后见之明。

在新兴和转型经济体中的应用

231. 在制定《国际财务报告准则第 13 号》时，新兴和转型经济体中的主体向国际会计准则理事会反映了在他们所在的国家或地区内运用《国际财务报告准则第 13 号》的公允价值计量原则所存在的疑虑。常见的疑虑包括：

（1）公允价值计量指南不够详尽，使他们不能一致地计量公允价值。

（2）在所在的国家或地区内仅有有限的从业人员具备运用有关指南的技能（因此主体可能并不熟悉如何运用所需的判断）。

（3）所能获得的用以确定公允价值计量的市场数据十分有限，因为缺少有深度和流动性的市场，缺少自愿的买方和卖方，并且价格通常在短期间内大幅波动。

（4）由于快速发展的社会经济变化，所采用的模型、输入值和假设可能都是新的，并且各个主体之间可能无法进行比较。

（5）计量公允价值（及编制相应披露）的成本可能很高。

232. 国际会计准则理事会指出，由于许多国际财务报告准则均使用了公允价值，因此采用国际财务报告准则时通常有必要了解公允价值的应用，并且上述的疑虑并非新兴和转型经济体中的主体所特有的。发达经济体中的主体在自 2007 年开始的全球金融危机中亦面临类似的挑战，并且要求国际会计准则理事会提供针对不存在活跃市场的权益工具公允价值计量的指南，因为《国际财务报告准则第 9 号》要求以公允价值确认此类工具。此外，国际会计准则理事会得出结论，不应根据不同的国家或地区制定公允价值计量的不同标准。采用国际财务报告准则的主体只有通过执行公允价值计量才能了解如何适当并合理地进行此类计量。

233. 因此，国际会计准则理事会得出结论，采用国际财务报告准则的主体将能够从随同《国际财务报告准则第 13 号》发布的教育材料中受益。国际财务报告准则基金会有时会发布源自准则制定过程的教育材料，以进一步强化采用并一致应用统一高质量国际会计准则的的目标。国际会计准则理事会要求工作人员编制有关公允价值计量的教育材料，概括地描述符合公允价值计量目标的计量资产、负债和主体自身权益工具公允价值的思路。

234. 国际会计准则理事会认为，所编制的任何教育材料均必须一致地惠及所有主体。因此，教育材料不仅能够使新兴和转型经济体中的主体受益，而且应提供给发达经济体中的主体。

235. 国际会计准则理事会和财务会计准则委员会的工作人员在编制教育材料过程中将保持联络。

与美国公认会计原则的趋同

236. 如上所述，公允价值计量项目是与财务会计准则委员会的联合项目。国际会计准则理事会和财务会计准则委员会合作确保在国际财务报告准则和美国公认会计原则关于公允价值具有相同的含义，且其各自的公允价值计量和披露要求均保持一致（除了某些措辞和形式上的细微差异）。

237. 国际会计准则理事会与财务会计准则委员会合作以最大限度地确保《国际财务报告准则第 13 号》与《主题 820》保持一致，但仍存在以下差异：

（1）对其他国际财务报告准则和美国公认会计原则的引用的差异——例如，对于关联方交易，《国际财务报告准则第 13 号》提及参照《国际会计准则第 24 号——关联方披露》，而《主题 820》则提及参照《主题 850——关联方披露》。

（2）形式的差异——例如，《国际财务报告准则第 13 号》表述为“主体”，而《主题 820》则表述为“报告主体”。

（3）拼写的差异——例如，“人工成本”在《国际财务报告准则第 13 号》中的英文为“labour costs”，而在《主题 820》中的英文则为“labor costs”。

（4）提及特定管辖区域或泛指的差异——例如，《国际财务报告准则第 13 号》提及“无风险政府证券”，而《主题 820》则提及“美国联邦证券”。

国际会计准则理事会与财务会计准则委员会得出结论，上述差异将不会导致采用国际财务报告准则或美国公认会计原则的主体在实务中不一致的理解。

238. 此外，《国际财务报告准则第 13 号》和《主题 820》还存在以下差异：

（1）关于对投资公司投资的公允价值计量，国际财务报告准则与美国公认会计原则的会计要求不同。美国公认会计原则中的《主题 946——金融服务：投资公司》要求投资公司在每个报告期间以公允价值确认其基础投资。为方便实务操作，《主题 820》允许持有投资公司投资的主体在特定情况下将未经调整的已报告净资产价值作为公允价值计量。《国际财务报告准则第 10 号——合并财务报表》要求投资公司合并其控制的基础投资。由于国际财务报告准则并无针对投资公司的特定会计要求，国际会计准则理事会认为，鉴于全球各管辖区域内计算净资产价值的实务不同，将难以确定在何时可以采用上述方便实务操作的方法。例如，投资公司可能按国内的公认会计原则进行报告，其确认和计量要求可能不同于国际财务报告准则（即基础投资可能并非以公允价值计量，或其可能按国内公认会计原则而非国际财务报告准则以公允价值计量）。国际会计准则理事会与财务会计准则委员会正在将投资公司的会计处理作为一个单独的项目进行审核。

（2）对具有可随时要求偿还特征的金融负债的公允价值计量存在不同的要求。根据美国公认会计原则，《主题 825——金融工具》和《主题 942——金融服务：存款和贷款》将存款负债的公允价值计量描述为在报告日可被要求支付的金额。根据国际财务报告准则，《国际财务报告准则第 13 号》规定，具有可随时要求偿还特征的金融负债（例如活期存款）的公允价值不低于被要求支付的金额的现值。国际会计准则理事会的公允价值计量项目沿用了原本包括在《国际会计准则第 39 号》和《国际财务报告准则第 9 号》中的要求，并将其包括在《国际财务报告准则第 13 号》中。

（3）国际财务报告准则和美国公认会计原则中存在不同的披露要求。例如：

①由于国际财务报告准则通常不允许衍生工具以净额列报，划入公允价值计量级次第三层次的公允价值计量的披露金额可能存在差异。国际会计准则理事会和财务会计准则委员会现正在其有关金融工具会计处理的联合项目中复核有关金融资产和金融负债抵销的列报要求。

②国际财务报告准则要求针对以公允价值计量并且划入公允价值级次第三层次的金融工具提供定量敏感性分析（原《国际财务报告准则第 7 号》要求提供该披露）。国际会计准则理事会和财务会计准则委员会将分析有关不可观察输入值之间相关关系的信息纳入定量的计量不确定性分析披露的可行性。在完成该分析后，国际会计准则理事会和财务会计准则委员会将决定是否要求提供该项披露。

③《主题 820》对非公众主体规定了不同的披露要求。财务会计准则委员会认为，鉴于非公众主体财务报表使用者的特征，不应要求此类主体提供某些披露。财务会计准则委员会考虑了此类使用者获得有关主体财务状况信息的能力，以及修订后的披露要求提供的信息对此类使用者的相关性。相比而言，国际会计准则理事会近期完成了有关中小主体会计处理的项目。因此，《中小主体国际财务报告准则》涵盖了不

负有公众受托责任的主体的会计处理，以及关于其公允价值计量的披露要求。

成本—效益的考虑

239. 通用目的财务报告的目标是提供有关报告主体的财务信息以助于现有和潜在投资者、贷款人及其他债权人作出向主体提供资源的决策。为实现这一目标，国际会计准则理事会试图确保国际财务报告准则能够满足大部分需求，且所要求提供的信息所带来的总体收益应超出提供该信息所需的成本。尽管实施新准则的成本可能不是被平均负担的，但财务报表使用者将能够受益于更完善的财务报告，从而促进资本和信贷市场的良好运作及经济资源的有效配置。

240. 对成本和效益的评估必然涉及主观性。在作出判断时，国际会计准则理事会考虑了以下各项：

（1）财务报表编制者所发生的成本；

（2）当无法获得有关信息时财务报表使用者所发生的成本；

（3）与财务报表使用者为编制替代信息所发生的成本相比，财务报表编制者编制此类信息所具有的相对优势；以及

（4）更完善的财务报告所带来的更合理经济决策的益处。

241.《国际财务报告准则第 13 号》定义了公允价值、提供了计量公允价值的框架和规定了公允价值计量的披露要求。公允价值的明确定义连同计量公允价值的框架，消除了导致实务分歧的各项国际财务报告准则之间的不一致性，并改善了应用的一致性，从而提高了财务报表列报信息的可比性。

242. 有关公允价值计量的披露将增加透明度并提升向财务报表使用者提供的信息的质量。在制定《国际财务报告准则第 13 号》的披露要求时，国际会计准则理事会听取了财务报表使用者和编制者及其他利益相关方的反馈意见，以评估此类披露能否实现合理的成本效益。

243. 尽管计量公允价值的框架是基于现行实务和要求而制定的，《国际财务报告准则第 13 号》中的某些方法可能导致某些主体的实务发生变化。而且，某些主体将需要变更其系统和操作，从而发生增量成本。其他主体在应用计量和披露要求时亦可能会发生增量成本。但是，国际会计准则理事会认为增强公允价值计量要求应用的一致性，提高公允价值信息的可比性及改善向财务报表使用者传达的信息将持续带来益处。国际会计准则理事会在权衡后得出结论，应用《国际财务报告准则第 13 号》的要求导致财务报告改善的益处超出了运用有关要求所增加的成本。

对征求意见稿主要变动的概述

244. 对2009年5月征求意见稿中的建议作出的主要变动如下：

（1）《国际财务报告准则第13号》将《国际财务报告准则第2号》中以股份为基础的支付交易及《国际会计准则第17号》中的租赁交易排除在其范围之外。征求意见稿建议：

①采用另一术语取代“公允价值”术语，以反映《国际财务报告准则第2号》中以股份为基础的支付交易和《国际财务报告准则第3号》中企业合并回购的权利的计量目标。

②将《国际会计准则第39号》中具有可随时要求偿还特征的金融负债排除在关于公允价值计量的国际财务报告准则的范围之外。

征求意见稿并未建议将租赁交易排除在关于公允价值计量的国际财务报告准则的范围之外。

（2）《国际财务报告准则第13号》要求使用资产或负债的主要市场或者如果不存在主要市场则使用资产或负债的最有利市场中的价格来计量公允价值。征求意见稿则建议，应使用最有利市场中的价格来计量公允价值。

（3）《国际财务报告准则第13号》指出，市场参与者应利用所有可获得的信息，包括可通过常见和惯常的尽职调查获得的信息，获得对资产或负债及交易的合理认知。征求意见稿则指出，应假设市场参与者与主体一样熟悉资产或负债的情况（即市场参与者与主体之间不存在信息不对称）。

（4）《国际财务报告准则第13号》包含针对负债公允价值计量的详细指南，包括市场参与者为承担义务所要求的补偿以及第三方信用增级如何影响负债的公允价值。征求意见稿对此仅提供概括性指南。

（5）《国际财务报告准则第13号》包含针对主体自身权益工具公允价值计量的详细指南。该指南与负债公允价值计量的指南一致。征求意见稿建议，要求主体通过参照市场参与者作为资产持有的工具（即对应资产）的公允价值来计量其自身权益工具的公允价值，而没有提供权益工具的公允价值在何时可能不同于对应资产的公允价值的信息。

（6）《国际财务报告准则第13号》就具有市场风险或交易对方信用风险抵销头寸的金融资产和金融负债的公允价值计量提供了指南。征求意见稿建议要求运用在交换估值前提来计量金融资产。

（7）《国际财务报告准则第13号》规定，应当基于资产或负债的性质、特征和风险，以及公允价值计量所属的公允价值级次来确定所披露的资产或负债的分组。征求意见稿并未就确定公允价值计量披露的资产或负债的适当组别提供指南。

（8）《国际财务报告准则第 13 号》提供了关于何时确认公允价值级次之间转移的政策的示例，如在转移之日、报告期初或报告期末。《国际财务报告准则第 13 号》同时规定，针对转入某层次与转出某层次的有关转移确认时间的政策必须一致。征求意见稿并未就确定转移何时被视为发生提供指南，亦未建议要求主体披露其关于何时确认层次之间转移的政策。

（9）《国际财务报告准则第 13 号》要求提供有关划入公允价值级次第三层次的公允价值计量相对于重大不可观察输入值变动的敏感性以及此类输入值之间的相关关系可能如何增加或减少对公允价值计量的影响的叙述性描述。他同时要求针对划入公允价值级次第三层次的金融工具提供定量敏感性分析（该项披露从《国际财务报告准则第 7 号》移入《国际财务报告准则第 13 号》）。征求意见稿建议针对划入公允价值级次第三层次的资产和负债提供定量敏感性分析。国际会计准则理事会就该建议重新征询公众意见，包括要求在分析中考虑不可观察输入值之间的相关关系（称为“计量不确定性分析的披露”）。反馈意见者就该建议的可操作性存有疑虑。国际会计准则理事会和财务会计准则委员会将在相关国际财务报告准则发布后继续评估定量的计量不确定性分析披露是否切实可行，以便就未来是否应要求提供该项披露形成结论。

（10）《国际财务报告准则第 13 号》要求主体披露划入公允价值级次第三层次的公允价值计量的估值流程（即估值政策和程序）的有关信息。该披露与国际会计准则理事会公允价值专家咨询组于 2008 年 10 月发布的报告中对估值流程的描述类似。

（11）如果非金融资产的最高效和最佳使用不同于其当前使用方式，《国际财务报告准则第 13 号》要求主体披露该事实以及该资产的使用方式不同于其最高效和最佳使用的原因。征求意见稿则建议，要求主体披露资产基于其当前使用的价值、资产的公允价值与基于其当前使用的公允价值之间的差异金额（即资产组的增量价值），以及资产的当前使用方式不同于其最高效和最佳使用的原因。

《国际财务报告准则第 13 号——公允价值计量》示例

目　录

段落

最高效和最佳使用及估值前提 …… **2－9**

例1：资产组 …… 3－6

例2：土地 …… 7－8

例3：研发项目 …… 9

多项估值技术的使用 …… **10－17**

例4：持有并使用的机器 …… 11－14

例5：软件资产 …… 15－17

主要市场（或最有利市场） …… **18－22**

例6：第1层次主要市场（或最有利市场） …… 19－22

交易价格和公允价值的初始确认 …… **23－26**

例7：利率互换的初始确认 …… 24－26

受限制的资产 …… **27－29**

例8：对权益工具出售的限制 …… 28

例9：对资产使用的限制 …… 29

计量负债 …… **30－47**

例10：结构化票据 …… 34

例11：退役负债 …… 35－39

例12：债务义务——报价 …… 40－42

例13：债务义务——现值技术 …… 43－47

当资产或负债交易量或交易活跃程度显著下降时的公允价值计量 …… **48－58**

例14：当资产交易量或交易活跃程度显著下降时估计市场回报率 …… 49－58

公允价值披露 …… **59－66**

例15：以公允价值计量的资产 …… 60

例16：针对归入公允价值级次第3层次的公允价值计量的调节 …… 61－62

例17：估值技术和输入值 …… 63－64

例18：估值流程 …… 65

例19：有关重大不可观察输入值变动的敏感性的信息 …… 66

下列示例与《国际财务报告准则第13 号》一并发布，但不构成其组成部分。它们举例说明了《国际财务报告准则第13 号》的某些方面，但并非旨在提供解释性指南。

1. 下列示例以假定情况说明主体在不同估值情形下以公允价值计量资产和负债时可能运用的判断。尽管这些示例的某些方面可能按照实际情况呈现，但在应用《国际财务报告准则第 13 号》时，仍需要评价所有与特定的实际情况相关的事实和情形。

最高效和最佳使用及估值前提

2. 例 1 至例 3 说明了非金融资产的最高效和最佳使用及估值前提概念的应用。

例 1：资产组

3. 主体在企业合并中取得了资产并承担了负债。所取得的其中一个资产组包括资产 A、资产 B 和资产 C。资产 C 是由被购买主体开发的自用收费软件，其为业务不可分割的组成部分并且与资产 A 和资产 B（即相关资产）相结合使用。主体按照与这些资产特定的计量单元一致的方式逐个计量每一单项资产的公允价值。主体确定这些资产的最高效和最佳使用是其当前的使用，并且每一项资产将主要通过与其他资产或者其他资产和负债（即配套资产和相关负债）的结合使用来为市场参与者提供最大价值。没有证据表明这些资产的当前使用并非其最高效和最佳使用。

4. 在这种情况下，主体将在最初购买资产的市场上出售该资产（即对主体而言进入市场与退出市场是相同的）。在该市场中与主体进行交易的买家，具有战略买家（如竞争对方）和金融买家（如不具有补充性投资的私募股权或风险资本机构）所代表的特征，并且包括那些最初对该资产进行投标的买家。虽然市场参与者买方可大致分为战略买家或金融买家，但在许多情况下每一类中的市场参与者之间仍存在差异，反映了诸如对资产的不同使用及不同经营策略。

5. 如下文所述，单项资产公允价值的指示值的差异主要与不同资产组内市场参与者对该资产的使用相关：

（1）战略买家资产组。主体确定战略买家拥有能够提升包含对该资产使用的资产组合价值的相关资产（即市场参与者的协同效应）。此类资产包括资产 C（收费软件）的替代资产，该资产只会在有限的过渡期内使用，且在过渡期结束时无法单独出售。由于战略买家拥有替代资产，资产 C 将不会在其整个剩余经济寿命内被使用。战略买家资产组内资产 A、资产 B 和资产 C 的公允价值指示值（反映对该资产组内资产的使用所产生的协同效应）分别为360货币单位[①]、260货币单位和30货币单位。战略买家资产组内整个资产组的公允价值指示值为650货币单位。

（2）金融买家资产组。主体确定金融买家不拥有能够提升包含对该资产使用的资产组合价值的相关资产或替代资产。由于金融买家没有替代资产，资产C（收费软件）将在其整个剩余经济寿命内被使用。金融买家资产组内资产A、资产B和资产C的公允价值指示值分别为300货币单位、200货币单位和100货币单位。金融买家资产组内整个资产组的公允价值指示值为600货币单位。

6. 资产A、资产B和资产C的公允价值将基于战略买家资产组内整个资产组的使用来确定（即360货币单位、260货币单位和30货币单位）。虽然战略买家资产组内资产的使用并未实现每一单项资产公允价值的最大化，却能够实现整个资产组公允价值的最大化（650货币单位）。

例2：土地

7. 主体在企业合并中取得一块土地。该土地当前被开发用于工业用途，作为厂房用地。该土地的当前使用被假定为其最高效和最佳使用，除非市场或其他因素表明该土地的其他用途为最高效和最佳使用。邻近的一块土地近期被开发用于建造住宅，作为高层公寓大楼住宅用地。鉴于该开发以及相应的近期规划和其他变更，主体确定当前作为厂房用地的该土地可被开发为住宅（即高层公寓大楼住宅）用地，因为市场参与者在对该土地进行定价时将考虑该土地可作为住宅用地进行开发的潜力。

8. 该土地的最高效和最佳使用将通过比较以下两项确定：

（1）该土地现时被开发用于工业用途（即该土地将与其他资产，如厂房，或者其他资产和负债相结合使用）的价值。

（2）该土地作为用于建造住宅的空置土地的价值，同时应考虑为将该土地变为空置土地（即该土地可以被市场参与者单独使用）而必须发生的拆除厂房成本及其他成本（包括主体能否将该资产转换成替代用途的不确定性）。

该土地的最高效和最佳使用将根据上述两个价值的较高者来确定。在涉及房地产估值的情况下，最高效和最佳使用的确定可能需要考虑与工厂经营（包括其资产和负债）相关的因素。

例3：研发项目

9. 主体在企业合并中取得一个研发项目。主体并不打算完成该项目，因为该项目如果得以完成将与主体自身的一个（提供主体下一代商业化技术的）项目构成竞争。相反，主体打算持有（即锁定）该项目，以防止其竞争对方获得该项技术。据

---

① 在这些示例中，货币金额以“货币单位”表示。

此，该项目预期主要通过提升具有竞争力的主体自身技术的发展前景，来提供防御性价值。为在初始确认时计量该项目的公允价值，该项目的最高效和最佳使用将基于市场参与者对其的使用来确定。例如：

（1）如果市场参与者将继续开发该项目，并且继续开发将实现利用该项目的资产组或者资产和负债组（即该资产将与其他资产或者其他资产和负债相结合使用）价值的最大化，那么，该研发项目的最高效和最佳使用是继续进行开发。如果市场参与者未拥有正在开发中或已商业化的类似技术，则属于这种情况。该项目的公允价值将基于在出售该项目的当前交易中收到的价格来确定，同时，假定该研发项目将与其配套资产及相关负债相结合使用，并且市场参与者将能够获得此类资产和负债。

（2）如果出于竞争原因市场参与者将锁定该项目，并且锁定将实现利用该项目的资产组或者资产和负债组价值的最大化，那么，该研发项目的最高效和最佳使用是停止开发。如果市场参与者拥有处于更先进的开发阶段的技术，而该项目完成后将对其构成竞争，并且如果该项目被锁定预期能够提升具有竞争力的主体自身技术的发展前景，则属于这种情况。该项目的公允价值将基于在出售该项目的当前交易中收到的价格来确定，同时，假定该研发项目将与其配套资产及相关负债相结合使用（即被锁定），并且市场参与者将能够获得此类资产和负债。

（3）如果市场参与者将不再对该研发项目进行开发，其最高效和最佳使用将是停止开发。如果预期该项目完成后将不能提供合理的市场回报，并且如果该项目被锁定也不能够提供防御性价值，则属于这种情况。该项目的公允价值将基于在单独出售该项目的当前交易中收到的价格来确定（可能为零）。

多项估值技术的使用

10. 本国际财务报告准则指出，在某些情况下采用单一的估值技术是恰当的，而在其他情况下采用多项估值技术则是恰当的。例 4 和例 5 说明了多项估值技术的使用。

例 4：持有并使用的机器

11. 主体在企业合并中取得一台机器。主体将在其经营中持有并使用该机器。该机器最初是由被购买主体向某一外部供应商购置的，而被购买主体在企业合并前对该机器进行了特定配置以使其适于自身经营。但是，对该机器的特定配置并未涉及很大范围。购买主体确定该资产将（在为使用安装或配置后）通过与其他资产或者其他资产和负债相结合使用来为市场参与者提供最大价值。没有证据表明该机器的当前使用并非其最高效和最佳使用。因此，该机器的最高效和最佳使用是与其他资产或者其他资产和负债相结合的当前使用。

12. 主体确定可获得应用成本法和市场法（因为对该机器的特定配置并未涉及很大范围）的充分数据。未使用收益法，是因为该机器没有单独可辨认收入流以取得未来现金流量的可靠估计值。而且，无法获得可用以预测收入流（即资产剩余服务寿命内的租赁付款额）的类似二手机器的短期和中期租赁费率。市场法和成本法的应用如下：

（1）应用市场法时，将采用类似机器的报价，并就该（经配置的）机器与类似机器之间的差异进行调整。该计量反映了机器按其当前状况（二手机器）及（为使用安装或配置）地点出售将收到的价格。该方法所得出的公允价值范围为40 000货币单位至48 000货币单位。

（2）应用成本法时，将估计当前建造具有可比用途的替代（经配置的）机器所需的金额。该估计考虑机器的现状及其运行所处的环境，包括实体磨损（即实体性陈旧）、技术改进（即功能性陈旧）、机器状况的外部条件，如类似机器市场需求的下降（即经济性陈旧），以及安装成本。该方法所得出的公允价值范围为40 000货币单位至52 000货币单位。

13. 主体认为，市场法得出的公允价值范围内的最高值最能代表机器的公允价值，并因此赋予采用市场法得出的结果更多的权重。这一决定是基于输入值的相对主观性作出的，并考虑了该机器与类似机器之间的可比程度。特别地：

（1）与成本法所使用的输入值相比，市场法所使用的输入值（类似机器的报价）仅需作出较少的主观调整。

（2）市场法得出的公允价值范围与成本法得出的公允价值范围重叠，但范围更窄。

（3）该范围内不存在任何（该机器与类似机器之间的）已知的无法合理解释的差额。

据此，主体确定该机器的公允价值为48 000货币单位。

14. 如果对该机器的特定配置涉及范围较广，或者无法获得应用市场法的充分数据（例如，由于市场数据反映单独使用机器的交易，如专门用途资产的报废价值，而非与其他资产或者其他资产和负债相结合使用的机器的交易），主体将应用成本法。如果资产是与其他资产或者其他资产和负债相结合使用，则成本法假设该机器将出售给拥有配套资产及相关负债的市场参与者买方。出售机器所收到的价格（即退出价格）将不超过下列两项中的任何一项：

（1）市场参与者买方为购置或建造具有可比用途的替代机器将发生的成本；

（2）市场参与者买方通过使用该机器将获得的经济利益。

例5：软件资产

15. 主体取得一个资产组。该资产组包括一项内部开发的通过向客户授予许可证赚取收入的软件资产，及其配套资产（包括与该软件资产结合使用的相关数据库）

和相关负债。为将资产组的成本分摊至所取得的单项资产，主体计量该软件资产的公允价值。主体确定该软件资产将通过与其他资产或者其他资产和负债（即其配套资产及相关负债）相结合使用来为市场参与者提供最大价值。并没有证据表明该软件资产的当前使用并非其最高效和最佳使用。因此，该软件资产的最高效和最佳使用是其当前使用（在本例中，授予软件资产的许可证本身并未表明该资产的公允价值可通过该资产单独被市场参与者使用而实现最大化）。

16. 主体确定，除收益法外，还可获得应用成本法的充分数据，但无法获得应用市场法的充分数据，因为无法获得关于可比软件资产的市场交易信息。收益法和成本法应用如下：

（1）应用收益法时，将采用现值技术。该技术所使用的现金流量反映软件资产在其经济寿命内预期产生的收入流（向客户收取的许可证费用）。该方法所得出的公允价值为15 000 000货币单位。

（2）应用成本法时，将估计当前建造具有可比用途的替代软件资产所需的金额（即考虑功能性陈旧以及经济性陈旧）。该方法所得出的公允价值为10 000 000货币单位。

17. 通过应用成本法，主体确定市场参与者将无法建造具有可比用途的替代软件资产。该软件资产是利用专有信息开发的，其具有某些独有特征且不易被复制。因此，主体确定该软件资产的公允价值为根据收益法得出的15 000 000货币单位。

主要市场（或最有利市场）

18. 例6说明了如何使用第1层次输入值计量在不同活跃市场中以不同价格交易的资产的公允价值。

例6：第1层次主要市场（或最有利市场）

19. 某资产在两个不同的活跃市场中以不同价格出售。主体同时在这两个市场内进行交易，并且能够在计量日获得资产在这两个市场中的价格。在A市场，出售资产将收到的价格为26货币单位，该市场中的交易费用为3货币单位，且将资产运抵该市场的成本为2货币单位（即收到的净金额为21货币单位）。在B市场，出售资产将收到的价格为25货币单位，该市场中的交易费用为1货币单位，且将资产运抵该市场的成本为2货币单位（即收到的净金额为22货币单位）。

20. 如果A市场是资产的主要市场（即该资产拥有最大交易量和交易水平的市场），则资产的公允价值计量应使用在该市场中出售该资产将收到的价格，并考虑运输费用（24货币单位）。

21. 如果这两个市场均不是资产的主要市场，则资产的公允价值计量应使用最有利市场中的价格。最有利市场是使出售资产收到的价格在考虑交易费用和运输费用后（即在相应市场中收到的净金额）实现最大化的市场。

22. 由于主体在 B 市场中能够使出售资产收到的净金额最大化（22 货币单位），因此，资产的公允价值计量应使用该市场中的价格（25 货币单位）并减去运输费用（2 货币单位），从而公允价值计量值为 23 货币单位。尽管在确定哪一个市场是最有利市场时考虑了交易费用，但用于计量资产公允价值的价格不应就交易费用进行调整（但应针对运输费用进行调整）。

交易价格和公允价值的初始确认

23. 本国际财务报告准则明确，在许多情况下交易价格，即就特定资产（负债）所支付（收到）的价格，代表该资产（负债）初始确认时的公允价值，但该假设并非总是成立的。例 7 说明了涉及衍生工具的交易价格可能等于（也可能不等于）该工具初始确认时的公允价值的情形。

例 7：利率互换的初始确认

24. A 主体（零售交易对方）在零售市场内与 B 主体（做市商）订立了一项不存在初始对价的利率互换（即交易价格为零）。A 主体只能够进入零售市场，而 B 主体则能够同时进入零售市场（即与零售交易对方进行交易）及做市商市场（即与做市商交易对方进行交易）。

25. 从 A 主体的角度而言，其最初订立利率互换的零售市场是该利率互换的主要市场。如果 A 主体转让该利率互换下的权利和义务，其将与零售市场中的做市商交易对方进行交易。在该情况下，交易价格（零）将代表 A 主体对利率互换进行初始确认时的公允价值，即 A 主体在与零售市场中的做市商交易对方进行交易时，销售利率互换所收到或转移利率互换所支付的价格（即退出价格）。该价格不因做市商交易对方所收取的任何增量成本（交易费用）进行调整。

26. 从 B 主体的角度而言，做市商市场（而不是零售市场）是该利率互换的主要市场。如果 B 主体转让该利率互换下的权利和义务，其将与该市场中的做市商进行交易。由于 B 主体最初订立利率互换的市场不同于该利率互换的主要市场，交易价格（零）不一定代表 B 主体对利率互换进行初始确认时的公允价值。如果公允价值不同于交易价格（零），则 B 主体应当应用《国际会计准则第 39 号——金融工具：确认和计量》或《国际财务报告准则第 9 号——金融工具》来确定在初始确认时是否应将两者的差额确认为一项利得或损失。

受限制的资产

27. 主体对资产出售或使用受到的限制对公允价值计量的影响将取决于市场参与者在对该资产进行定价时是否将考虑该项限制。例8和例9说明了限制对资产公允价值计量的影响。

例8：对权益工具出售的限制

28. 主体持有的权益工具（金融资产）在指定期间内的出售受到法律或合同限制（例如，限制规定只能向合格投资者的出售）。此类限制是该工具的特征，因此将会转移给市场参与者。在该情况下，该工具的公允价值计量应基于在公开市场上交易的同一发行人相同的未受限制的权益工具报价，并作出调整以反映限制的影响。该调整将反映市场参与者因承担在指定期间内无法在公开市场上交易该工具的风险而要求获得的金额。该调整将根据以下所有各项而有所不同：

（1）限制的性质和持续时间；

（2）买方受到限制的程度（如，可能存在大量合格投资者）；以及

（3）特定于该工具及发行人的定性和定量因素。

例9：对资产使用的限制

29. 某捐赠人向一家非盈利性社区机构捐赠一块可被开发用于建造住宅的土地。该土地目前被用做游憩场所。捐赠人指定该土地必须被该机构永久地继续用作游憩场所。在复核相关文件（如法律及其他文件）后，该机构确定如果其出售该资产，遵守捐助人指定限制的托管责任将不会转移给市场参与者，即捐赠人对土地使用的限制仅针对该机构。而且，不存在对该机构出售土地的任何限制。如果对该机构就土地的使用不作出限制，该土地可被开发用于建造住宅。此外，该土地附有地役权（即公用事业公司能够铺设跨越该土地的电缆的法定权利）。土地使用限制和地役权对土地公允价值计量的影响分析如下：

（1）捐赠人对土地使用的限制。由于在该情况下，捐赠人对土地使用的限制仅针对该机构，该限制不会转移给市场参与者。因此，土地的公允价值将是在不考虑对该机构的土地使用限制的情况下，其用做游憩场所的公允价值（即其公允价值将通过市场参与者将该资产与其他资产或者其他资产和负债相结合使用实现最大化）和被开发用于建造住宅的公允价值（即其公允价值将通过市场参与者对该资产的单独使用实现最大化）两项中的较高者。

（2）铺设电缆的地役权。由于铺设电缆的地役权是该土地特有的（即是该土地

的特征），因此，将随同土地一起转移给市场参与者。据此，无论土地的最高效和最佳使用是被用做游憩场所还是被开发用于建造住宅，土地的公允价值均应考虑地役权的影响。

计量负债

30. 负债的公允价值计量假设负债（无论是金融负债还是非金融负债）在计量日转让给市场参与者（即负债尚未被清偿并且作为受让人的市场参与者将必须履行相关义务；该负债在计量日并未与交易对方进行结算或以其他方式被消除）。

31. 负债的公允价值应反映不履约风险的影响。与负债相关的不履约风险包括但不限于主体自身的信用风险。主体应在负债以公允价值计量的所有期间内，考虑其信用风险（信用状况）对负债公允价值的影响，因为将主体的义务作为资产持有的各方在估计其愿意支付的价格时，将考虑主体信用状况的影响。

32. 例如，假设 X 主体和 Y 主体各订立了一项在 5 年内向 Z 主体支付现金（500 货币单位）的合同义务。X 主体的信用评级为 AA 并且可以 6% 的利率借款；Y 主体的信用评级为 BBB 并且可以 12% 的利率借款。X 主体将就交换其承诺收到约 374 货币单位（500 货币单位在 5 年内按 6% 进行折现后的现值）；而 Y 主体将就交换其承诺收到约 284 货币单位（500 货币单位在 5 年内按 12% 进行折现后的现值）。各主体负债的公允价值（即所取得的收入）均考虑了其信用状况。

33. 例 10 至例 13 说明了负债的计量以及不履约风险（包括主体自身信用风险）对公允价值计量的影响。

例 10：结构化票据

34. 在 20X7 年 1 月 1 日，信用评级为 AA 的投资银行 A 主体向 B 主体发行了 5 年期固定利率的票据。A 主体在到期时将支付的合同本金金额与权益指数挂钩。不存在随同该合同发行或与其相关的任何信用增级（即未提供任何抵押且不存在任何第三方担保）。A 主体将该票据指定为以公允价值计量且其变动计入损益。20X7 年该票据的公允价值（即 A 主体的义务）采用预计现值技术进行计量。公允价值变动如下：

（1）20X7 年 1 月 1 日的公允价值。预计现值技术所使用的预计现金流量，应当按 20X7 年 1 月 1 日的政府债券收益率曲线的无风险利率进行折现，如果现金流量未反映不履约风险，还应在无风险利率之外加上当前市场可观察的 AA 级公司债券与政府债券之间的点差，并就 A 主体的特定信用风险进行调整（上调或下调）（即取得经信用调整的无风险利率）。因此，初始确认时，A 主体的义务的公允价值考虑了不履约风险，包括主体的信用风险，假设该信用风险将在收入中反映。

（2）20X7 年 3 月 31 日的公允价值。在 20X7 年 3 月，AA 级公司债券的点差增大，而 A 主体的特定信用风险则保持不变。预计现值技术所使用的预计现金流量，应当按 20X7 年 3 月 31 日的政府债券收益率曲线的无风险利率进行折现，如果现金流量未反映不履约风险，还应在无风险利率之外加上当前市场可观察的 AA 级公司债券与政府债券之间的点差，并就 A 主体的特定信用风险进行调整（即取得经信用调整的无风险利率）。由于 A 主体的特定信用风险自初始确认后没有发生变化，因此，A 主体义务的公允价值变动由信用点差的总体变动所致。信用点差的变动反映了当前市场参与者有关不履约风险的总体变化、流动性风险变化及承担这些风险要求获得的补偿的假设。

（3）20X7 年 6 月 30 日的公允价值。截至 20X7 年 6 月 30 日，AA 级公司债券的点差没有发生变化。但是，根据已发行的结构化票据及其他定性信息，A 主体确定其在 AA 级信用点差内部的自身特定信用状况得到增强。预计现值技术所使用的预计现金流量，应当按使用 20X7 年 6 月 30 日的政府债券收益率曲线的无风险利率进行折现，如果现金流量未反映不履约风险，还应在无风险利率之外加上当前市场可观察的 AA 级公司债券与政府债券之间的点差（自 20X7 年 3 月 31 日以来并未发生变化），并就 A 主体的特定信用风险进行调整（即取得经信用调整的无风险利率）。因此，A 主体义务的公允价值变动是因其在 AA 级公司债券点差内部的自身特定信用风险变化所致。

例 11：退役负债

35. 在 20X1 年 1 月 1 日，A 主体在企业合并中承担了一项退役负债。A 主体被法定要求在某海上石油平台的寿命期结束后将其拆除，平台的寿命期预计为 10 年。

36. 根据本国际财务报告准则的应用指南第 23 段至第 30 段，A 主体使用期望现值技术来计量退役负债的公允价值。

37. 如果合同允许 A 主体将其退役负债转让给市场参与者，则 A 主体认为，市场参与者在估计预计将收到的价格时将使用下列所有输入值，适当时使用其加权平均数：

（1）人工成本；

（2）间接费用的分摊；

（3）市场参与者因实施相关活动及承担与拆除该资产相关的风险而要求的补偿。此类补偿包括下列两项：

①来自人工成本和间接费用的利润；以及

②实际现金流出可能不同于预计现金流出的风险，不包括通货膨胀影响；

（4）通货膨胀对估计的成本和利润的影响；

（5）货币的时间价值，由无风险利率反映；以及

（6）与 A 主体不履行义务的风险相关的不履约风险，包括 A 主体自身的信用风险。

38. A 主体计量公允价值所使用的重大假设如下：

（1）人工成本是依据当前市场聘请承包商拆除海上石油平台的薪金水平而确定的，并就预期未来薪金增长进行调整。A主体对估计区间内的现金流量值评估其概率，详情如下：

现金流量估计值（货币单位）	概率评估	预计现金流量（货币单位）
100 000	25%	25 000
125 000	50%	62 500
175 000	25%	43 750
		131 250 货币单位

概率评估是基于A主体履行此类义务的经验及其对市场的了解而确定的。

（2）A主体采用人工成本的一定比率（预计人工成本的80%）估计分摊的间接费用和设备运行成本。这与市场参与者的成本结构相符。

（3）A主体估计市场参与者实施相关活动及承担与拆除该资产相关的风险而要求的补偿如下：

①第三方承包商通常对人工成本及分摊的内部成本进行加成以保证工程的利润率。所使用的利润率（20%）反映了A主体对业内承包商拆除海上石油平台通常赚取的经营利润的了解。A主体认为，该利润率与市场参与者就实施相关活动而要求的补偿率一致。

②由于为可能在10年内都不会进行的项目锁定当前价格存在固有不确定性，承包商通常要求就实际现金流出可能不同于预计现金流出的风险作出补偿。A主体估计溢价金额为预计现金流量的5%，并包括了通货膨胀的影响。

（4）A主体根据可获得的市场数据，假设10年期间的通货膨胀率为4%。

（5）于20X1年1月1日到期的10年期无风险利率为5%。A主体对该利率上调3.5%以反映其不履约风险（即其不履行义务的风险），包括其自身信用风险。因此，用于计算现金流量现值的折现率为8.5%。

39. A主体认为市场参与者将使用其所采用的假设。此外，A主体并未就其转让该负债的任何限制对其公允价值计量作出调整。如下表所示，A主体退役负债的公允价值计量为194 879货币单位。

	预计现金流量（货币单位）20X1年1月1日
预计人工成本	131 250
分摊的间接费用和设备成本（0.80 × 131 250货币单位）	105 000
承包商的利润加成 [0.20 ×（131 250货币单位 + 105 000货币单位）]	47 250
通货膨胀调整前的预计现金流量	283 500

通货膨胀率（10 年期 4%）	1.4802
通货膨胀调整后的预计现金流量	419 637
市场风险溢价（0.05 × 419 637 货币单位）	20 982
市场风险调整后的预计现金流量	440 619
按 8.5% 的利率对 10 年折现后的预计现值	194 879

例 12：债务义务——报价

40. B 主体于 20X1 年 1 月 1 日发行了面值为 2 000 000 货币单位的 BBB 级在交易所上市的 5 年期固定利率债务工具，年票息为 10%。B 主体将该金融负债指定为以公允价值计量且其变动计入损益。

41. 在 20X1 年 12 月 31 日，该工具在活跃市场上作为资产进行交易，每 1 000 货币单位的面值在考虑应计利息付款额后的交易价格为 929 货币单位。B 主体使用该资产的活跃市场报价作为其负债公允价值计量的初始输入值（929 货币单位 × [2 000 000 货币单位 ÷ 1 000 货币单位] =1 858 000 货币单位）。

42. 在确定该资产的活跃市场报价是否代表负债的公允价值时，B 主体评估资产的报价是否包含不适用于负债公允价值计量的因素的影响。例如，资产的报价是否包含了第三方信用增级的影响，而如果该信用增级从发行人的角度应予单独进行核算。B 主体确定无需对资产的报价进行任何调整。据此，B 主体得出结论，其债务工具在 20X1 年 12 月 31 日的公允价值为 1 858 000 货币单位。B 主体将其债务工具的公允价值计量归入公允价值级次的第 1 层次并作出相应的披露。

例 13：债务义务——现值技术

43. C 主体于 20X1 年 1 月 1 日以私募方式发行了面值为 2 000 000 货币单位的 BBB 级 5 年期固定利率债务工具，年票息为 10%。C 主体将该金融负债指定为以公允价值计量且其变动计入损益。

44. 在 20X1 年 12 月 31 日，C 主体的信用评级仍是 BBB。自该债务工具发行以来，包括可获得的利率、具有 BBB 信用评级债务工具的信用点差及流动性在内的市场条件并未发生改变。但是，C 主体由于其不履约风险的变化，导致其信用点差下降了 50 个基点。在考虑了所有市场条件后，C 主体认为，如果该工具在计量日发行，其利率将为 10.5%，或者 C 主体发行该工具所取得的收入将低于其面值。

45. 就本示例而言，C 主体负债的公允价值使用现值技术来计算。C 主体认为市场参与者将使用下列所有输入值（与本国际财务报告准则应用指南第 12 段至应用指南第 30 段相符）来估计其承担 C 主体义务时预计将收到的价格：

（1）债务工具的条款，包括所有下列各项：

①10%的票息；

②2 000 000货币单位的本金金额；以及

③4年的期限。

（2）10.5%的市场利率（其包含自发行日以来不履约风险的50个基点的变动）。

46. 根据其现值技术，C主体认为其负债在20X1年12月31日的公允价值为1 968 641货币单位。

47. C主体并未针对市场参与者就承担该负债而就风险或利润要求的补偿而在其现值技术中纳入任何额外的输入值。由于C主体的义务是一项金融负债，C主体认为，其利率已经反映了市场参与者就承担该负债而就风险或利润要求的补偿。而且，C主体亦未就防止其转让该负债的任何限制对现值技术进行调整。

当资产或负债的交易量或交易活跃程度显著下降时的公允价值计量

48. 例14说明了在计量金融资产的公允价值时，当与该资产（或类似资产）的正常市场活动相比，该资产的交易量或交易活跃程度显著下降时判断的运用。

例14：当资产的交易量或交易活跃程度显著下降时估计市场回报率

49. A主体在20X8年1月1日（证券的发行日）对AAA级住房抵押贷款证券的次级份额进行投资。该次级份额在该证券共七个份额的次序中按优先级排在第三位。住房抵押贷款证券的基础担保品为在20X6年下半年签出的、未被担保的非传统住房抵押贷款。

50. 在20X9年3月31日（计量日），该次级份额的评级为A级。该住房抵押贷款证券的份额之前通过经纪人市场进行交易。但是，该市场中的交易量较少，在20X8年1月1日至20X8年6月31日之间每月仅发生过几宗交易，而在截至20X9年3月31日的9个月内几乎没有任何交易活动。

51. A主体考虑了本国际财务报告准则应用指南第37段中的因素来确定其投资的住房抵押贷款证券次级份额的交易量或交易活跃程度是否出现显著下降。在评价了相关因素的重要性和相关性之后，A主体认为，该住房抵押贷款证券次级份额的交易量或交易活跃程度已显著下降。A主体作出该判断的依据主要是计量日前的较长一段期间内几乎没有任何交易活动。

52. 由于基本上不存在采用市场法估值技术可依据的交易活动，A主体决定使用收益法，通过本国际财务报告准则应用指南第18段至应用指南第22段所述的折现率调整技术来计量住房抵押贷款证券在计量日的公允价值。A主体使用了住房抵押贷款证券的合同现金流量（同时参见本国际财务报告准则的第67段和第68段）。

53. A主体随后估计对该合同现金流量进行折现的折现率（即市场回报率）。市场回报率采用下列两项进行估计：

（1）无风险利率。

（2）针对可获得的市场数据与A主体投资的住房抵押贷款证券次级份额之间的差异的估计调整。该调整反映了市场参与者在计量日进行的有序交易中按当前市场状况对资产进行定价时将考虑的预计不履约风险及其他风险（如违约风险、抵押品价值风险和流动性风险）的可获得的市场数据。

54. A主体在估计第示例第53段（2）所作的调整时考虑了下列信息：

（1）通过初始交易价格反映的该住房抵押贷款证券次级份额在发行日的信用点差。

（2）通过自发行日至计量日之间可比的住房抵押贷款证券的任何可观察价格或基于相关指数所反映的信用点差的变化。

（3）该住房抵押贷款证券次级份额相对于可比住房抵押贷款证券或指数的特征，包括所有以下各项：

①基础资产的质量，即有关基础抵押贷款的履约信息，例如拖欠率和止赎率、历史损失经验和提前偿付率；

②所持有的住房抵押贷款证券份额的优先次序排行；以及

③其他相关因素。

（4）分析师及信用评级机构发布的相关报告。

（5）由诸如经纪人或定价服务机构的第三方提供的报价。

55. A主体估计，市场参与者在对该住房抵押贷款证券的次级份额进行定价时将使用的其中一个市场回报率指示值为12%（1 200个基点）。该市场回报率估计如下：

（1）从20X9年3月31日的相关无风险利率的300个基点着手。

（2）针对该次级份额在20X8年1月发行时无风险利率的信用点差，加上250个基点。

（3）针对该次级份额自20X8年1月1日至20X9年3月31日的无风险利率信用点差的估计变动，加上700个基点。该估计是基于该期间内可获得的最具可比性指数的变动而作出。

（4）针对用于估计信用点差变动的指数与该次级份额之间的差异，作出减少50个基点（净值）的调整。所参考的指数包括次级抵押贷款，而A主体持有的住房抵押贷款证券由具有更高信用评级的类似抵押贷款构成（从而对市场参与者更具吸引力）。但是，该指数并未反映当前市场状况下该次级份额适当的流动性风险溢价。因此，50个基点的调整是下列两项调整相抵后的净值：

①第一项调整为350个基点的调减，该估计是通过比较20X8年6月住房抵押贷款证券的最近期交易的内含收益率与相同日期的指数价格的内含收益率取得的。没有信息表明A主体的证券与该指数之间的关系已发生了变化。

②第二项调整为300个基点的调增，这是A主体在与相关指数（合成头寸）比较后对其证券固有的额外流动性风险（现金头寸）作出的最佳估计。该估计是考虑了一系列类似证券近期现金交易的内含流动风险溢价后得出的。

56. 作为额外的市场回报率指示值，A主体考虑了由声誉良好的住房抵押贷款证券次级份额经纪人提供的两项近期指示性报价（即非约束性报价），其内含收益率为15%至17%。A主体无法评价用于确立该报价的估值技术或输入值。但是，A主体能够确定该报价未能反映交易的结果。

57. 由于A主体拥有市场参与者在计量公允价值时将考虑的多项市场回报率指示值，A主体对各回报率指示值分别进行了评价和权衡，并考虑了相关结果区间的合理性。

58. A主体认为，13%是市场回报率指示值范围内最能代表当前市场状况下公允价值的比率。A主体更多地考虑12%的市场回报率（即其自身对市场回报率的估计），原因如下：

（1）A主体认为，其自身的估计适当考虑了市场参与者在有序交易中按当前市场状况对资产进行定价时所考虑的风险（如违约风险、抵押品价值风险和流动性风险）。

（2）经纪人报价为非约束性报价且未能反映交易的结果，并且A主体无法评价用于确定该报价的估值技术或输入值。

公允价值披露

59. 例15至例19说明了本国际财务报告准则第92段、第93段（1）、（2）和（4）至（8）①及第99段所规定的披露。

例15：以公允价值计量的资产

60. 对于在报告期末以公允价值计量的资产和负债，本国际财务报告准则要求提供针对每组资产和负债的公允价值计量的定量披露。为遵循本国际财务报告准则的第93段（1）和（2）的规定，主体可以就其资产披露以下信息：

（单位：CU百万）		在报告期末使用下列各项进行的公允价值计量			
描述	20X9年12月31日	相同资产在活跃市场中的报价（第1层次）	其他重大可观察输入值（第2层次）	重大不可观察输入值（第3层次）	利得（损失）总额
持续的公允价值计量					

交易性权益性证券[a]：					
房地产行业	93	70	23		
石油和天然气行业	45	45			
其他	15	15			
交易性权益证券总额	153	130	23		
其他权益性证券[a]：					
金融服务行业	150	150			
医疗保健行业	163	110		53	
能源产业	32			32	
私募股权基金投资[b]	25			25	
其他	15	15			
其他权益证券总额	385	275		110	
债务性证券：					
住房抵押贷款证券	149		24	125	
商业抵押贷款证券	50			50	
附抵押债务义务	35			35	
无风险政府证券	85	85			
公司债券	93	9	84		
债务性证券总额	412	94	108	210	
对冲基金投资：					
长/短仓持股	55		55		
全球机会投资基金	35		35		
高收益债务性证券	90			90	
对冲基金投资总额	180		90	90	
衍生工具：					
利率合同	57		57		
外汇合同	43		43		
信用合同	38			38	
商品期货合同	78	78			
商品远期合同	20		20		
衍生工具总额	236	78	120	38	
投资性房地产：					
商业—亚洲	31			31	
商业—欧洲	27			27	
投资性房地产总额	58			58	
持续的公允价值计量总额	1 424	577	341	506	
非持续的公允价值计量					
持有待售资产[c]	26		26		(15)

非持续的公允价值计量总额	26	26	(15)

(a) 基于对该类证券的性质、特征和风险的分析，主体确定将其按行业列报是恰当的。

(b) 基于对该类投资的性质、特征和风险的分析，主体确定将其作为单独一组列报是恰当的。

(c) 按照《国际财务报告准则第 5 号》，账面金额为 35 000 000 货币单位的持有待售资产被减记至其公允价值 26 000 000 货币单位，减去销售费用 6 000 000 货币单位（或 20 000 000 货币单位）后，得出 15 000 000 货币单位的损失，该损失被计入当期损益。

（注：除非存在主体认为更适合的格式，否则负债将采用类似的表格列报。）

例 16：针对归入公允价值级次第 3 层次的公允价值计量的调节

61. 对于归入公允价值级次第 3 层次的持续的公允价值计量，本国际财务报告准则要求对每组资产和负债从期初余额调节至期末余额。为遵循本国际财务报告准则第 93 段（5）和（6）的规定，主体可以就其资产披露以下信息：

使用重大不可观察输入值的公允价值计量（第 3 层次）

（单位：CU 百万）	其他权益性证券			债务性证券			对冲基金投资	衍生工具	投资性房地产		
	医疗保健行业	能源产业	私募股权基金	住房抵押贷款证券	商业抵押贷款证券	附抵押债务义务	高收益债务性证券	信用合同	亚洲	欧洲	总额
期初余额	49	28	20	105	39	25	145	30	28	26	495
转入第 3 层次				60 (a)(b)							60
转出第 3 层次				(5) (b)(c)							(5)
当期利得或损失总额											
计入损益			5	(23)	(5)	(7)	7	5	3	1	(14)
计入其他综合收益	3	1									4
购买、发行、出售和结算											
购买	1	3			16	17		18			55
发行											
出售				(12)			(62)				(74)
结算								(15)			(15)
期末余额	53	32	25	125	50	35	90	38	31	27	506

对于在报告期末持有的资产，计入损益的当期未实现利得或损失的变动	5	(3)	(5)	(7)	(5)	2	3	1	(9)

（a）由于证券的市场活动减少导致缺乏可观察的市场数据，因此，从第 2 层次转至第 3 层次。
（b）主体的政策是在导致转移的事件发生或情况变化当日，对第 3 层次的转入及转出进行确认。
（c）由于该证券的可观察市场数据可获得，因此，从第 3 层次转至第 2 层次。

（注：除非存在主体认为更适合的格式，否则负债将采用类似的表格列报。）

62. 计入当前损益的利得和损失（请见上文）在财务收益和非财务收益中的列报如下：

（单位：CU 百万）	财务收益	非财务收益
计入损益的当期利得或损失总额	(18)	4
对于在报告期末持有的资产，计入损益的当期未实现利得或损失的变动	(13)	4

（注：除非存在主体认为更适合的格式，否则负债将采用类似的表格列报。）

例 17：估值技术和输入值

63. 对于归入公允价值级次第 2 层次和第 3 层次的公允价值计量，本国际财务报告准则要求主体披露在公允价值计量中使用的估值技术和输入值的描述。对于归入公允价值级次第 3 层次的公允价值计量，有关所使用的重大不可观察输入值的信息必须是定量信息。为遵循本国际财务报告准则的第 93 段（4）有关公允价值计量所使用的重大不可观察输入值的披露要求，主体可以就其资产披露以下信息：

使用重大不可观察输入值的公允价值计量的定量信息(第 3 层次)

(单位:CU 百万) 描述	20X9 年 12 月 31 日的 公允价值	估值技术	不可观察输入值	范围(加权平均)
其他权益性证券:				
医疗保健行业	53	折现现金流量	加权平均资本成本	7% - 16% (12.1%)
			长期收入增长率	2% - 5% (4.2%)
			长期税前营业利润	3% - 20% (10.3%)
			针对缺少销路的折扣[a]	5% - 20% (17%)
			控制溢价[a]	10% - 30% (20%)
		市场可比公司	EBITDA 倍数[b]	10 - 13(11.3)
			收入倍数[b]	1.5 - 2.0(1.7)
			针对缺少销路的折扣[a]	5% - 20% (17%)
			控制溢价[a]	10% - 30% (20%)
能源产业	32	折现现金流量	加权平均资本成本	8% - 12% (11.1%)
			长期收入增长率	3% - 5.5% (4.2%)
			长期税前营业利润率	7.5% - 13% (9.2%)
			针对缺少销路的折扣[a]	5% - 20% (10%)
			控制溢价[a]	10% - 20% (12%)
		市场可比公司	EBITDA 倍数[b]	6.5 - 12(9.5)
			收入倍数[b]	1.0 - 3.0(2.0)
			针对缺少销路的折扣[a]	5% - 20% (10%)
			控制溢价[a]	10% - 20% (12%)
私募股权基金投资	25	资产净值[c]	不适用	不适用
债务性证券:				
住房抵押贷款证券	125	折现现金流量	恒定的提前偿付率	3.5% - 5.5% (4.5%)
			违约概率	5% - 50% (10%)
			损失严重程度	40% - 100% (60%)
商业抵押贷款证券	50	折现现金流量	恒定的提前偿付率	3% - 5% (4.1%)
			违约概率	2% - 25% (5%)
			损失严重程度	10% - 50% (20%)
附抵押债务义务	35	达成一致的定价	所提供的报价	20 - 45
			可比性调整(%)	-10% - +15% (+5%)
对冲基金投资:				
高收益债务性证券	90	资产净值[c]	不适用	不适用

(单位:CU 百万) 描述	20X9 年 12 月 31 日的 公允价值	估值技术	不可观察输入值	范围(加权平均)
衍生工具: 信用合同	38	期权模型	信用的年度波动(d)	10% -20%
			交易对方信用风险(e)	0.5% -3.5%
			自身信用风险(e)	0.3% -2.0%
投资性房地产: 商业—亚洲	31	折现现金流量	长期净营业收入利润率	18% -32% (20%)
			资本化率	0.08 -0.12(0.10)
		市场可比法	每平方米价格(美元)	$3 000 - $7 000 ($4 500)
商业—欧洲	27	折现现金流量	长期净营业收入利润率	15% -25% (18%)
			资本化率	0.06 -0.10(0.80)
		市场可比法	每平方米价格(欧元)	4 000 -12 000(8 500)

(a) 代表当主体确定市场参与者在对该投资进行定价时将考虑此类溢价和折价时，所使用的金额。

(b) 代表当主体确定市场参与者在对该投资进行定价时将使用该倍数时，所使用的金额。

(c) 主体确定所报告的资产净值代表在报告期末的公允价值。

(d) 代表主体确定市场参与者在对该合同进行定价时将使用的估值分析中所用的波动曲线的范围。

(e) 代表主体确定市场参与者在对该合同进行定价时将使用的估值分析中所用的信用违约掉期点差曲线的范围。

(注：除非存在主体认为更适合的格式，否则负债将采用类似的表格列报。)

64. 此外，主体应当提供额外信息以帮助财务报表使用者评价所披露的定量信息。为遵循本国际财务报告准则第92段的规定，主体可以披露以下部分或全部信息：

(1) 以公允价值计量的项目的性质，包括在确定相关输入值时予以考虑的被计量项目的特征。例如，对于住房抵押贷款证券，主体可以披露以下信息：

①基础贷款的类型（如优质贷款或次级贷款）

②抵押品

③担保或其他信用增级

④证券份额的优先次序

⑤发行年份

⑥基础贷款和证券的加权平均息票利率

⑦基础贷款和证券的加权平均到期期限

⑧基础贷款的地区集中情况

⑨证券信用评级的有关信息。

(2) 在计量公允价值时如何对诸如经纪人报价、定价服务、资产净值和相关市场数据的第三方信息进行考虑。

例 18：估值流程

65. 对于归入公允价值级次第 3 层次的公允价值计量，本国际财务报告准则要求主体披露所使用的估值流程的描述。为遵循本国际财务报告准则第 93 段（7）的要求，主体可以披露以下信息：

（1）对于主体内决定主体估值政策和流程的小组，应披露：

①对其的描述；

②该小组向谁报告；以及

③所实施的内部报告程序（如定价、风险管理或审计委员会是否讨论和评估公允价值计量，如果是，如何进行）；

（2）定价模型的校准、回溯测试及其他测试程序的频率和方法；

（3）分析各期间内公允价值计量变动的程序；

（4）主体如何确定公允价值计量中使用的诸如经纪人报价或定价服务的第三方信息是按照本国际财务报告准则建立的；以及

（5）用以建立和证实公允价值计量中使用的不可观察输入值的方法。

例 19：有关重大不可观察输入值变动的敏感性的信息

66. 对于归入公允价值级次第 3 层次的持续公允价值计量，本国际财务报告准则要求主体提供公允价值计量对重大不可观察输入值变动的敏感性的叙述性描述，以及此类不可观察输入值之间相关关系的描述。为遵循本国际财务报告准则第 93 段（8）1 的要求，主体可以就其住房抵押贷款证券披露以下信息：

主体的住房抵押贷款证券的公允价值计量中使用的重大不可观察输入值为提前偿付率、违约概率和发生违约时损失的严重程度。任何此类输入值的单独大幅增加（减少）将导致公允价值计量值显著下降（上升）。通常，针对违约概率所使用假设的变更会导致针对损失严重程度所使用假设的同方向变更，及导致针对提前偿付率所使用假设的反方向变更。

International Financial Reporting Standard 13
Fair Value Measurement

CONTENTS

INTRODUCTION

INTERNATIONAL FINANCIAL REPORTING STANDARD 13
FAIR VALUE MEASUREMENT

OBJECTIVE	1 – 4
SCOPE	5 – 8
MEASUREMENT	9 – 90
Definition of fair value	9 – 10
The asset or liability	11 – 14
The transaction	15 – 21
Market participants	22 – 23
The price	24 – 26
Application to non – financial assets	27 – 33
Application to liabilities and an entity's own equity instruments	34 – 47
Application to financial assets and financial liabilities with offsetting positions in market risks or counterparty credit risk	48 – 56
Fair value at initial recognition	57 – 60
Valuation techniques	61 – 66
Inputs to valuation techniques	67 – 71
Fair value hierarchy	72 – 90
DISCLOSURE	91 – 99
APPENDICES	
ADefined terms	
BApplication guidance	
CEffective date and transition	
APPROVAL BY THE BOARD OF IFRS 13 ISSUED IN MAY 2011	

Introduction

Overview

IN1 International Financial Reporting Standard 13 Fair Value Measurement (IFRS 13):

(a) defines fair value;

(b) sets out in a single IFRS a framework for measuring fair value; and

(c) requires disclosures about fair value measurements.

IN2 The IFRS applies to IFRSs that require or permit fair value measurements or disclosures about fair value measurements (and measurements, such as fair value less costs to sell, based on fair value or disclosures about those measurements), except in specified circumstances.

IN3 The IFRS is to be applied for annual periods beginning on or after 1 January 2013. Earlier application is permitted.

IN4 The IFRS explains how to measure fair value for financial reporting. It does not require fair value measurements in addition to those already required or permitted by other IFRSs and is not intended to establish valuation standards or affect valuation practices outside financial reporting.

Reasons for issuing the IFRS

IN5 Some IFRSs require or permit entities to measure or disclose the fair value of assets, liabilities or their own equity instruments. Because those IFRSs were developed over many years, the requirements for measuring fair value and for disclosing information about fair value measurements were dispersed and in many cases did not articulate a clear measurement or disclosure objective.

IN6 As a result, some of those IFRSs contained limited guidance about how to measure fair value, whereas others contained extensive guidance and that guidance was not always consistent across those IFRSs that refer to fair value. Inconsistencies in the requirements for measuring fair value and for disclosing information about fair value measurements have contributed to diversity in practice and have reduced the comparability of information reported in financial statements. IFRS 13 remedies that situation.

IN7 Furthermore, in 2006 the International Accounting Standards Board (IASB) and the US national standard-setter, the Financial Accounting Standards Board (FASB), published a Memorandum of Understanding, which has served as the foundation of the boards' efforts to create a common set of high quality global accounting standards. Consistent with the Memorandum of Understanding and the boards' commitment to achieving that goal, IFRS 13 is the result of the work by the IASB and the FASB to develop common requirements for measuring fair value and for disclosing information about fair value measurements in accordance with IFRSs and US generally accepted accounting principles (GAAP).

Main features

IN8 IFRS 13 defines fair value as the price that would be received to sell an asset or paid to transfer a liability in an orderly transaction between market participants at the measurement date (ie an exit price).

IN9 That definition of fair value emphasises that fair value is a market-based measurement, not an entity-specific measurement. When measuring fair value, an entity uses the assumptions that market participants would use when pricing the asset or liability under current market conditions, including assumptions about risk. As a result, an entity's intention to hold an asset or to settle or otherwise fulfil a liability is not relevant when measuring fair value.

IN10 The IFRS explains that a fair value measurement requires an entity to determine the following:

(a) the particular asset or liability being measured;

(b) for a non-financial asset, the highest and best use of the asset and whether the asset is used in combination with other assets or on a stand-alone basis;

(c) the market in which an orderly transaction would take place for the asset or liability; and

(d) the appropriate valuation technique(s) to use when measuring fair value. The valuation technique(s) used should maximise the use of relevant observable inputs and minimise unobservable inputs. Those inputs should be consistent with the inputs a market participant would use when pricing the asset or liability.

International Financial Reporting Standard 13
Fair Value Measurement

Objective

1 **This IFRS:**

(a) defines *fair value*;

(b) sets out in a single IFRS a framework for measuring fair value; and

(c) requires disclosures about fair value measurements.

2 Fair value is a market-based measurement, not an entity-specific measurement. For some assets and liabilities, observable market transactions or market information might be available. For other assets and liabilities, observable market transactions and market information might not be available. However, the objective of a fair value measurement in both cases is the same—to estimate the price at which an *orderly transaction* to sell the asset or to transfer the liability would take place between *market participants* at the measurement date under current market conditions (ie an *exit price* at the measurement date from the perspective of a market participant that holds the asset or owes the liability).

3 When a price for an identical asset or liability is not observable, an entity measures fair value using another valuation technique that maximises the use of relevant *observable inputs* and minimises the use of *unobservable inputs*. Because fair value is a market-based measurement, it is measured using the assumptions that market participants would use when pricing the asset or liability, including assumptions about risk. As a result, an entity's intention to hold an asset or to settle or otherwise fulfil a liability is not relevant when measuring fair value.

4 The definition of fair value focuses on assets and liabilities because they are a primary subject of accounting measurement. In addition, this IFRS shall be applied to an entity's own equity instruments measured at fair value.

Scope

5 **This IFRS applies when another IFRS requires or permits fair value measurements or disclosures about fair value measurements (and measurements, such as fair value less costs to sell, based on fair value or disclosures about those**

measurements), except as specified in paragraphs 6 and 7.

6 The measurement and disclosure requirements of this IFRS do not apply to the following:

(a) share-based payment transactions within the scope of IFRS 2 *Share-based Payment* ;

(b) leasing transactions within the scope of IAS 17 *Leases* ; and

(c) measurements that have some similarities to fair value but are not fair value, such as net realisable value in IAS 2 *Inventories* or value in use in IAS 36 *Impairment of Assets*.

7 The disclosures required by this IFRS are not required for the following:

(a) plan assets measured at fair value in accordance with IAS 19 *Employee Benefits*;

(b) retirement benefit plan investments measured at fair value in accordance with IAS 26 *Accounting and Reporting by Retirement Benefit Plans* ; and

(c) assets for which recoverable amount is fair value less costs of disposal in accordance with IAS 36.

8 The fair value measurement framework described in this IFRS applies to both initial and subsequent measurement if fair value is required or permitted by other IFRSs.

Measurement

Definition of fair value

9 **This IFRS defines fair value as the price that would be received to sell an asset or paid to transfer a liability in an orderly transaction between market participants at the measurement date.**

10 Paragraph B2 describes the overall fair value measurement approach.

The asset or liability

11 **A fair value measurement is for a particular asset or liability. Therefore, when measuring fair value an entity shall take into account the characteristics of the asset or liability if market participants would take those characteristics into account when pricing the asset or liability at the measurement date. Such characteristics include, for example, the following:**

(a) the condition and location of the asset; and

(b) restrictions, if any, on the sale or use of the asset.

12 The effect on the measurement arising from a particular characteristic will differ depending on how that characteristic would be taken into account by market participants.

13 The asset or liability measured at fair value might be either of the following:

(a) a stand-alone asset or liability (eg a financial instrument or a non-financial asset); or

(b) a group of assets, a group of liabilities or a group of assets and liabilities (eg a cash-generating unit or a business).

14 Whether the asset or liability is a stand-alone asset or liability, a group of assets, a group of liabilities or a group of assets and liabilities for recognition or disclosure purposes depends on its *unit of account*. The unit of account for the asset or liability shall be determined in accordance with the IFRS that requires or permits the fair value measurement, except as provided in this IFRS.

The transaction

15 A fair value measurement assumes that the asset or liability is exchanged in an orderly transaction between market participants to sell the asset or transfer the liability at the measurement date under current market conditions.

16 A fair value measurement assumes that the transaction to sell the asset or transfer the liability takes place either:

(a) in the *principal market* for the asset or liability; or

(b) in the absence of a principal market, in the *most advantageous market* for the asset or liability.

17 An entity need not undertake an exhaustive search of all possible markets to identify the principal market or, in the absence of a principal market, the most advantageous market, but it shall take into account all information that is reasonably available. In the absence of evidence to the contrary, the market in which the entity would normally enter into a transaction to sell the asset or to transfer the liability is presumed to be the principal market or, in the absence of a principal market, the most advantageous market.

18 If there is a principal market for the asset or liability, the fair value measurement shall represent the price in that market (whether that price is directly observable or estimated using another valuation technique), even if the price in a different market is potentially more advantageous at the measurement date.

19 The entity must have access to the principal (or most advantageous) market at the measurement date. Because different entities (and businesses within those entities) with different activities may have access to different markets, the principal (or most advantageous) market for the same asset or liability might be different for different entities (and businesses within those entities). Therefore, the principal (or most advantageous) market (and thus, market participants) shall be considered from the perspective of the entity, thereby allowing for differences between and among entities with different activities.

20 Although an entity must be able to access the market, the entity does not need to be able to sell the particular asset or transfer the particular liability on the measurement date to be able to measure fair value on the basis of the price in that market.

21 Even when there is no observable market to provide pricing information about the sale of an asset or the transfer of a liability at the measurement date, a fair value measurement shall assume that a transaction takes place at that date, considered from the perspective of a market participant that holds the asset or owes the liability. That assumed transaction establishes a basis for estimating the price to sell the asset or to transfer the liability.

Market participants

22 An entity shall measure the fair value of an asset or a liability using the assumptions that market participants would use when pricing the asset or liability, assuming that market participants act in their economic best interest.

23 In developing those assumptions, an entity need not identify specific market participants. Rather, the entity shall identify characteristics that distinguish market participants generally, considering factors specific to all the following:

(a) the asset or liability;

(b) the principal (or most advantageous) market for the asset or liability; and

(c) market participants with whom the entity would enter into a transaction in that market.

The price

24 Fair value is the price that would be received to sell an asset or paid to transfer a liability in an orderly transaction in the principal (or most advantageous) market at the measurement date under current market conditions (ie an exit price) regardless of whether that price is directly observable or estimated using another valuation technique.

25 The price in the principal (or most advantageous) market used to measure the fair value of the asset or liability shall not be adjusted for *transaction costs*. Transaction costs shall be accounted for in accordance with other IFRSs. Transaction costs are not a characteristic of an asset or a liability; rather, they are specific to a transaction and will differ depending on how an entity enters into a transaction for the asset or liability.

26 Transaction costs do not include *transport costs*. If location is a characteristic of the asset (as might be the case, for example, for a commodity), the price in the principal (or most advantageous) market shall be adjusted for the costs, if any, that would be incurred to transport the asset from its current location to that market.

Application to non-financial assets

Highest and best use for non-financial assets

27 A fair value measurement of a non-financial asset takes into account a market participant's ability to generate economic benefits by using the asset in its *highest and best* use or by selling it to another market participant that would use the asset in its highest and best use.

28 The highest and best use of a non-financial asset takes into account the use of the asset that is physically possible, legally permissible and financially feasible, as follows:

(a) A use that is physically possible takes into account the physical characteristics of the asset that market participants would take into account when pricing the asset (eg the location or size of a property).

(b) A use that is legally permissible takes into account any legal restrictions on the use of the asset that market participants would take into account when pricing the asset (eg the zoning regulations applicable to a property).

(c) A use that is financially feasible takes into account whether a use of the asset that is physically possible and legally permissible generates adequate income or cash flows (taking into account the costs of converting the asset to that use) to produce an investment return that market participants would require from an investment in that asset put to that use.

29 Highest and best use is determined from the perspective of market participants, even if the entity intends a different use. However, an entity's current use of a non-financial asset is presumed to be its highest and best use unless market or other factors suggest that a different use by market participants would maximise the value of the asset.

30 To protect its competitive position, or for other reasons, an entity may intend not to use an acquired non-financial asset actively or it may intend not to use the asset according to its highest and best use. For example, that might be the case for an acquired intangible asset that the entity plans to use defensively by preventing others from using it. Nevertheless, the entity shall measure the fair value of a non-financial asset assuming its highest and best use by market participants.

Valuation premise for non-financial assets

31 The highest and best use of a non-financial asset establishes the valuation premise used to measure the fair value of the asset, as follows:

(a) The highest and best use of a non-financial asset might provide maximum value to market participants through its use in combination with other assets as a group (as installed or otherwise configured for use) or in combination with other assets and liabilities (eg a business).

(i) If the highest and best use of the asset is to use the asset in combination with other assets or with other assets and liabilities, the fair value of the asset is the price that would be received in a current transaction to sell the asset assuming that the asset would be used with other assets or with other assets and liabilities and that those assets and liabilities (ie its complementary assets and the associated liabilities) would be available to market participants.

(ii) Liabilities associated with the asset and with the complementary assets include liabilities that fund working capital, but do not include liabilities used to fund assets other than those within the group of assets.

(iii) Assumptions about the highest and best use of a non-financial asset shall be consistent for all the assets (for which highest and best use is relevant) of the group of assets or the group of assets and liabilities within which the asset would be used.

(b) The highest and best use of a non-financial asset might provide maximum value to market participants on a stand-alone basis. If the highest and best use of the asset is to use it on a stand-alone basis, the fair value of the asset is the price that would be received in a current transaction to sell the asset to market participants that would use the asset on a stand-alone basis.

32 The fair value measurement of a non-financial asset assumes that the asset is sold consistently with the unit of account specified in other IFRSs (which may be an individual asset). That is the case even when that fair value measurement assumes that the highest and best use of the asset is to use it in combination with other assets or with other assets and liabilities because a fair value measurement assumes that the market participant already holds the complementary assets and the associated liabilities.

33 Paragraph B3 describes the application of the valuation premise concept for non-financial assets.

Application to liabilities and an entity's own equity instruments

General principles

34 A fair value measurement assumes that a financial or non-financial liability or an entity's own equity instrument (eg equity interests issued as consideration in a business combination) is transferred to a market participant at the measurement date. The transfer of a liability or an entity's own equity instrument assumes the following:

(a) A liability would remain outstanding and the market participant transferee would be required to fulfil the obligation. The liability would not be settled with the counterparty or otherwise extinguished on the measurement date.

(b) An entity's own equity instrument would remain outstanding and the market participant transferee would take on the rights and responsibilities associated with the instrument. The instrument would not be cancelled or otherwise extinguished on the measurement date.

35 Even when there is no observable market to provide pricing information about the transfer of a liability or an entity's own equity instrument (eg because contractual or other legal restrictions prevent the transfer of such items), there might be an observable market for such items if they are held by other parties as assets (eg a corporate bond or a call

option on an entity's shares).

36 In all cases, an entity shall maximise the use of relevant observable inputs and minimise the use of unobservable inputs to meet the objective of a fair value measurement, which is to estimate the price at which an orderly transaction to transfer the liability or equity instrument would take place between market participants at the measurement date under current market conditions.

Liabilities and equity instruments held by other parties as assets

37 When a quoted price for the transfer of an identical or a similar liability or entity's own equity instrument is not available and the identical item is held by another party as an asset, an entity shall measure the fair value of the liability or equity instrument from the perspective of a market participant that holds the identical item as an asset at the measurement date.

38 In such cases, an entity shall measure the fair value of the liability or equity instrument as follows:

(a) using the quoted price in an *active market* for the identical item held by another party as an asset, if that price is available.

(b) if that price is not available, using other observable inputs, such as the quoted price in a market that is not active for the identical item held by another party as an asset.

(c) if the observable prices in (a) and (b) are not available, using another valuation technique, such as:

(i) an *income approach* (eg a present value technique that takes into account the future cash flows that a market participant would expect to receive from holding the liability or equity instrument as an asset; see paragraphs B10 and B11).

(ii) a *market approach* (eg using quoted prices for similar liabilities or equity instruments held by other parties as assets; see paragraphs B5-B7).

39 An entity shall adjust the quoted price of a liability or an entity's own equity instrument held by another party as an asset only if there are factors specific to the asset that are not applicable to the fair value measurement of the liability or equity instrument. An entity shall ensure that the price of the asset does not reflect the effect of a restriction preventing the sale of that asset. Some factors that may indicate that the quoted price of

the asset should be adjusted include the following:

(a) The quoted price for the asset relates to a similar (but not identical) liability or equity instrument held by another party as an asset. For example, the liability or equity instrument may have a particular characteristic (eg the credit quality of the issuer) that is different from that reflected in the fair value of the similar liability or equity instrument held as an asset.

(b) The unit of account for the asset is not the same as for the liability or equity instrument. For example, for liabilities, in some cases the price for an asset reflects a combined price for a package comprising both the amounts due from the issuer and a third-party credit enhancement. If the unit of account for the liability is not for the combined package, the objective is to measure the fair value of the issuer's liability, not the fair value of the combined package. Thus, in such cases, the entity would adjust the observed price for the asset to exclude the effect of the third-party credit enhancement.

Liabilities and equity instruments not held by other parties as assets

40 **When a quoted price for the transfer of an identical or a similar liability or entity's own equity instrument is not available and the identical item is not held by another party as an asset, an entity shall measure the fair value of the liability or equity instrument using a valuation technique from the perspective of a market participant that owes the liability or has issued the claim on equity.**

41 For example, when applying a present value technique an entity might take into account either of the following:

(a) the future cash outflows that a market participant would expect to incur in fulfilling the obligation, including the compensation that a market participant would require for taking on the obligation (see paragraphs B31-B33).

(b) the amount that a market participant would receive to enter into or issue an identical liability or equity instrument, using the assumptions that market participants would use when pricing the identical item (eg having the same credit characteristics) in the principal (or most advantageous) market for issuing a liability or an equity instrument with the same contractual terms.

Non-performance risk

42 **The fair value of a liability reflects the effect of *non-performance risk*. Non-performance risk includes, but may not be limited to, an entity's own credit risk**

(as defined in IFRS 7 *Financial Instruments: Disclosures*). Non-performance risk is assumed to be the same before and after the transfer of the liability.

43 When measuring the fair value of a liability, an entity shall take into account the effect of its credit risk (credit standing) and any other factors that might influence the likelihood that the obligation will or will not be fulfilled. That effect may differ depending on the liability, for example:

(a) whether the liability is an obligation to deliver cash (a financial liability) or an obligation to deliver goods or services (a non-financial liability).

(b) the terms of credit enhancements related to the liability, if any.

44 The fair value of a liability reflects the effect of non-performance risk on the basis of its unit of account. The issuer of a liability issued with an inseparable third-party credit enhancement that is accounted for separately from the liability shall not include the effect of the credit enhancement (eg a third-party guarantee of debt) in the fair value measurement of the liability. If the credit enhancement is accounted for separately from the liability, the issuer would take into account its own credit standing and not that of the third party guarantor when measuring the fair value of the liability.

Restriction preventing the transfer of a liability or an entity's own equity instrument

45 When measuring the fair value of a liability or an entity's own equity instrument, an entity shall not include a separate input or an adjustment to other *inputs* relating to the existence of a restriction that prevents the transfer of the item. The effect of a restriction that prevents the transfer of a liability or an entity's own equity instrument is either implicitly or explicitly included in the other inputs to the fair value measurement.

46 For example, at the transaction date, both the creditor and the obligor accepted the transaction price for the liability with full knowledge that the obligation includes a restriction that prevents its transfer. As a result of the restriction being included in the transaction price, a separate input or an adjustment to an existing input is not required at the transaction date to reflect the effect of the restriction on transfer. Similarly, a separate input or an adjustment to an existing input is not required at subsequent measurement dates to reflect the effect of the restriction on transfer.

Financial liability with a demand feature

47 The fair value of a financial liability with a demand feature (eg a demand deposit) is not less than the amount payable on demand, discounted from the first date that the amount

could be required to be paid.

Application to financial assets and financial liabilities with offsetting positions in market risks or counterparty credit risk

48 An entity that holds a group of financial assets and financial liabilities is exposed to market risks (as defined in IFRS 7) and to the credit risk (as defined in IFRS 7) of each of the counterparties. If the entity manages that group of financial assets and financial liabilities on the basis of its net exposure to either market risks or credit risk, the entity is permitted to apply an exception to this IFRS for measuring fair value. That exception permits an entity to measure the fair value of a group of financial assets and financial liabilities on the basis of the price that would be received to sell a net long position (ie an asset) for a particular risk exposure or to transfer a net short position (ie a liability) for a particular risk exposure in an orderly transaction between market participants at the measurement date under current market conditions. Accordingly, an entity shall measure the fair value of the group of financial assets and financial liabilities consistently with how market participants would price the net risk exposure at the measurement date.

49 An entity is permitted to use the exception in paragraph 48 only if the entity does all the following:

(a) manages the group of financial assets and financial liabilities on the basis of the entity's net exposure to a particular market risk (or risks) or to the credit risk of a particular counterparty in accordance with the entity's documented risk management or investment strategy;

(b) provides information on that basis about the group of financial assets and financial liabilities to the entity's key management personnel, as defined in IAS 24 *Related Party Disclosures* ; and

(c) is required or has elected to measure those financial assets and financial liabilities at fair value in the statement of financial position at the end of each reporting period.

50 The exception in paragraph 48 does not pertain to financial statement presentation. In some cases the basis for the presentation of financial instruments in the statement of financial position differs from the basis for the measurement of financial instruments, for example, if an IFRS does not require or permit financial instruments to be presented on a net basis. In such cases an entity may need to allocate the portfolio-level adjustments (see paragraphs 53-56) to the individual assets or liabilities that make up the group of

financial assets and financial liabilities managed on the basis of the entity's net risk exposure. An entity shall perform such allocations on a reasonable and consistent basis using a methodology appropriate in the circumstances.

51 An entity shall make an accounting policy decision in accordance with IAS 8 *Accounting Policies*, *Changes in Accounting Estimates and Errors* to use the exception in paragraph 48. An entity that uses the exception shall apply that accounting policy, including its policy for allocating bid-ask adjustments (see paragraphs 53-55) and credit adjustments (see paragraph 56), if applicable, consistently from period to period for a particular portfolio.

52 The exception in paragraph 48 applies only to financial assets and financial liabilities within the scope of IAS 39 *Financial Instruments: Recognition and Measurement* or IFRS 9 *Financial Instruments.*

Exposure to market risks

53 When using the exception in paragraph 48 to measure the fair value of a group of financial assets and financial liabilities managed on the basis of the entity's net exposure to a particular market risk (or risks), the entity shall apply the price within the bid-ask spread that is most representative of fair value in the circumstances to the entity's net exposure to those market risks (see paragraphs 70 and 71).

54 When using the exception in paragraph 48, an entity shall ensure that the market risk (or risks) to which the entity is exposed within that group of financial assets and financial liabilities is substantially the same. For example, an entity would not combine the interest rate risk associated with a financial asset with the commodity price risk associated with a financial liability because doing so would not mitigate the entity's exposure to interest rate risk or commodity price risk. When using the exception in paragraph 48, any basis risk resulting from the market risk parameters not being identical shall be taken into account in the fair value measurement of the financial assets and financial liabilities within the group.

55 Similarly, the duration of the entity's exposure to a particular market risk (or risks) arising from the financial assets and financial liabilities shall be substantially the same. For example, an entity that uses a 12-month futures contract against the cash flows associated with 12 months' worth of interest rate risk exposure on a five-year financial instrument within a group made up of only those financial assets and financial liabilities measures the fair value of the exposure to 12-month interest rate risk on a net basis and the remaining interest rate risk exposure (ie years 2-5) on a gross basis.

Exposure to the credit risk of a particular counterparty

56 When using the exception in paragraph 48 to measure the fair value of a group of financial assets and financial liabilities entered into with a particular counterparty, the entity shall include the effect of the entity's net exposure to the credit risk of that counterparty or the counterparty's net exposure to the credit risk of the entity in the fair value measurement when market participants would take into account any existing arrangements that mitigate credit risk exposure in the event of default (eg a master netting agreement with the counterparty or an agreement that requires the exchange of collateral on the basis of each party's net exposure to the credit risk of the other party). The fair value measurement shall reflect market participants' expectations about the likelihood that such an arrangement would be legally enforceable in the event of default.

Fair value at initial recognition

57 When an asset is acquired or a liability is assumed in an exchange transaction for that asset or liability, the transaction price is the price paid to acquire the asset or received to assume the liability (an *entry price*). In contrast, the fair value of the asset or liability is the price that would be received to sell the asset or paid to transfer the liability (an exit price). Entities do not necessarily sell assets at the prices paid to acquire them. Similarly, entities do not necessarily transfer liabilities at the prices received to assume them.

58 In many cases the transaction price will equal the fair value (eg that might be the case when on the transaction date the transaction to buy an asset takes place in the market in which the asset would be sold).

59 When determining whether fair value at initial recognition equals the transaction price, an entity shall take into account factors specific to the transaction and to the asset or liability. Paragraph B4 describes situations in which the transaction price might not represent the fair value of an asset or a liability at initial recognition.

60 If another IFRS requires or permits an entity to measure an asset or a liability initially at fair value and the transaction price differs from fair value, the entity shall recognise the resulting gain or loss in profit or loss unless that IFRS specifies otherwise.

Valuation techniques

61 An entity shall use valuation techniques that are appropriate in the circumstances and for which sufficient data are available to measure fair value, maximising the use of relevant observable inputs and minimising the use of unobservable inputs.

62 The objective of using a valuation technique is to estimate the price at which an orderly transaction to sell the asset or to transfer the liability would take place between market participants at the measurement date under current market conditions. Three widely used valuation techniques are the market approach, the *cost approach* and the income approach. The main aspects of those approaches are summarised in paragraphs B5-B11. An entity shall use valuation techniques consistent with one or more of those approaches to measure fair value.

63 In some cases a single valuation technique will be appropriate (eg when valuing an asset or a liability using quoted prices in an active market for identical assets or liabilities). In other cases, multiple valuation techniques will be appropriate (eg that might be the case when valuing a cash-generating unit). If multiple valuation techniques are used to measure fair value, the results (ie respective indications of fair value) shall be evaluated considering the reasonableness of the range of values indicated by those results. A fair value measurement is the point within that range that is most representative of fair value in the circumstances.

64 If the transaction price is fair value at initial recognition and a valuation technique that uses unobservable inputs will be used to measure fair value in subsequent periods, the valuation technique shall be calibrated so that at initial recognition the result of the valuation technique equals the transaction price. Calibration ensures that the valuation technique reflects current market conditions, and it helps an entity to determine whether an adjustment to the valuation technique is necessary (eg there might be a characteristic of the asset or liability that is not captured by the valuation technique). After initial recognition, when measuring fair value using a valuation technique or techniques that use unobservable inputs, an entity shall ensure that those valuation techniques reflect observable market data (eg the price for a similar asset or liability) at the measurement date.

65 Valuation techniques used to measure fair value shall be applied consistently. However, a change in a valuation technique or its application (eg a change in its weighting when multiple valuation techniques are used or a change in an adjustment applied to a valuation technique) is appropriate if the change results in a measurement that is equally or more representative of fair value in the circumstances. That might be the case if, for example, any of the following events take place:

(a) new markets develop;

(b) new information becomes available;

(c) information previously used is no longer available;

(d) valuation techniques improve; or

(e) market conditions change.

66 Revisions resulting from a change in the valuation technique or its application shall be accounted for as a change in accounting estimate in accordance with IAS 8. However, the disclosures in IAS 8 for a change in accounting estimate are not required for revisions resulting from a change in a valuation technique or its application.

Inputs to valuation techniques

General principles

67 **Valuation techniques used to measure fair value shall maximise the use of relevant observable inputs and minimise the use of unobservable inputs.**

68 Examples of markets in which inputs might be observable for some assets and liabilities (eg financial instruments) include exchange markets, dealer markets, brokered markets and principal-to-principal markets (see paragraph B34).

69 An entity shall select inputs that are consistent with the characteristics of the asset or liability that market participants would take into account in a transaction for the asset or liability (see paragraphs 11 and 12). In some cases those characteristics result in the application of an adjustment, such as a premium or discount (eg a control premium or non-controlling interest discount). However, a fair value measurement shall not incorporate a premium or discount that is inconsistent with the unit of account in the IFRS that requires or permits the fair value measurement (see paragraphs 13 and 14). Premiums or discounts that reflect size as a characteristic of the entity's holding (specifically, a blockage factor that adjusts the quoted price of an asset or a liability because the market's normal daily trading volume is not sufficient to absorb the quantity held by the entity, as described in paragraph 80) rather than as a characteristic of the asset or liability (eg a control premium when measuring the fair value of a controlling interest) are not permitted in a fair value measurement. In all cases, if there is a quoted price in an active market (ie a *Level 1 input*) for an asset or a liability, an entity shall use that price without adjustment when measuring fair value, except as specified in paragraph 79.

Inputs based on bid and ask prices

70 If an asset or a liability measured at fair value has a bid price and an ask price (eg an

input from a dealer market), the price within the bid-ask spread that is most representative of fair value in the circumstances shall be used to measure fair value regardless of where the input is categorised within the fair value hierarchy (ie Level 1, 2 or 3; see paragraphs 72-90). The use of bid prices for asset positions and ask prices for liability positions is permitted, but is not required.

71 This IFRS does not preclude the use of mid-market pricing or other pricing conventions that are used by market participants as a practical expedient for fair value measurements within a bid-ask spread.

Fair value hierarchy

72 To increase consistency and comparability in fair value measurements and related disclosures, this IFRS establishes a fair value hierarchy that categorises into three levels (see paragraphs 76-90) the inputs to valuation techniques used to measure fair value. The fair value hierarchy gives the highest priority to quoted prices (unadjusted) in active markets for identical assets or liabilities (Level 1 inputs) and the lowest priority to unobservable inputs (*Level* 3 *inputs*).

73 In some cases, the inputs used to measure the fair value of an asset or a liability might be categorised within different levels of the fair value hierarchy. In those cases, the fair value measurement is categorised in its entirety in the same level of the fair value hierarchy as the lowest level input that is significant to the entire measurement. Assessing the significance of a particular input to the entire measurement requires judgement, taking into account factors specific to the asset or liability. Adjustments to arrive at measurements based on fair value, such as costs to sell when measuring fair value less costs to sell, shall not be taken into account when determining the level of the fair value hierarchy within which a fair value measurement is categorised.

74 The availability of relevant inputs and their relative subjectivity might affect the selection of appropriate valuation techniques (see paragraph 61). However, the fair value hierarchy prioritises the inputs to valuation techniques, not the valuation techniques used to measure fair value. For example, a fair value measurement developed using a present value technique might be categorised within Level 2 or Level 3, depending on the inputs that are significant to the entire measurement and the level of the fair value hierarchy within which those inputs are categorised.

75 If an observable input requires an adjustment using an unobservable input and that adjustment results in a significantly higher or lower fair value measurement, the resulting measurement would be categorised within Level 3 of the fair value hierarchy. For

example, if a market participant would take into account the effect of a restriction on the sale of an asset when estimating the price for the asset, an entity would adjust the quoted price to reflect the effect of that restriction. If that quoted price is a *Level 2 input* and the adjustment is an unobservable input that is significant to the entire measurement, the measurement would be categorised within Level 3 of the fair value hierarchy.

Level 1 inputs

76 Level 1 inputs are quoted prices (unadjusted) in active markets for identical assets or liabilities that the entity can access at the measurement date.

77 A quoted price in an active market provides the most reliable evidence of fair value and shall be used without adjustment to measure fair value whenever available, except as specified in paragraph 79.

78 A Level 1 input will be available for many financial assets and financial liabilities, some of which might be exchanged in multiple active markets (eg on different exchanges). Therefore, the emphasis within Level 1 is on determining both of the following:

(a) the principal market for the asset or liability or, in the absence of a principal market, the most advantageous market for the asset or liability; and

(b) whether the entity can enter into a transaction for the asset or liability at the price in that market at the measurement date.

79 An entity shall not make an adjustment to a Level 1 input except in the following circumstances:

(a) when an entity holds a large number of similar (but not identical) assets or liabilities (eg debt securities) that are measured at fair value and a quoted price in an active market is available but not readily accessible for each of those assets or liabilities individually (ie given the large number of similar assets or liabilities held by the entity, it would be difficult to obtain pricing information for each individual asset or liability at the measurement date). In that case, as a practical expedient, an entity may measure fair value using an alternative pricing method that does not rely exclusively on quoted prices (eg matrix pricing). However, the use of an alternative pricing method results in a fair value measurement categorised within a lower level of the fair value hierarchy.

(b) when a quoted price in an active market does not represent fair value at the measurement date. That might be the case if, for example, significant events (such as transactions in a principal-to-principal market, trades in a brokered market or announcements) take place after the close of a market but before the measurement date. An entity shall establish and consistently apply a policy for identifying those events that might affect fair value measurements. However, if the quoted price is adjusted for new information, the adjustment results in a fair value measurement categorised within a lower level of the fair value hierarchy.

(c) when measuring the fair value of a liability or an entity's own equity instrument using the quoted price for the identical item traded as an asset in an active market and that price needs to be adjusted for factors specific to the item or the asset (see paragraph 39). If no adjustment to the quoted price of the asset is required, the result is a fair value measurement categorised within Level 1 of the fair value hierarchy. However, any adjustment to the quoted price of the asset results in a fair value measurement categorised within a lower level of the fair value hierarchy.

80 If an entity holds a position in a single asset or liability (including a position comprising a large number of identical assets or liabilities, such as a holding of financial instruments) and the asset or liability is traded in an active market, the fair value of the asset or liability shall be measured within Level 1 as the product of the quoted price for the individual asset or liability and the quantity held by the entity. That is the case even if a market's normal daily trading volume is not sufficient to absorb the quantity held and placing orders to sell the position in a single transaction might affect the quoted price.

Level 2 inputs

81 Level 2 inputs are inputs other than quoted prices included within Level 1 that are observable for the asset or liability, either directly or indirectly.

82 If the asset or liability has a specified (contractual) term, a Level 2 input must be observable for substantially the full term of the asset or liability. Level 2 inputs include the following:

(a) quoted prices for similar assets or liabilities in active markets.

(b) quoted prices for identical or similar assets or liabilities in markets that are not active.

(c) inputs other than quoted prices that are observable for the asset or liability, for example:

(i) interest rates and yield curves observable at commonly quoted intervals;

(ii) implied volatilities; and

(iii) credit spreads.

(d) *market-corroborated inputs.*

83 Adjustments to Level 2 inputs will vary depending on factors specific to the asset or liability. Those factors include the following:

(a) the condition or location of the asset;

(b) the extent to which inputs relate to items that are comparable to the asset or liability (including those factors described in paragraph 39); and

(c) the volume or level of activity in the markets within which the inputs are observed.

84 An adjustment to a Level 2 input that is significant to the entire measurement might result in a fair value measurement categorised within Level 3 of the fair value hierarchy if the adjustment uses significant unobservable inputs.

85 Paragraph B35 describes the use of Level 2 inputs for particular assets and liabilities.

Level 3 inputs

86 Level 3 inputs are unobservable inputs for the asset or liability.

87 Unobservable inputs shall be used to measure fair value to the extent that relevant observable inputs are not available, thereby allowing for situations in which there is little, if any, market activity for the asset or liability at the measurement date. However, the fair value measurement objective remains the same, ie an exit price at the measurement date from the perspective of a market participant that holds the asset or owes the liability. Therefore, unobservable inputs shall reflect the assumptions that market participants would use when pricing the asset or liability, including assumptions about risk.

88 Assumptions about risk include the risk inherent in a particular valuation technique used to measure fair value (such as a pricing model) and the risk inherent in the inputs to the valuation technique. A measurement that does not include an adjustment for risk would not represent a fair value measurement if market participants would include one when pricing the asset or liability. For example, it might be necessary to include a risk adjustment when there is significant measurement uncertainty (eg when there has been a significant decrease in the volume or level of activity when compared with normal market

activity for the asset or liability, or similar assets or liabilities, and the entity has determined that the transaction price or quoted price does not represent fair value, as described in paragraphs B37-B47).

89 An entity shall develop unobservable inputs using the best information available in the circumstances, which might include the entity's own data. In developing unobservable inputs, an entity may begin with its own data, but it shall adjust those data if reasonably available information indicates that other market participants would use different data or there is something particular to the entity that is not available to other market participants (eg an entity-specific synergy). An entity need not undertake exhaustive efforts to obtain information about market participant assumptions. However, an entity shall take into account all information about market participant assumptions that is reasonably available. Unobservable inputs developed in the manner described above are considered market participant assumptions and meet the objective of a fair value measurement.

90 Paragraph B36 describes the use of Level 3 inputs for particular assets and liabilities.

Disclosure

91 An entity shall disclose information that helps users of its financial statements assess both of the following:

(a) for assets and liabilities that are measured at fair value on a recurring or non-recurring basis in the statement of financial position after initial recognition, the valuation techniques and inputs used to develop those measurements.

(b) for recurring fair value measurements using significant unobservable inputs (Level 3), the effect of the measurements on profit or loss or other comprehensive income for the period.

92 To meet the objectives in paragraph 91, an entity shall consider all the following:

(a) the level of detail necessary to satisfy the disclosure requirements;

(b) how much emphasis to place on each of the various requirements;

(c) how much aggregation or disaggregation to undertake; and

(d) whether users of financial statements need additional information to evaluate the quantitative information disclosed.

If the disclosures provided in accordance with this IFRS and other IFRSs are insufficient to meet the objectives in paragraph 91, an entity shall disclose additional information necessary to meet those objectives.

93 To meet the objectives in paragraph 91, an entity shall disclose, at a minimum, the following information for each class of assets and liabilities (see paragraph 94 for information on determining appropriate classes of assets and liabilities) measured at fair value (including measurements based on fair value within the scope of this IFRS) in the statement of financial position after initial recognition:

(a) for recurring and non-recurring fair value measurements, the fair value measurement at the end of the reporting period, and for non-recurring fair value measurements, the reasons for the measurement. Recurring fair value measurements of assets or liabilities are those that other IFRSs require or permit in the statement of financial position at the end of each reporting period. Non-recurring fair value measurements of assets or liabilities are those that other IFRSs require or permit in the statement of financial position in particular circumstances (eg when an entity measures an asset held for sale at fair value less costs to sell in accordance with IFRS 5 *Non-current Assets Held for Sale and Discontinued Operations* because the asset's fair value less costs to sell is lower than its carrying amount).

(b) for recurring and non-recurring fair value measurements, the level of the fair value hierarchy within which the fair value measurements are categorised in their entirety (Level 1, 2 or 3).

(c) for assets and liabilities held at the end of the reporting period that are measured at fair value on a recurring basis, the amounts of any transfers between Level 1 and Level 2 of the fair value hierarchy, the reasons for those transfers and the entity's policy for determining when transfers between levels are deemed to have occurred (see paragraph 95). Transfers into each level shall be disclosed and discussed separately from transfers out of each level.

(d) for recurring and non-recurring fair value measurements categorised within Level 2 and Level 3 of the fair value hierarchy, a description of the valuation technique(s) and the inputs used in the fair value measurement. If there has been a change in valuation technique (eg changing from a market approach to an income approach or the use of an additional valuation technique), the entity shall disclose that change and the reason(s) for making it. For fair value measurements categorised within Level 3 of the fair value hierarchy, an entity shall provide quantitative information about the significant unobservable inputs used in the fair value measurement. An entity is not required to create quantitative information to comply with this disclosure requirement if quantitative unobservable inputs are not developed by the entity when measuring fair value (eg when an entity uses prices from prior transactions or third-party pricing information without adjustment). However, when providing this disclosure an entity cannot ignore quantitative unobservable inputs that are significant to the fair value measurement and are reasonably available to the entity.

(e) for recurring fair value measurements categorised within Level 3 of the fair value hierarchy, a reconciliation from the opening balances to the closing balances, disclosing separately changes during the period attributable to the following:

(i) total gains or losses for the period recognised in profit or loss, and the line item(s) in profit or loss in which those gains or losses are recognised.

(ii) total gains or losses for the period recognised in other comprehensive income, and the line item(s) in other comprehensive income in which those gains or losses are recognised.

(iii) purchases, sales, issues and settlements (each of those types of changes disclosed separately).

(iv) the amounts of any transfers into or out of Level 3 of the fair value hierarchy, the reasons for those transfers and the entity's policy for determining when transfers between levels are deemed to have occurred (see paragraph 95). Transfers into Level 3 shall be disclosed and discussed separately from transfers out of Level 3.

(f) for recurring fair value measurements categorised within Level 3 of the fair value hierarchy, the amount of the total gains or losses for the period in (e)(i) included in profit or loss that is attributable to the change in unrealised gains or losses relating to those assets and liabilities held at the end of the reporting period, and the line item(s) in profit or loss in which those unrealised gains or losses are recognised.

(g) for recurring and non-recurring fair value measurements categorised within Level 3 of the fair value hierarchy, a description of the valuation processes used by the entity (including, for example, how an entity decides its valuation policies and procedures and analyses changes in fair value measurements from period to period).

(h) for recurring fair value measurements categorised within Level 3 of the fair value hierarchy:

(i) for all such measurements, a narrative description of the sensitivity of the fair value measurement to changes in unobservable inputs if a change in those inputs to a different amount might result in a significantly higher or lower fair value measurement. If there are interrelationships between those inputs and other unobservable inputs used in the fair value measurement, an entity shall also provide a description of those interrelationships and of how they might magnify or mitigate the effect of changes in the unobservable inputs on the fair value measurement. To comply with that disclosure requirement, the narrative description of the sensitivity to changes in unobservable inputs shall include, at a minimum, the unobservable inputs disclosed when complying with (d).

(ii) for financial assets and financial liabilities, if changing one or more of the unobservable inputs to reflect reasonably possible alternative assumptions would change fair value significantly, an entity shall state that fact and disclose the effect of those changes. The entity shall disclose how the effect of a change to reflect a reasonably possible alternative assumption was calculated. For that purpose, significance shall be judged with respect to profit or loss, and total assets or total liabilities, or, when changes in fair value are recognised in other comprehensive income, total equity.

(iii) for recurring and non-recurring fair value measurements, if the highest and best use of a non-financial asset differs from its current use, an entity shall disclose that fact and why the non-financial asset is being used in a manner that differs from its highest and best use.

94 An entity shall determine appropriate classes of assets and liabilities on the basis of the following:

(a) the nature, characteristics and risks of the asset or liability; and

(b) the level of the fair value hierarchy within which the fair value measurement is categorised.

The number of classes may need to be greater for fair value measurements categorised within Level 3 of the fair value hierarchy because those measurements have a greater degree of uncertainty and subjectivity. Determining appropriate classes of assets and liabilities for which disclosures about fair value measurements should be provided requires judgement. A class of assets and liabilities will often require greater disaggregation than the line items presented in the statement of financial position. However, an entity shall provide information sufficient to permit reconciliation to the line items presented in the statement of financial position. If another IFRS specifies the class for an asset or a liability, an entity may use that class in providing the disclosures required in this IFRS if that class meets the requirements in this paragraph.

95 An entity shall disclose and consistently follow its policy for determining when transfers between levels of the fair value hierarchy are deemed to have occurred in accordance with paragraph 93(c) and (e)(iv). The policy about the timing of recognising transfers shall be the same for transfers into the levels as for transfers out of the levels. Examples of policies for determining the timing of transfers include the following:

(a) the date of the event or change in circumstances that caused the transfer.

(b) the beginning of the reporting period.

(c) the end of the reporting period.

96 If an entity makes an accounting policy decision to use the exception in paragraph 48, it shall disclose that fact.

97 For each class of assets and liabilities not measured at fair value in the statement of financial position but for which the fair value is disclosed, an entity shall disclose the information required by paragraph 93(b), (d) and (i). However, an entity is not required to provide the quantitative disclosures about significant unobservable inputs used in fair value measurements categorised within Level 3 of the fair value hierarchy required by paragraph 93(d). For such assets and liabilities, an entity does not need to provide the other disclosures required by this IFRS.

98 For a liability measured at fair value and issued with an inseparable third-party credit enhancement, an issuer shall disclose the existence of that credit enhancement and whether it is reflected in the fair value measurement of the liability.

99 An entity shall present the quantitative disclosures required by this IFRS in a tabular format unless another format is more appropriate.

Appendix A
Defined terms

This appendix is an integral part of the IFRS.

active market A market in which transactions for the asset or liability take place with sufficient frequency and volume to provide pricing information on an ongoing basis.

cost approach A valuation technique that reflects the amount that would be required currently to replace the service capacity of an asset (often referred to as current replacement cost).

entry price The price paid to acquire an asset or received to assume a liability in an exchange transaction.

exit price The price that would be received to sell an asset or paid to transfer a liability.

expected cash flow The probability-weighted average (ie mean of the distribution) of possible future cash flows.

fair value The price that would be received to sell an asset or paid to transfer a liability in an orderly transaction between market participants at the measurement date.

highest and best use The use of a non-financial asset by market participants that would maximise the value of the asset or the group of assets and liabilities (eg a business) within which the asset would be used.

income approach Valuation techniques that convert future amounts (eg cash flows or income and expenses) to a single current (ie discounted) amount. The fair value measurement is determined on the basis of the value indicated by current market expectations about those future amounts.

inputs The assumptions that market participants would use when pricing the asset or liability, including assumptions about risk, such as the following:

(a) the risk inherent in a particular valuation technique used to measure fair value (such as a pricing model); and

(b) the risk inherent in the inputs to the valuation technique.

Inputs may be observable or unobservable.

Level 1 inputs Quoted prices (unadjusted) in active markets for identical assets or liabilities that the entity can access at the measurement date.

Level 2 inputs Inputs other than quoted prices included within Level 1 that are observable for the asset or liability, either directly or indirectly.

Level 3 inputs Unobservable inputs for the asset or liability.

market approach A valuation technique that uses prices and other relevant information generated by market transactions involving identical or comparable (ie similar) assets, liabilities or a group of assets and liabilities, such as a business.

market-corroborated inputs Inputs that are derived principally from or corroborated by observable market data by correlation or other means.

market participants Buyers and sellers in the principal (or most advantageous) market for the asset or liability that have all of the following characteristics:

(a) They are independent of each other, ie they are not related parties as defined in IAS 24, although the price in a related party transaction may be used as an input to a fair value measurement if the entity has evidence that the transaction was entered into at market terms.

(b) They are knowledgeable, having a reasonable understanding about the asset or liability and the transaction using all available information, including information that might be obtained through due diligence efforts that are usual and customary.

(c) They are able to enter into a transaction for the asset or liability.

(d) They are willing to enter into a transaction for the asset or liability, ie they are motivated but not forced or otherwise compelled to do so.

most advantageous market	The market that maximises the amount that would be received to sell the asset or minimises the amount that would be paid to transfer the liability, after taking into account transaction costs and transport costs.
non-performance risk	The risk that an entity will not fulfil an obligation. Non-performance risk includes, but may not be limited to, the entity's own credit risk.
observable inputs	Inputs that are developed using market data, such as publicly available information about actual events or transactions, and that reflect the assumptions that market participants would use when pricing the asset or liability.
orderly transaction	A transaction that assumes exposure to the market for a period before the measurement date to allow for marketing activities that are usual and customary for transactions involving such assets or liabilities; it is not a forced transaction (eg a forced liquidation or distress sale).
principal market	The market with the greatest volume and level of activity for the asset or liability.
risk premium	Compensation sought by risk-averse market participants for bearing the uncertainty inherent in the cash flows of an asset or a liability. Also referred to as a 'risk adjustment'.

transaction costs The costs to sell an asset or transfer a liability in the principal (or most advantageous) market for the asset or liability that are directly attributable to the disposal of the asset or the transfer of the liability and meet both of the following criteria:

(a) They result directly from and are essential to that transaction.

(b) They would not have been incurred by the entity had the decision to sell the asset or transfer the liability not been made (similar to costs to sell, as defined in IFRS 5).

transport costs The costs that would be incurred to transport an asset from its current location to its principal (or most advantageous) market.

unit of account The level at which an asset or a liability is aggregated or disaggregated in an IFRS for recognition purposes.

unobservable inputs Inputs for which market data are not available and that are developed using the best information available about the assumptions that market participants would use when pricing the asset or liability.

Appendix B
Application guidance

This appendix is an integral part of the IFRS. It describes the application of paragraphs 1-99 and has the same authority as the other parts of the IFRS.

B1 The judgements applied in different valuation situations may be different. This appendix describes the judgements that might apply when an entity measures fair value in different valuation situations.

The fair value measurement approach

B2 The objective of a fair value measurement is to estimate the price at which an orderly transaction to sell the asset or to transfer the liability would take place between market participants at the measurement date under current market conditions. A fair value measurement requires an entity to determine all the following:

(a) the particular asset or liability that is the subject of the measurement (consistently with its unit of account).

(b) for a non-financial asset, the valuation premise that is appropriate for the measurement (consistently with its highest and best use).

(c) the principal (or most advantageous) market for the asset or liability.

(d) the valuation technique(s) appropriate for the measurement, considering the availability of data with which to develop inputs that represent the assumptions that market participants would use when pricing the asset or liability and the level of the fair value hierarchy within which the inputs are categorised.

Valuation premise for non-financial assets (paragraphs 31-33)

B3 When measuring the fair value of a non-financial asset used in combination with other assets as a group (as installed or otherwise configured for use) or in combination with other assets and liabilities (eg a business), the effect of the valuation premise depends on the circumstances. For example:

(a) the fair value of the asset might be the same whether the asset is used on a stand-alone basis or in combination with other assets or with other assets and liabilities. That might be the case if the asset is a business that market participants would continue to operate. In that case, the transaction would involve valuing the business in its entirety. The use of the assets as a group in an ongoing business would generate synergies that would be available to market participants (ie market participant synergies that, therefore, should affect the fair value of the asset on either a stand-alone basis or in combination with other assets or with other assets and liabilities).

(b) an asset's use in combination with other assets or with other assets and liabilities might be incorporated into the fair value measurement through adjustments to the value of the asset used on a stand-alone basis. That might be the case if the asset is a machine and the fair value measurement is determined using an observed price for a similar machine (not installed or otherwise configured for use), adjusted for transport and installation costs so that the fair value measurement reflects the current condition and location of the machine (installed and configured for use).

(c) an asset's use in combination with other assets or with other assets and liabilities might be incorporated into the fair value measurement through the market participant assumptions used to measure the fair value of the asset. For example, if the asset is work in progress inventory that is unique and market participants would convert the inventory into finished goods, the fair value of the inventory would assume that market participants have acquired or would acquire any specialised machinery necessary to convert the inventory into finished goods.

(d) an asset's use in combination with other assets or with other assets and liabilities might be incorporated into the valuation technique used to measure the fair value of the asset. That might be the case when using the multi-period excess earnings method to measure the fair value of an intangible asset because that valuation technique specifically takes into account the contribution of any complementary assets and the associated liabilities in the group in which such an intangible asset would be used.

(e) in more limited situations, when an entity uses an asset within a group of assets, the entity might measure the asset at an amount that approximates its fair value when allocating the fair value of the asset group to the individual assets of the group. That might be the case if the valuation involves real property and the fair value of improved property (ie an asset group) is allocated to its component assets (such as land and improvements).

Fair value at initial recognition (paragraphs 57-60)

B4 When determining whether fair value at initial recognition equals the transaction price, an entity shall take into account factors specific to the transaction and to the asset or liability. For example, the transaction price might not represent the fair value of an asset or a liability at initial recognition if any of the following conditions exist:

(a) The transaction is between related parties, although the price in a related party transaction may be used as an input into a fair value measurement if the entity has evidence that the transaction was entered into at market terms.

(b) The transaction takes place under duress or the seller is forced to accept the price in the transaction. For example, that might be the case if the seller is experiencing financial difficulty.

(c) The unit of account represented by the transaction price is different from the unit of account for the asset or liability measured at fair value. For example, that might be the case if the asset or liability measured at fair value is only one of the elements in the transaction (eg in a business combination), the transaction includes unstated rights and privileges that are measured separately in accordance with another IFRS, or the transaction price includes transaction costs.

(d) The market in which the transaction takes place is different from the principal market (or most advantageous market). For example, those markets might be different if the entity is a dealer that enters into transactions with customers in the retail market, but the principal (or most advantageous) market for the exit transaction is with other dealers in the dealer market.

Valuation techniques (paragraphs 61-66)

Market approach

B5 The market approach uses prices and other relevant information generated by market transactions involving identical or comparable (ie similar) assets, liabilities or a group of assets and liabilities, such as a business.

B6 For example, valuation techniques consistent with the market approach often use market multiples derived from a set of comparables. Multiples might be in ranges with a different multiple for each comparable. The selection of the appropriate multiple within the range requires judgement, considering qualitative and quantitative factors specific to the measurement.

B7 Valuation techniques consistent with the market approach include matrix pricing. Matrix pricing is a mathematical technique used principally to value some types of financial instruments, such as debt securities, without relying exclusively on quoted prices for the specific securities, but rather relying on the securities' relationship to other benchmark quoted securities.

Cost approach

B8 The cost approach reflects the amount that would be required currently to replace the service capacity of an asset (often referred to as current replacement cost).

B9 From the perspective of a market participant seller, the price that would be received for the asset is based on the cost to a market participant buyer to acquire or construct a substitute asset of comparable utility, adjusted for obsolescence. That is because a market participant buyer would not pay more for an asset than the amount for which it could replace the service capacity of that asset. Obsolescence encompasses physical deterioration, functional (technological) obsolescence and economic (external) obsolescence and is broader than depreciation for financial reporting purposes (an allocation of historical cost) or tax purposes (using specified service lives). In many cases the current replacement cost method is used to measure the fair value of tangible assets that are used in combination with other assets or with other assets and liabilities.

Income approach

B10 The income approach converts future amounts (eg cash flows or income and expenses) to a single current (ie discounted) amount. When the income approach is used, the fair value measurement reflects current market expectations about those future amounts.

B11 Those valuation techniques include, for example, the following:

(a) present value techniques (see paragraphs B12-B30);

(b) option pricing models, such as the Black-Scholes-Merton formula or a binomial model (ie a lattice model), that incorporate present value techniques and reflect both the time value and the intrinsic value of an option; and

(c) the multi-period excess earnings method, which is used to measure the fair value of some intangible assets.

Present value techniques

B12 Paragraphs B13-B30 describe the use of present value techniques to measure fair value. Those paragraphs focus on a discount rate adjustment technique and an *expected cash flow* (expected present value) technique. Those paragraphs neither prescribe the use of a single specific present value technique nor limit the use of present value techniques to measure fair value to the techniques discussed. The present value technique used to measure fair value will depend on facts and circumstances specific to the asset or liability being measured (eg whether prices for comparable assets or liabilities can be observed in the market) and the availability of sufficient data.

The components of a present value measurement

B13 Present value (ie an application of the income approach) is a tool used to link future amounts (eg cash flows or values) to a present amount using a discount rate. A fair value measurement of an asset or a liability using a present value technique captures all the following elements from the perspective of market participants at the measurement date:

(a) an estimate of future cash flows for the asset or liability being measured.

(b) expectations about possible variations in the amount and timing of the cash flows representing the uncertainty inherent in the cash flows.

(c) the time value of money, represented by the rate on risk-free monetary assets that have maturity dates or durations that coincide with the period covered by the cash flows and pose neither uncertainty in timing nor risk of default to the holder (ie a risk-free interest rate).

(d) the price for bearing the uncertainty inherent in the cash flows (ie a risk premium).

(e) other factors that market participants would take into account in the circumstances.

(f) for a liability, the non-performance risk relating to that liability, including the entity's (ie the obligor's) own credit risk.

General principles

B14 Present value techniques differ in how they capture the elements in paragraph B13. However, all the following general principles govern the application of any present value technique used to measure fair value:

(a) Cash flows and discount rates should reflect assumptions that market participants would use when pricing the asset or liability.

(b) Cash flows and discount rates should take into account only the factors attributable to the asset or liability being measured.

(c) To avoid double-counting or omitting the effects of risk factors, discount rates should reflect assumptions that are consistent with those inherent in the cash flows. For example, a discount rate that reflects the uncertainty in expectations about future defaults is appropriate if using contractual cash flows of a loan (ie a discount rate adjustment technique). That same rate should not be used if using expected (ie probability-weighted) cash flows (ie an expected present value technique) because the expected cash flows already reflect assumptions about the uncertainty in future defaults; instead, a discount rate that is commensurate with the risk inherent in the expected cash flows should be used.

(d) Assumptions about cash flows and discount rates should be internally consistent. For example, nominal cash flows, which include the effect of inflation, should be discounted at a rate that includes the effect of inflation. The nominal risk-free interest rate includes the effect of inflation. Real cash flows, which exclude the effect of inflation, should be discounted at a rate that excludes the effect of inflation. Similarly, after-tax cash flows should be discounted using an after-tax discount rate. Pre-tax cash flows should be discounted at a rate consistent with those cash flows.

(e) Discount rates should be consistent with the underlying economic factors of the currency in which the cash flows are denominated.

Risk and uncertainty

B15 A fair value measurement using present value techniques is made under conditions of uncertainty because the cash flows used are estimates rather than known amounts. In many cases both the amount and timing of the cash flows are uncertain. Even contractually fixed amounts, such as the payments on a loan, are uncertain if there is risk of default.

B16 Market participants generally seek compensation (ie a risk premium) for bearing the uncertainty inherent in the cash flows of an asset or a liability. A fair value measurement should include a risk premium reflecting the amount that market participants would demand as compensation for the uncertainty inherent in the cash flows. Otherwise, the measurement would not faithfully represent fair value. In some cases determining the appropriate risk premium might be difficult. However, the degree of difficulty alone is not a sufficient reason to exclude a risk premium.

B17 Present value techniques differ in how they adjust for risk and in the type of cash flows they use. For example:

(a) The discount rate adjustment technique (see paragraphs B18-B22) uses a risk-adjusted discount rate and contractual, promised or most likely cash flows.

(b) Method 1 of the expected present value technique (see paragraph B25) uses risk-adjusted expected cash flows and a risk-free rate.

(c) Method 2 of the expected present value technique (see paragraph B26) uses expected cash flows that are not risk-adjusted and a discount rate adjusted to include the risk premium that market participants require. That rate is different from the rate used in the discount rate adjustment technique.

Discount rate adjustment technique

B18 The discount rate adjustment technique uses a single set of cash flows from the range of possible estimated amounts, whether contractual or promised (as is the case for a bond) or most likely cash flows. In all cases, those cash flows are conditional upon the occurrence of specified events (eg contractual or promised cash flows for a bond are conditional on the event of no default by the debtor). The discount rate used in the discount rate adjustment technique is derived from observed rates of return for comparable assets or liabilities that are traded in the market. Accordingly, the contractual, promised or most likely cash flows are discounted at an observed or estimated market rate for such conditional cash flows (ie a market rate of return).

B19 The discount rate adjustment technique requires an analysis of market data for comparable assets or liabilities. Comparability is established by considering the nature of the cash flows (eg whether the cash flows are contractual or non-contractual and are likely to respond similarly to changes in economic conditions), as well as other factors (eg credit standing, collateral, duration, restrictive covenants and liquidity). Alternatively, if a single comparable asset or liability does not fairly reflect the risk inherent in the cash flows of the asset or liability being measured, it may be possible to derive a discount rate using data for several comparable assets or liabilities in conjunction with the risk-free yield curve (ie using a 'build-up' approach).

B20 To illustrate a build-up approach, assume that Asset A is a contractual right to receive CU800[①] in one year (ie there is no timing uncertainty). There is an established market for comparable assets, and information about those assets, including price information, is available. Of those comparable assets:

(a) Asset B is a contractual right to receive CU1,200 in one year and has a market price of CU1,083. Thus, the implied annual rate of return (ie a one-year market rate of return) is 10.8 per cent [(CU1,200/CU1,083) - 1].

(b) Asset C is a contractual right to receive CU700 in two years and has a market price of CU566. Thus, the implied annual rate of return (ie a two-year market rate of return) is 11.2 per cent [(CU700/CU566)^0.5 - 1].

(c) All three assets are comparable with respect to risk (ie dispersion of possible pay-offs and credit).

B21 On the basis of the timing of the contractual payments to be received for Asset A relative to the timing for Asset B and Asset C (ie one year for Asset B versus two years for Asset C), Asset B is deemed more comparable to Asset A. Using the contractual payment to be received for Asset A (CU800) and the one-year market rate derived from Asset B (10.8 per cent), the fair value of Asset A is CU722 (CU800/1.108). Alternatively, in the absence of available market information for Asset B, the one-year market rate could be derived from Asset C using the build-up approach. In that case the two-year market rate indicated by Asset C (11.2 per cent) would be adjusted to a one-year market rate using the term structure of the risk-free yield curve. Additional information and analysis might be required to determine whether the risk premiums for one-year and two-year assets are the same. If it is determined that the risk premiums for one-year and two-year assets are not the same, the two-year market rate of return would be further adjusted for that effect.

B22 When the discount rate adjustment technique is applied to fixed receipts or payments, the adjustment for risk inherent in the cash flows of the asset or liability being measured is included in the discount rate. In some applications of the discount rate adjustment technique to cash flows that are not fixed receipts or payments, an adjustment to the cash flows may be necessary to achieve comparability with the observed asset or liability from which the discount rate is derived.

---

① In this IFRS monetary amounts are denominated in 'currency units (CU)'.

Expected present value technique

B23 The expected present value technique uses as a starting point a set of cash flows that represents the probability-weighted average of all possible future cash flows (ie the expected cash flows). The resulting estimate is identical to expected value, which, in statistical terms, is the weighted average of a discrete random variable's possible values with the respective probabilities as the weights. Because all possible cash flows are probability-weighted, the resulting expected cash flow is not conditional upon the occurrence of any specified event (unlike the cash flows used in the discount rate adjustment technique).

B24 In making an investment decision, risk-averse market participants would take into account the risk that the actual cash flows may differ from the expected cash flows. Portfolio theory distinguishes between two types of risk:

(a) unsystematic (diversifiable) risk, which is the risk specific to a particular asset or liability.

(b) systematic (non-diversifiable) risk, which is the common risk shared by an asset or a liability with the other items in a diversified portfolio.

Portfolio theory holds that in a market in equilibrium, market participants will be compensated only for bearing the systematic risk inherent in the cash flows. (In markets that are inefficient or out of equilibrium, other forms of return or compensation might be available.)

B25 Method 1 of the expected present value technique adjusts the expected cash flows of an asset for systematic (ie market) risk by subtracting a cash risk premium (ie risk-adjusted expected cash flows). Those risk-adjusted expected cash flows represent a certainty-equivalent cash flow, which is discounted at a risk-free interest rate. A certainty-equivalent cash flow refers to an expected cash flow (as defined), adjusted for risk so that a market participant is indifferent to trading a certain cash flow for an expected cash flow. For example, if a market participant was willing to trade an expected cash flow of CU1,200 for a certain cash flow of CU1 000, the CU1 000 is the certainty equivalent of the CU1,200 (ie the CU200 would represent the cash risk premium). In that case the market participant would be indifferent as to the asset held.

B26 In contrast, Method 2 of the expected present value technique adjusts for systematic (ie market) risk by applying a risk premium to the risk-free interest rate. Accordingly, the expected cash flows are discounted at a rate that corresponds to an expected rate associated with probability-weighted cash flows (ie an expected rate of return). Models used for pricing risky assets, such as the capital asset pricing model, can be used to estimate the expected rate of return. Because the discount rate used in the discount rate adjustment technique is a rate of return relating to conditional cash flows, it is likely to be higher than the discount rate used in Method 2 of the expected present value technique, which is an expected rate of return relating to expected or probability-weighted cash flows.

B27 To illustrate Methods 1 and 2, assume that an asset has expected cash flows of CU780 in one year determined on the basis of the possible cash flows and probabilities shown below. The applicable risk-free interest rate for cash flows with a one-year horizon is 5 per cent, and the systematic risk premium for an asset with the same risk profile is 3 per cent.

Possible cash flows	Probability	Probability-weighted cash flows
CU500	15%	XCU75
CU800	60%	CU480
CU900	25%	CU225
Expected cash flows		CU780

B28 In this simple illustration, the expected cash flows (CU780) represent the probability-weighted average of the three possible outcomes. In more realistic situations, there could be many possible outcomes. However, to apply the expected present value technique, it is not always necessary to take into account distributions of all possible cash flows using complex models and techniques. Rather, it might be possible to develop a limited number of discrete scenarios and probabilities that capture the array of possible cash flows. For example, an entity might use realised cash flows for some relevant past period, adjusted for changes in circumstances occurring subsequently (eg changes in external factors, including economic or market conditions, industry trends and competition as well as changes in internal factors affecting the entity more specifically), taking into account the assumptions of market participants.

B29 In theory, the present value (ie the fair value) of the asset's cash flows is the same whether determined using Method 1 or Method 2, as follows:

(a) Using Method 1, the expected cash flows are adjusted for systematic (ie market) risk. In the absence of market data directly indicating the amount of the risk adjustment, such adjustment could be derived from an asset pricing model using the concept of certainty equivalents. For example, the risk adjustment (ie the cash risk premium of CU22) could be determined using the systematic risk premium of 3 per cent (CU780 - [CU780 × (1.05/1.08)]), which results in risk-adjusted expected cash flows of CU758 (CU780 - CU22). The CU758 is the certainty equivalent of CU780 and is discounted at the risk-free interest rate (5 per cent). The present value (ie the fair value) of the asset is CU722 (CU758/1.05).

(b) Using Method 2, the expected cash flows are not adjusted for systematic (ie market) risk. Rather, the adjustment for that risk is included in the discount rate. Thus, the expected cash flows are discounted at an expected rate of return of 8 per cent (ie the 5 per cent risk-free interest rate plus the 3 per cent systematic risk premium). The present value (ie the fair value) of the asset is CU722 (CU780/1.08).

B30 When using an expected present value technique to measure fair value, either Method 1 or Method 2 could be used. The selection of Method 1 or Method 2 will depend on facts and circumstances specific to the asset or liability being measured, the extent to which sufficient data are available and the judgements applied.

Applying present value techniques to liabilities and an entity's own equity instruments not held by other parties as assets (paragraphs 40 and 41)

B31 When using a present value technique to measure the fair value of a liability that is not held by another party as an asset (eg a decommissioning liability), an entity shall, among other things, estimate the future cash outflows that market participants would expect to incur in fulfilling the obligation. Those future cash outflows shall include market participants' expectations about the costs of fulfilling the obligation and the compensation that a market participant would require for taking on the obligation. Such compensation includes the return that a market participant would require for the following:

(a) undertaking the activity (ie the value of fulfilling the obligation; eg by using resources that could be used for other activities); and

(b) assuming the risk associated with the obligation (ie a *risk premium* that reflects the risk that the actual cash outflows might differ from the expected cash outflows; see paragraph B33).

B32 For example, a non-financial liability does not contain a contractual rate of return and there is no observable market yield for that liability. In some cases the components of the return that market participants would require will be indistinguishable from one another (eg when using the price a third party contractor would charge on a fixed fee basis). In other cases an entity needs to estimate those components separately (eg when using the price a third party contractor would charge on a cost plus basis because the contractor in that case would not bear the risk of future changes in costs).

B33 An entity can include a risk premium in the fair value measurement of a liability or an entity's own equity instrument that is not held by another party as an asset in one of the following ways:

(a) by adjusting the cash flows (ie as an increase in the amount of cash outflows); or

(b) by adjusting the rate used to discount the future cash flows to their present values (ie as a reduction in the discount rate).

An entity shall ensure that it does not double-count or omit adjustments for risk. For example, if the estimated cash flows are increased to take into account the compensation for assuming the risk associated with the obligation, the discount rate should not be adjusted to reflect that risk.

Inputs to valuation techniques (paragraphs 67-71)

B34 Examples of markets in which inputs might be observable for some assets and liabilities (eg financial instruments) include the following:

(a) *Exchange markets.* In an exchange market, closing prices are both readily available and generally representative of fair value. An example of such a market is the London Stock Exchange.

(b) *Dealer markets.* In a dealer market, dealers stand ready to trade (either buy or sell for their own account), thereby providing liquidity by using their capital to hold an inventory of the items for which they make a market. Typically bid and ask prices (representing the price at which the dealer is willing to buy and the price at which the dealer is willing to sell, respectively) are more readily available than closing prices. Over-the-counter markets (for which prices are publicly reported) are dealer markets. Dealer markets also exist for some other assets and liabilities, including some financial instruments, commodities and physical assets (eg used equipment).

(c) *Brokered markets.* In a brokered market, brokers attempt to match buyers with sellers but do not stand ready to trade for their own account. In other words, brokers do not use their own capital to hold an inventory of the items for which they make a market. The broker knows the prices bid and asked by the respective parties, but each party is typically unaware of another party's price requirements. Prices of completed transactions are sometimes available. Brokered markets include electronic communication networks, in which buy and sell orders are matched, and commercial and residential real estate markets.

(d) *Principal-to-principal markets.* In a principal-to-principal market, transactions, both originations and resales, are negotiated independently with no intermediary. Little information about those transactions may be made available publicly.

Fair value hierarchy (paragraphs 72-90)

Level 2 inputs (paragraphs 81-85)

B35 Examples of Level 2 inputs for particular assets and liabilities include the following:

(a) *Receive-fixed, pay-variable interest rate swap based on the London Interbank Offered Rate (LIBOR) swap rate.* A Level 2 input would be the LIBOR swap rate if that rate is observable at commonly quoted intervals for substantially the full term of the swap.

(b) *Receive-fixed, pay-variable interest rate swap based on a yield curve denominated in a foreign currency.* A Level 2 input would be the swap rate based on a yield curve denominated in a foreign currency that is observable at commonly quoted intervals for substantially the full term of the swap. That would be the case if the term of the swap is 10 years and that rate is observable at commonly quoted intervals for 9 years, provided that any reasonable extrapolation of the yield curve for year 10 would not be significant to the fair value measurement of the swap in its entirety.

(c) *Receive-fixed, pay-variable interest rate swap based on a specific bank's prime rate.* A Level 2 input would be the bank's prime rate derived through extrapolation if the extrapolated values are corroborated by observable market data, for example, by correlation with an interest rate that is observable over substantially the full term of the swap.

(d) *Three-year option on exchange-traded shares.* A Level 2 input would be the implied volatility for the shares derived through extrapolation to year 3 if both of the following conditions exist:

(i) Prices for one-year and two-year options on the shares are observable.

(ii) The extrapolated implied volatility of a three-year option is corroborated by observable market data for substantially the full term of the option.

In that case the implied volatility could be derived by extrapolating from the implied volatility of the one-year and two-year options on the shares and corroborated by the implied volatility for three-year options on comparable entities' shares, provided that correlation with the one-year and two-year implied volatilities is established.

(e) *Licensing arrangement*. For a licensing arrangement that is acquired in a business combination and was recently negotiated with an unrelated party by the acquired entity (the party to the licensing arrangement), a Level 2 input would be the royalty rate in the contract with the unrelated party at inception of the arrangement.

(f) *Finished goods inventory at a retail outlet*. For finished goods inventory that is acquired in a business combination, a Level 2 input would be either a price to customers in a retail market or a price to retailers in a wholesale market, adjusted for differences between the condition and location of the inventory item and the comparable (ie similar) inventory items so that the fair value measurement reflects the price that would be received in a transaction to sell the inventory to another retailer that would complete the requisite selling efforts. Conceptually, the fair value measurement will be the same, whether adjustments are made to a retail price (downward) or to a wholesale price (upward). Generally, the price that requires the least amount of subjective adjustments should be used for the fair value measurement.

(g) *Building held and used*. A Level 2 input would be the price per square metre for the building (a valuation multiple) derived from observable market data, eg multiples derived from prices in observed transactions involvi(h)ng comparable (ie similar) buildings in similar locations.

(h) *Cash-generating unit*. A Level 2 input would be a valuation multiple (eg a multiple of earnings or revenue or a similar performance measure) derived from observable market data, eg multiples derived from prices in observed transactions involving comparable (ie similar) businesses, taking into account operational, market, financial and non-financial factors.

Level 3 inputs (paragraphs 86-90)

B36 Examples of Level 3 inputs for particular assets and liabilities include the following:

(a) *Long-dated currency swap.* A Level 3 input would be an interest rate in a specified currency that is not observable and cannot be corroborated by observable market data at commonly quoted intervals or otherwise for substantially the full term of the currency swap. The interest rates in a currency swap are the swap rates calculated from the respective countries' yield curves.

(b) *Three-year option on exchange-traded shares.* A Level 3 input would be historical volatility, ie the volatility for the shares derived from the shares' historical prices. Historical volatility typically does not represent current market participants' expectations about future volatility, even if it is the only information available to price an option.

(c) *Interest rate swap.* A Level 3 input would be an adjustment to a mid-market consensus (non-binding) price for the swap developed using data that are not directly observable and cannot otherwise be corroborated by observable market data.

(d) *Decommissioning liability assumed in a business combination.* A Level 3 input would be a current estimate using the entity's own data about the future cash outflows to be paid to fulfil the obligation (including market participants' expectations about the costs of fulfilling the obligation and the compensation that a market participant would require for taking on the obligation to dismantle the asset) if there is no reasonably available information that indicates that market participants would use different assumptions. That Level 3 input would be used in a present value technique together with other inputs, eg a current risk-free interest rate or a credit-adjusted risk-free rate if the effect of the entity's credit standing on the fair value of the liability is reflected in the discount rate rather than in the estimate of future cash outflows.

(e) *Cash-generating unit.* A Level 3 input would be a financial forecast (eg of cash flows or profit or loss) developed using the entity's own data if there is no reasonably available information that indicates that market participants would use different assumptions.

Measuring fair value when the volume or level of activity for an asset or a liability has significantly decreased

B37 The fair value of an asset or a liability might be affected when there has been a significant decrease in the volume or level of activity for that asset or liability in relation to normal market activity for the asset or liability (or similar assets or liabilities). To determine whether, on the basis of the evidence available, there has been a significant decrease in the volume or level of activity for the asset or liability, an entity shall evaluate the significance and relevance of factors such as the following:

(a) There are few recent transactions.

(b) Price quotations are not developed using current information.

(c) Price quotations vary substantially either over time or among market-makers (eg some brokered markets).

(d) Indices that previously were highly correlated with the fair values of the asset or liability are demonstrably uncorrelated with recent indications of fair value for that asset or liability.

(e) There is a significant increase in implied liquidity risk premiums, yields or performance indicators (such as delinquency rates or loss severities) for observed transactions or quoted prices when compared with the entity's estimate of expected cash flows, taking into account all available market data about credit and other non-performance risk for the asset or liability.

(f) There is a wide bid-ask spread or significant increase in the bid-ask spread.

(g) There is a significant decline in the activity of, or there is an absence of, a market for new issues (ie a primary market) for the asset or liability or similar assets or liabilities.

(h) Little information is publicly available (eg for transactions that take place in a principal-to-principal market).

B38 If an entity concludes that there has been a significant decrease in the volume or level of activity for the asset or liability in relation to normal market activity for the asset or liability (or similar assets or liabilities), further analysis of the transactions or quoted prices is needed. A decrease in the volume or level of activity on its own may not indicate that a transaction price or quoted price does not represent fair value or that a transaction in that market is not orderly. However, if an entity determines that a transaction or quoted price does not represent fair value (eg there may be transactions that are not orderly), an adjustment to the transactions or quoted prices will be necessary if the entity uses those prices as a basis for measuring fair value and that adjustment may be significant to the fair value measurement in its entirety. Adjustments also may be necessary in other circumstances (eg when a price for a similar asset requires significant adjustment to make it comparable to the asset being measured or when the price is stale).

B39 This IFRS does not prescribe a methodology for making significant adjustments to transactions or quoted prices. See paragraphs 61-66 and B5-B11 for a discussion of the use of valuation techniques when measuring fair value. Regardless of the valuation technique used, an entity shall include appropriate risk adjustments, including a risk premium reflecting the amount that market participants would demand as compensation for the uncertainty inherent in the cash flows of an asset or a liability (see paragraph B17). Otherwise, the measurement does not faithfully represent fair value. In some cases determining the appropriate risk adjustment might be difficult. However, the degree of difficulty alone is not a sufficient basis on which to exclude a risk adjustment. The risk adjustment shall be reflective of an orderly transaction between market participants at the measurement date under current market conditions.

B40 If there has been a significant decrease in the volume or level of activity for the asset or liability, a change in valuation technique or the use of multiple valuation techniques may be appropriate (eg the use of a market approach and a present value technique). When weighting indications of fair value resulting from the use of multiple valuation techniques, an entity shall consider the reasonableness of the range of fair value measurements. The objective is to determine the point within the range that is most representative of fair value under current market conditions. A wide range of fair value measurements may be an indication that further analysis is needed.

B41 Even when there has been a significant decrease in the volume or level of activity for the asset or liability, the objective of a fair value measurement remains the same. Fair value is the price that would be received to sell an asset or paid to transfer a liability in an orderly transaction (ie not a forced liquidation or distress sale) between market participants at the measurement date under current market conditions.

B42 Estimating the price at which market participants would be willing to enter into a transaction at the measurement date under current market conditions if there has been a significant decrease in the volume or level of activity for the asset or liability depends on the facts and circumstances at the measurement date and requires judgement. An entity's intention to hold the asset or to settle or otherwise fulfil the liability is not relevant when measuring fair value because fair value is a market-based measurement, not an entity-specific measurement.

Identifying transactions that are not orderly

B43 The determination of whether a transaction is orderly (or is not orderly) is more difficult if there has been a significant decrease in the volume or level of activity for the asset or liability in relation to normal market activity for the asset or liability (or similar assets or liabilities). In such circumstances it is not appropriate to conclude that all transactions in that market are not orderly (ie forced liquidations or distress sales). Circumstances that may indicate that a transaction is not orderly include the following:

(a) There was not adequate exposure to the market for a period before the measurement date to allow for marketing activities that are usual and customary for transactions involving such assets or liabilities under current market conditions.

(b) There was a usual and customary marketing period, but the seller marketed the asset or liability to a single market participant.

(c) The seller is in or near bankruptcy or receivership (ie the seller is distressed).

(d) The seller was required to sell to meet regulatory or legal requirements (ie the seller was forced).

(e) The transaction price is an outlier when compared with other recent transactions for the same or a similar asset or liability.

An entity shall evaluate the circumstances to determine whether, on the weight of the evidence available, the transaction is orderly.

B44 An entity shall consider all the following when measuring fair value or estimating market risk premiums:

(a) If the evidence indicates that a transaction is not orderly, an entity shall place little, if any, weight (compared with other indications of fair value) on that transaction price.

(b) If the evidence indicates that a transaction is orderly, an entity shall take into account that transaction price. The amount of weight placed on that transaction price when compared with other indications of fair value will depend on the facts and circumstances, such as the following:

(i) the volume of the transaction.

(ii) the comparability of the transaction to the asset or liability being measured.

(iii) the proximity of the transaction to the measurement date.

(c) If an entity does not have sufficient information to conclude whether a transaction is orderly, it shall take into account the transaction price. However, that transaction price may not represent fair value (ie the transaction price is not necessarily the sole or primary basis for measuring fair value or estimating market risk premiums). When an entity does not have sufficient information to conclude whether particular transactions are orderly, the entity shall place less weight on those transactions when compared with other transactions that are known to be orderly.

An entity need not undertake exhaustive efforts to determine whether a transaction is orderly, but it shall not ignore information that is reasonably available. When an entity is a party to a transaction, it is presumed to have sufficient information to conclude whether the transaction is orderly.

Using quoted prices provided by third parties

B45 This IFRS does not preclude the use of quoted prices provided by third parties, such as pricing services or brokers, if an entity has determined that the quoted prices provided by those parties are developed in accordance with this IFRS.

B46 If there has been a significant decrease in the volume or level of activity for the asset or liability, an entity shall evaluate whether the quoted prices provided by third parties are developed using current information that reflects orderly transactions or a valuation technique that reflects market participant assumptions (including assumptions about risk). In weighting a quoted price as an input to a fair value measurement, an entity places less weight (when compared with other indications of fair value that reflect the results of transactions) on quotes that do not reflect the result of transactions.

B47 Furthermore, the nature of a quote (eg whether the quote is an indicative price or a binding offer) shall be taken into account when weighting the available evidence, with more weight given to quotes provided by third parties that represent binding offers.

Appendix C
Effective date and transition

This appendix is an integral part of the IFRS and has the same authority as the other parts of the IFRS.

C1 An entity shall apply this IFRS for annual periods beginning on or after 1 January 2013. Earlier application is permitted. If an entity applies this IFRS for an earlier period, it shall disclose that fact.

C2 This IFRS shall be applied prospectively as of the beginning of the annual period in which it is initially applied.

C3 The disclosure requirements of this IFRS need not be applied in comparative information provided for periods before initial application of this IFRS.

Approval by the Board of IFRS 13 issued in May 2011

International Financial Reporting Standard 13 Fair Value Measurement was approved for issue by the fifteen members of the International Accounting Standards Board.

Sir David Tweedie   Chairman
Stephen Cooper
Philippe Danjou
Jan Engström
Patrick Finnegan
Amaro Luiz de Oliveira Gomes
Prabhakar Kalavacherla
Elke König
Patricia McConnell
Warren J McGregor
Paul Pacter
Darrel Scott
John T Smith
Tatsumi Yamada
Wei-Guo Zhang

Basis for Conclusions on IFRS 13 Fair Value Measurement

Contents

INTRODUCTION	BC1 - BC18
Overview	BC4 - BC8
Background	BC9 - BC18
SCOPE	BC19 - BC26
MEASUREMENT	BC27 - BC182
Definition of fair value	BC27 - BC45
The asset or liability	BC46 - BC47
The transaction	BC48 - BC54
Market participants	BC55 - BC59
The price	BC60 - BC62
Application to non-financial assets	BC63 - BC79
Application to liabilities	BC80 - BCZ103
Application to an entity's own equity instruments	BC104 - BC107
Application to financial assets and financial liabilities with offsetting positions in market risks or counterparty credit risk	BC108 - BC131
Fair value at initial recognition	BC132 - BC138
Valuation techniques	BC139 - BC148
Inputs to valuation techniques	BC149 - BC165
Fair value hierarchy	BC166 - BC182
DISCLOSURE	BC183 - BC224
Distinguishing between recurring and non-recurring fair value measurements	BC186
Information about fair value measurements categorised within Level 3 of the fair value hierarchy	BC187 - BC210
Transfers between Levels 1 and 2 of the fair value hierarchy	BC211 - BC212
When an entity uses a non-financial asset in a way that differs from its highest and best use	BC213 - BC214
The categorisation within the level of the hierarchy for items that are not measured at fair value in the statement of financial position	BC215 - BC217

Assets with a recoverable amount that is fair value less costs of disposal	BC218 - BC221
Interim financial reporting	BC222 - BC224
EFFECTIVE DATE AND TRANSITION	BC225 - BC230
APPLICATION IN EMERGING AND TRANSITION ECONOMIES	BC231 - BC235
CONVERGENCE WITH US GAAP	BC236 - BC238
Cost-BENEFIT considerations	BC239 - BC243
SUMMARY OF MAIN CHANGES FROM THE EXPOSURE DRAFT	BC244

This Basis for Conclusions accompanies, but is not part of, IFRS 13.

Introduction

BC1 This Basis for Conclusions summarises the considerations of the International Accounting Standards Board (IASB) in reaching the conclusions in IFRS 13 *Fair Value Measurement.* It includes the reasons for accepting particular views and rejecting others. Individual IASB members gave greater weight to some factors than to others.

BC2 IFRS 13 is the result of the IASB's discussions about measuring fair value and disclosing information about fair value measurements in accordance with International Financial Reporting Standards (IFRSs), including those held with the US national standard-setter, the Financial Accounting Standards Board (FASB), in their joint project on fair value measurement.

BC3 As a result of those discussions, the FASB amended particular aspects of Topic 820 *Fair Value Measurement* in the *FASB Accounting Standards Codification* ? (which codified FASB Statement of Financial Accounting Standards No. 157 *Fair Value Measurements* (SFAS 157)). The FASB separately developed a Basis for Conclusions summarising its considerations in reaching the conclusions resulting in those amendments.

Overview

BC4 Some IFRSs require or permit entities to measure or disclose the fair value of assets, liabilities or their own equity instruments. Because those IFRSs were developed over many years, the requirements for measuring fair value and for disclosing information about fair value measurements were dispersed and in many cases did not articulate a clear measurement or disclosure objective.

BC5 As a result, some of those IFRSs contained limited guidance about how to measure fair value, whereas others contained extensive guidance and that guidance was not always consistent across those IFRSs that refer to fair value. Inconsistencies in the requirements for measuring fair value and for disclosing information about fair value measurements have contributed to diversity in practice and have reduced the comparability of information reported in financial statements.

BC6 To remedy that situation, the IASB added a project to its agenda with the following objectives:

(a) to establish a single set of requirements for all fair value measurements required or permitted by IFRSs to reduce complexity and improve consistency in their application, thereby enhancing the comparability of information reported in financial statements;

(b) to clarify the definition of fair value and related guidance to communicate the measurement objective more clearly;

(c) to enhance disclosures about fair value measurements that will help users of financial statements assess the valuation techniques and inputs used to develop fair value measurements; and

(d) to increase the convergence of IFRSs and US generally accepted accounting principles (GAAP).

BC7 IFRS 13 is the result of that project. IFRS 13 is a single source of fair value measurement guidance that clarifies the definition of fair value, provides a clear framework for measuring fair value and enhances the disclosures about fair value measurements. It is also the result of the efforts of the IASB and the FASB to ensure that fair value has the same meaning in IFRSs and in US GAAP and that their respective fair value measurement and disclosure requirements are the same (except for minor differences in wording and style; see paragraphs BC237 and BC238 for the differences between IFRS 13 and Topic 820).

BC8 IFRS 13 applies to IFRSs that require or permit fair value measurements or disclosures. It does not introduce new fair value measurements, nor does it eliminate practicability exceptions to fair value measurements (eg the exception in IAS 41 *Agriculture* when an entity is unable to measure reliably the fair value of a biological asset on initial recognition). In other words, IFRS 13 specifies *how* an entity should measure fair value and disclose information about fair value measurements. It does not specify *when* an entity should measure an asset, a liability or its own equity instrument at fair value.

Background

BC9 The IASB and the FASB began developing their fair value measurement standards separately.

BC10 The FASB began working on its fair value measurement project in June 2003. In September 2005, during the FASB's redeliberations on the project, the IASB added to its agenda a project to clarify the meaning of fair value and to provide guidance for its application in IFRSs.

BC11 In September 2006 the FASB issued SFAS 157 (now in Topic 820). Topic 820 defines fair value, establishes a framework for measuring fair value and requires disclosures about fair value measurements.

BC12 In November 2006 as a first step in developing a fair value measurement standard, the IASB published a discussion paper *Fair Value Measurements*. In that discussion paper, the IASB used SFAS 157 as a basis for its preliminary views because of the consistency of SFAS 157 with the existing fair value measurement guidance in IFRSs and the need for increased convergence of IFRSs and US GAAP. The IASB received 136 comment letters in response to that discussion paper. In November 2007 the IASB began its deliberations for the development of the exposure draft *Fair Value Measurement*.

BC13 In May 2009 the IASB published that exposure draft, which proposed a definition of fair value, a framework for measuring fair value and disclosures about fair value measurements. Because the proposals in the exposure draft were developed using the requirements of SFAS 157, there were many similarities between them. However, some of those proposals were different from the requirements of SFAS 157 and many of them used wording that was similar, but not identical, to the wording in SFAS 157. The IASB received 160 comment letters in response to the proposals in the exposure draft. One of the most prevalent comments received was a request for the IASB and the FASB to work together to develop common fair value measurement and disclosure requirements in IFRSs and US GAAP.

BC14 In response to that request, the IASB and the FASB agreed at their joint meeting in October 2009 to work together to develop common requirements. The boards concluded that having common requirements for fair value measurement and disclosure would improve the comparability of financial statements prepared in accordance with IFRSs and US GAAP. In addition, they concluded that having common requirements would reduce diversity in the application of fair value measurement requirements and would simplify financial reporting. To achieve those goals, the boards needed to ensure that fair value had the same meaning in IFRSs and US GAAP and that IFRSs and US GAAP had the same fair value measurement and disclosure requirements (except for minor differences in wording and style). Consequently, the FASB agreed to consider the comments received on the IASB's exposure draft and to propose amendments to US GAAP if necessary.

BC15 The boards began their joint discussions in January 2010. They discussed nearly all the issues together so that each board would benefit from hearing the rationale for the other board's decisions on each issue. They initially focused on the following:

(a) differences between the requirements in Topic 820 and the proposals in the IASB's exposure draft;

(b) comments received on the IASB's exposure draft (including comments received from participants at the IASB's round-table meetings held in November and December 2009); and

(c) feedback received on the implementation of Topic 820 (eg issues discussed by the FASB's Valuation Resource Group).

BC16 In March 2010 the boards completed their initial discussions. As a result of those discussions, in June 2010 the FASB issued a proposed Accounting Standards Update (ASU) *Fair Value Measurements and Disclosures* (*Topic* 820): *Amendments for Common Fair Value Measurement and Disclosure Requirements in U. S. GAAP and IFRSs* and the IASB re-exposed a proposed disclosure of the unobservable inputs used in a fair value measurement (*Measurement Uncertainty Analysis Disclosure for Fair Value Measurements*). The IASB concluded that it was necessary to re-expose that proposal because in their discussions the boards agreed to require a measurement uncertainty analysis disclosure that included the effect of any interrelationships between unobservable inputs (a requirement that was not proposed in the May 2009 exposure draft and was not already required by IFRSs). The IASB received 92 comment letters on the re-exposure document.

BC17 In September 2010, after the end of the comment periods on the IASB's re-exposure document and the FASB's proposed ASU, the boards jointly considered the comments received on those exposure drafts. The boards completed their discussions in March 2011.

BC18 Throughout the process, the IASB considered information from the IFRS Advisory Council, the Analysts' Representative Group and the IASB's Fair Value Expert Advisory Panel (see paragraph BC177) and from other interested parties.

Scope

BC19 The boards separately discussed the scope of their respective fair value measurement standards because of the differences between IFRSs and US GAAP in the measurement bases specified in other standards for both initial recognition and subsequent measurement.

BC20 IFRS 13 applies when another IFRS requires or permits fair value measurements or disclosures about fair value measurements (and measurements, such as fair value less costs to sell, based on fair value or disclosures about those measurements), except in the following circumstances:

(a) The measurement and disclosure requirements of IFRS 13 do not apply to the following:

(i) share-based payment transactions within the scope of IFRS 2 *Share-based Payment*;

(ii) leasing transactions within the scope of IAS 17 *Leases*; and

(iii) measurements that have some similarities to fair value but are not fair value, such as net realisable value in accordance with IAS 2 *Inventories* and value in use in accordance with IAS 36 *Impairment of Assets.*

(b) The disclosures required by IFRS 13 are not required for the following:

(i) plan assets measured at fair value in accordance with IAS 19 *Employee Benefits*;

(ii) retirement benefit plan investments measured at fair value in accordance with IAS 26 *Accounting and Reporting by Retirement Benefit Plans*; and

(iii) assets for which recoverable amount is fair value less costs of disposal in accordance with IAS 36.

BC21 The exposure draft proposed introducing a new measurement basis for IFRS 2, a market-based value. The definition of *market-based value* would have been similar to the exit price definition of fair value except that it would specify that the measurement does not take into account market participant assumptions for vesting conditions and reload features. Respondents pointed out that some items measured at fair value in IFRS 2 were consistent with the proposed definition of fair value, not with the proposed definition of market-based value, and were concerned that there could be unintended consequences of moving forward with a market-based value measurement basis in IFRS 2. The IASB agreed with those comments and concluded that amending IFRS 2 to distinguish between measures that are fair value and those based on fair value would require new measurement guidance for measures based on fair value. The IASB concluded that such guidance might result in unintended changes in practice with regard to measuring share-based payment transactions and decided to exclude IFRS 2 from the scope of IFRS 13.

BC22 The IASB concluded that applying the requirements in IFRS 13 might significantly change the classification of leases and the timing of recognising gains or losses for sale and leaseback transactions. Because there is a project under way to replace IAS 17, the IASB concluded that requiring entities to make potentially significant changes to their accounting systems for the IFRS on fair value measurement and then for the IFRS on lease accounting could be burdensome.

BC23 The exposure draft proposed that the disclosures about fair value measurements would be required for the fair value of plan assets in IAS 19 and the fair value of retirement benefit plan investments in IAS 26. In its project to amend IAS 19 the IASB decided to require an entity to disaggregate the fair value of the plan assets into classes that distinguish the risk and liquidity characteristics of those assets, subdividing each class of debt and equity instruments into those that have a quoted market price in an active market and those that do not. As a result, the IASB decided that an entity does not need to provide the disclosures required by IFRS 13 for the fair value of plan assets or retirement benefit plan investments.

BC24 The exposure draft was not explicit about whether the measurement and disclosure requirements in the exposure draft applied to measurements based on fair value, such as fair value less costs to sell in IFRS 5 *Non-current Assets Held for Sale and Discontinued Operations* or IAS 41. In the boards' discussions, they concluded that the measurement and disclosure requirements should apply to all measurements for which fair value is the underlying measurement basis (except that the disclosure requirements would not apply to assets with a recoverable amount that is fair value less costs of disposal in IAS 36; see paragraphs BC218 – BC221). Consequently, the boards decided to clarify that the measurement and disclosure requirements apply to both fair value measurements and measurements based on fair value. The boards also decided to clarify that the measurement and disclosure requirements do not apply to measurements that have similarities to fair value but are not fair value, such as net realisable value in accordance with IAS 2 or value in use in accordance with IAS 36.

BC25 The boards decided to clarify that the measurement requirements apply when measuring the fair value of an asset or a liability that is not measured at fair value in the statement of financial position but for which the fair value is disclosed (eg for financial instruments subsequently measured at amortised cost in accordance with IFRS 9 *Financial Instruments* or IAS 39 *Financial Instruments: Recognition and Measurement* and for investment property subsequently measured using the cost model in accordance with IAS 40 *Investment Property*).

BC26 The IASB decided that two of the proposals about scope in the exposure draft were not necessary:

(a) The exposure draft proposed excluding financial liabilities with a demand feature in IAS 39 from the scope of an IFRS on fair value measurement. In the light of the comments received, the IASB confirmed its decision when developing IAS 39 that the fair value of financial liabilities with a demand feature cannot be less than the present value of the demand amount (see paragraphs BC101 - BC103) and decided to retain the term *fair value* for such financial liabilities.

(b) The exposure draft proposed replacing the term *fair value* with another term that reflects the measurement objective for reacquired rights in a business combination in IFRS 3 *Business Combinations*. In the redeliberations, the IASB concluded that because IFRS 3 already describes the measurement of reacquired rights as an exception to fair value, it was not necessary to change that wording.

Measurement

Definition of fair value

Clarifying the measurement objective

BC27 IFRS 13 defines fair value as:

> The price that would be received to sell an asset or paid to transfer a liability in an orderly transaction between market participants at the measurement date.

BC28 IFRS 13 also provides a framework that is based on an objective to estimate the price at which an orderly transaction to sell the asset or to transfer the liability would take place between market participants at the measurement date under current market conditions (ie an exit price from the perspective of a market participant that holds the asset or owes the liability at the measurement date).

BC29 That definition of fair value retains the exchange notion contained in the previous definition of fair value in IFRSs:

> The amount for which an asset could be exchanged, or a liability settled, between knowledgeable, willing parties in an arm's length transaction.

BC30 Like the previous definition of fair value, the revised definition assumes a hypothetical and orderly exchange transaction (ie it is not an actual sale or a forced transaction or distress sale). However, the previous definition of fair value:

(a) did not specify whether an entity is buying or selling the asset;

(b) was unclear about what is meant by settling a liability because it did not refer to the creditor, but to knowledgeable, willing parties; and

(c) did not state explicitly whether the exchange or settlement takes place at the measurement date or at some other date.

BC31 The IASB concluded that the revised definition of fair value remedies those deficiencies. It also conveys more clearly that fair value is a market-based measurement, and not an entity-specific measurement, and that fair value reflects current market conditions (which reflect market participants', not the entity's, current expectations about future market conditions).

BC32 In determining how to define fair value in IFRSs, the IASB considered work done in its project to revise IFRS 3. In that project, the IASB considered whether differences between the definitions of fair value in US GAAP (an explicit exit price) and IFRSs (an exchange amount, which might be interpreted in some situations as an entry price) would result in different measurements of assets acquired and liabilities assumed in a business combination. That was a particularly important issue because in many business combinations the assets and liabilities are non-financial.

BC33 The IASB asked valuation experts to take part in a case study involving the valuation of the identifiable assets acquired and liabilities assumed in a sample business combination. The IASB learned that differences between an exit price and an exchange amount (which might be interpreted as an entry price in a business combination) were unlikely to arise, mainly because transaction costs are not a component of fair value in either definition. The IASB observed that although the definitions used different words, they articulated essentially the same concepts.

BC34 However, the valuation experts identified potential differences in particular areas. The valuation experts told the IASB that an exit price for an asset acquired or a liability assumed in a business combination might differ from an exchange amount if:

(a) an entity's intended use for an acquired asset is different from its highest and best use by market participants (ie when the acquired asset provides defensive value); or

(b) a liability is measured on the basis of settling it with the creditor rather than transferring it to a third party and the entity determines that there is a difference between those measurements. Paragraphs BC80 - BC82 discuss perceived differences between the settlement and transfer notions.

BC35 With respect to highest and best use, the IASB understood that the ways of measuring assets on the basis of their defensive value (ie the value associated with improving the prospects of the entity's other assets by preventing the acquired asset from being used by competitors) in accordance with US GAAP at the time IFRS 3 was issued were still developing. As a consequence, the IASB thought it was too early to assess the significance of any differences that might result. With respect to liabilities, it was also not clear at that time whether entities would use different valuation techniques to measure the fair value of liabilities assumed in a business combination. In the development of IFRS 13, the IASB observed the discussions of the FASB's Valuation Resource Group to learn from the implementation of SFAS 157 and Topic 820 in US GAAP.

Fair value as a current exit price

BC36 The definition of fair value in IFRS 13 is a current exit price. That definition in and of itself is not a controversial issue. Many respondents thought the proposal to define fair value as a current, market-based exit price was appropriate because that definition retains the notion of an exchange between unrelated, knowledgeable and willing parties in the previous definition of fair value in IFRSs, but provides a clearer measurement objective. Other respondents thought an entry price would be more appropriate in some situations (eg at initial recognition, such as in a business combination).

BC37 However, the issue of *when* fair value should be used as a measurement basis in IFRSs is controversial. There is disagreement about the following:

(a) which assets and liabilities shouldbe measured at fair value (eg whether fair value should be restricted to assets and liabilities with quoted prices in active markets that the entity intends to sell or transfer in the near term);

(b) when those assets and liabilities should be measured at fair value (eg whether the measurement basis should change when markets have become less active); and

(c) where any changes in fair value should be recognised.

BC38 Although IFRS 13 does not address when fair value should be used as a measurement basis for a particular asset or liability or revisit when fair value has been used in IFRSs, the IASB did consider whether each use of the term *fair value* in IFRSs was consistent with an exit price definition (see paragraphs BC41 – BC45). Furthermore, IFRS 13 will inform the IASB in the future as it considers whether to require fair value as a measurement basis for a particular type of asset or liability.

BC39 The IASB concluded that an exit price of an asset or a liability embodies expectations about the future cash inflows and outflows associated with the asset or liability from the perspective of a market participant that holds the asset or owes the liability at the measurement date. An entity generates cash inflows from an asset by using the asset or by selling it. Even if an entity intends to generate cash inflows from an asset by using it rather than by selling it, an exit price embodies expectations of cash flows arising from the use of the asset by selling it to a market participant that would use it in the same way. That is because a market participant buyer will pay only for the benefits it expects to generate from the use (or sale) of the asset. Thus, the IASB concluded that an exit price is always a relevant definition of fair value for assets, regardless of whether an entity intends to use an asset or sell it.

BC40 Similarly, a liability gives rise to outflows of cash (or other economic resources) as an entity fulfils the obligation over time or when it transfers the obligation to another party. Even if an entity intends to fulfil the obligation over time, an exit price embodies expectations of related cash outflows because a market participant transferee would ultimately be required to fulfil the obligation. Thus, the IASB concluded that an exit price is always a relevant definition of fair value for liabilities, regardless of whether an entity intends to fulfil the liability or transfer it to another party that will fulfil it.

BC41 In developing the revised definition of fair value, the IASB completed a standard-by-standard review of fair value measurements required or permitted in IFRSs to assess whether the IASB or its predecessor intended each use of fair value to be a current exit price measurement basis. If it became evident that a current exit price was not the intention in a particular situation, the IASB would use another measurement basis to describe the objective. The other likely measurement basis candidate was a current entry price. For the standard-by-standard review, the IASB defined current entry price as follows:

> The price that would be paid to buy an asset or received to incur a liability in an orderly transaction between market participants (including the amount imposed on an entity for incurring a liability) at the measurement date.

BC42 That definition of current entry price, like fair value, assumes a hypothetical orderly transaction between market participants at the measurement date. It is not necessarily the same as the price an entity paid to acquire an asset or received to incur a liability, eg if that transaction was not at arm's length. In discussions with interested parties, the IASB found that most people who assert that an asset or a liability should be measured using an entry price measurement basis, rather than an exit price measurement basis, would actually prefer to use the entity's actual transaction price (or cost), not the market-based current entry price defined above. The IASB observed that in some cases there is not an actual transaction price (eg when a group of assets is acquired but the unit of account is an individual asset, or when a biological asset regenerates) and, as a result, an assumed, or hypothetical, price must be used.

BC43 During the standard-by-standard review, the IASB asked various parties to provide information on whether, in practice, they interpreted fair value in a particular context in IFRSs as a current entry price or a current exit price. The IASB used that information in determining whether to define fair value as a current exit price, or to remove the term *fair value* and use the terms *current exit price* and *current entry price* depending on the measurement objective in each IFRS that used the term *fair value*.

BC44 As a result of the standard-by-standard review, the IASB concluded that a current entry price and a current exit price will be equal when they relate to the same asset or liability on the same date in the same form in the same market. Therefore, the IASB considered it unnecessary to make a distinction between a current entry price and a current exit price in IFRSs with a market-based measurement objective (ie fair value), and the IASB decided to retain the term fair value and define it as a current exit price.

BC45 The IASB concluded that some fair value measurement requirements in IFRSs were inconsistent with a current exit price or the requirements for measuring fair value. For those fair value measurements, IFRS 13 excludes the measurement from its scope (see paragraphs BC19 - BC26).

The asset or liability

BC46 IFRS 13 states that a fair value measurement takes into account the characteristics of the asset or liability, eg the condition and location of the asset and restrictions, if any, on its sale or use. Restrictions on the sale or use of an asset affect its fair value if market participants would take the restrictions into account when pricing the asset at the measurement date. That is consistent with the fair value measurement guidance already in IFRSs. For example:

(a) IAS 40 stated that an entity should identify any differences between the property being measured at fair value and similar properties for which observable market prices are available and make the appropriate adjustments; and

(b) IAS 41 referred to measuring the fair value of a biological asset or agricultural produce in its present location and condition.

BC47 The IASB concluded that IFRS 13 should describe how to measure fair value, not what is being measured at fair value. Other IFRSs specify whether a fair value measurement considers an individual asset or liability or a group of assets or liabilities (ie the unit of account). For example:

(a) IAS 36 states that an entity should measure the fair value less costs of disposal for a cash-generating unit when assessing its recoverable amount.

(b) In IAS 39 and IFRS 9 the unit of account is generally an individual financial instrument.

The transaction

BC48 The exposure draft proposed that the transaction to sell an asset or transfer a liability takes place in the most advantageous market to which the entity has access. That was different from the approach in Topic 820, which refers to the principal market for the asset or liability or, in the absence of a principal market, the most advantageous market for the asset or liability. The IASB concluded that in most cases the principal market for an asset or a liability will be the most advantageous market and that an entity need not continuously monitor different markets in order to determine which market is most advantageous at the measurement date. That proposal contained a presumption that the market in which the entity normally enters into transactions for the asset or liability is the most advantageous market and that an entity may assume that the principal market for the asset or liability is the most advantageous market.

BC49 Many respondents agreed with the most advantageous market notion because most entities enter into transactions that maximise the price received to sell an asset or minimise the price paid to transfer a liability. Furthermore, they thought that a most advantageous market notion works best for all assets and liabilities, regardless of the level of activity in a market or whether the market for an asset or a liability is observable.

BC50 However, some respondents were concerned about the difficulty with identifying and selecting the most advantageous market when an asset or a liability is exchanged in multiple markets throughout the world. Other respondents found the guidance confusing because it was not clear whether the most advantageous market must be used or how the market in which the entity normally enters into transactions relates to the principal market or to the most advantageous market. In general, respondents preferred the approach in Topic 820.

BC51 Although the boards think that in most cases the principal market and the most advantageous market would be the same, they concluded that the focus should be on the principal market for the asset or liability and decided to clarify the definition of the principal market.

BC52 Some respondents to the exposure draft stated that the language in US GAAP was unclear about whether the principal market should be determined on the basis of the volume or level of activity *for the asset or liability* or on the volume or level of activity *of the reporting entity's transactions in a particular market.* Consequently, the boards decided to clarify that the principal market is the market for the asset or liability that has the greatest volume or level of activity *for the asset or liability.* Because the principal market is the most liquid market for the asset or liability, that market will provide the most representative input for a fair value measurement. As a result, the boards also decided to specify that a transaction to sell an asset or to transfer a liability takes place in the principal (or most advantageous) market, provided that the entity can access that market on the measurement date.

BC53 In addition, the boards concluded that an entity normally enters into transactions in the principal market for the asset or liability (ie the most liquid market, assuming that the entity can access that market). As a result, the boards decided to specify that an entity can use the price in the market in which it normally enters into transactions, unless there is evidence that the principal market and that market are not the same. Consequently, an entity does not need to perform an exhaustive search for markets that might have more activity for the asset or liability than the market in which that entity normally enters into transactions. Thus, IFRS 13 addresses practical concerns about the costs of searching for the market with the greatest volume or level of activity for the asset or liability.

BC54 The boards also concluded that the determination of the most advantageous market (which is used in the absence of a principal market) for an asset or a liability takes into account both transaction costs and transport costs. However, regardless of whether an entity measures fair value on the basis of the price in the principal market or in the most advantageous market, the fair value measurement takes into account transport costs, but not transaction costs (see paragraphs BC60 – BC62 for a discussion on transport and transaction costs). That is consistent with the proposal in the exposure draft.

Market participants

BC55 IFRS 13 states that a fair value measurement is a market-based measurement, not an entity-specific measurement. Therefore, a fair value measurement uses the assumptions that market participants would use when pricing the asset or liability.

BC56 The previous definition of fair value in IFRSs referred to 'knowledgeable, willing parties in an arm's length transaction'. The IASB concluded that the previous definition expressed the same notion as the definition of fair value in IFRS 13, but that the previous definition was less clear. Thus, IFRS 13 defines market participants as buyers and sellers in the principal (or most advantageous) market for the asset or liability who are independent of each other (ie they are not related parties), knowledgeable about the asset or liability, and able and willing to enter into a transaction for the asset or liability.

Independence

BC57 IFRS 13 states that market participants are independent of each other (ie they are not related parties). That is consistent with the proposal in the exposure draft. Given that proposal, some respondents noted that in some jurisdictions entities often have common ownership (eg state-owned enterprises or entities with cross ownership) and questioned whether transactions observed in those jurisdictions would be permitted as an input into a fair value measurement. The boards decided to clarify that the price in a related party transaction may be used as an input into a fair value measurement if the entity has evidence that the transaction was entered into at market terms. The boards concluded that this is consistent with IAS 24 *Related Party Disclosures*.

Knowledge

BC58 The exposure draft stated that market participants were presumed to be as knowledgeable as the entity about the asset or liability. Some respondents questioned that conclusion because they thought the entity might have access to information that is not available to other market participants (information asymmetry).

BC59 In the IASB's view, if a market participant is willing to enter into a transaction for an asset or a liability, it would undertake efforts, including usual and customary due diligence efforts, necessary to become knowledgeable about the asset or liability and would factor any related risk into the measurement.

The price

BC60 IFRS 13 states that the price used to measure fair value should not be reduced (for an asset) or increased (for a liability) by the costs an entity would incur when selling the asset or transferring the liability (ie transaction costs).

BC61 Some respondents stated that transaction costs are unavoidable when entering into a transaction for an asset or a liability. However, the IASB noted that the costs may differ depending on how a particular entity enters into a transaction. Therefore, the IASB concluded that transaction costs are not a characteristic of an asset or a liability, but a characteristic of the transaction. That decision is consistent with the requirements for measuring fair value already in IFRSs. An entity accounts for those costs in accordance with relevant IFRSs.

BC62 Transaction costs are different from transport costs, which are the costs that would be incurred to transport the asset from its current location to its principal (or most advantageous) market. Unlike transaction costs, which arise from a transaction and do not change the characteristics of the asset or liability, transport costs arise from an event (transport) that does change a characteristic of an asset (its location). IFRS 13 states that if location is a characteristic of an asset, the price in the principal (or most advantageous) market should be adjusted for the costs that would be incurred to transport the asset from its current location to that market. That is consistent with the fair value measurement guidance already in IFRSs. For example, IAS 41 required an entity to deduct transport costs when measuring the fair value of a biological asset or agricultural produce.

Application to non-financial assets

Distinguishing between financial assets, non-financial assets and liabilities

BC63 The exposure draft stated that the concepts of highest and best use and valuation premise would not apply to financial assets or to liabilities.
The IASB reached that conclusion for the following reasons:

(a) Financial assets do not have alternative uses because a financial asset has specific contractual terms and can have a different use only if the characteristics of the financial asset (ie the contractual terms) are changed. However, a change in characteristics causes that particular asset to become a different asset. The objective of a fair value measurement is to measure the asset that exists at the measurement date.

(b) Even though an entity may be able to change the cash flows associated with a liability by relieving itself of the obligation in different ways, the different ways of doing so are not alternative uses. Moreover, although an entity might have entity-specific advantages or disadvantages that enable it to fulfil a liability more or less efficiently than other market participants, those entity-specific factors do not affect fair value.

(c) Those concepts were originally developed within the valuation profession to value non-financial assets, such as land.

BC64 Before the amendments to Topic 820, US GAAP specified that the concepts of highest and best use and valuation premise applied when measuring the fair value of assets, but it did not distinguish between financial assets and non-financial assets.

BC65 The FASB agreed with the IASB that the concepts of highest and best use and valuation premise are relevant when measuring the fair value of non-financial assets, and are not relevant when measuring the fair value of financial assets or the fair value of liabilities. The boards also concluded that those concepts do not apply to an entity's own equity instruments because those arrangements, similar to financial instruments, typically have specific contractual terms. Paragraphs BC108 - BC131 describe the boards' rationale in developing the requirements for measuring the fair value of financial assets and financial liabilities with offsetting positions in market risks and counterparty credit risk.

BC66 Some respondents to the FASB's proposed ASU were concerned that limiting the highest and best use concept to non-financial assets removed the concept of value maximisation by market participants, which they considered fundamental to a fair value measurement for financial assets and financial liabilities.

BC67 The boards decided to clarify that although there are no excess returns available from holding financial assets and financial liabilities within a portfolio (because in an efficient market, the price reflects the benefits that market participants would derive from holding the asset or liability in a diversified portfolio), a fair value measurement assumes that market participants seek to maximise the fair value of a financial or non-financial asset or to minimise the fair value of a financial or non-financial liability by acting in their economic best interest in a transaction to sell the asset or to transfer the liability in the principal (or most advantageous) market for the asset or liability. Such a transaction might involve grouping assets and liabilities in a way in which market participants would enter into a transaction, if the unit of account in other IFRSs does not prohibit that grouping.

Highest and best use

BC68 Highest and best use is a valuation concept used to value many non-financial assets (eg real estate). The highest and best use of a non-financial asset must be physically possible, legally permissible and financially feasible. In developing the proposals in the exposure draft, the IASB concluded that it was necessary to describe those three criteria, noting that US GAAP at the time did not.

BC69 Some respondents asked for further guidance about whether a use that is legally permissible must be legal at the measurement date, or if, for example, future changes in legislation can be taken into account. The IASB concluded that a use of an asset does not need to be legal at the measurement date, but must not be legally prohibited in the jurisdiction (eg if the government of a particular country has prohibited building or development in a protected area, the highest and best use of the land in that area could not be to develop it for industrial use). The illustrative examples that accompany IFRS 13 show how an asset can be zoned for a particular use at the measurement date, but how a fair value measurement can assume a different zoning if market participants would do so (incorporating the cost to convert the asset and obtain that different zoning permission, including the risk that such permission would not be granted).

BC70 IFRS 13 states that fair value takes into account the highest and best use of an asset from the perspective of market participants. That is the case even if an entity acquires an asset but, to protect its competitive position or for other reasons, the entity does not intend to use it actively or does not intend to use the asset in the same way as other market participants (eg if an intangible asset provides defensive value because the acquirer holds the asset to keep it from being used by competitors). When revising IFRS 3 in 2008, the IASB decided that an entity must recognise such an asset at fair value because the intention of IFRS 3 was that assets, both tangible and intangible, should be measured at their fair values regardless of how or whether the acquirer intends to use them (see paragraph BC262 of IFRS 3). IFRS 13 sets out requirements for measuring the fair value of those assets.

BC71 IFRS 13 does not require an entity to perform an exhaustive search for other potential uses of a non-financial asset if there is no evidence to suggest that the current use of an asset is not its highest and best use. The IASB concluded that an entity that seeks to maximise the value of its assets would use those assets at their highest and best use and that it would be necessary for an entity to consider alternative uses of those assets only if there was evidence that the current use of the assets is not their highest and best use (ie an alternative use would maximise their fair value). Furthermore, after discussions with valuation professionals, the IASB concluded that in many cases it would be unlikely for an asset's current use not to be its highest and best use after taking into account the costs to convert the asset to the alternative use.

BC72 When the IASB was developing the proposals in the exposure draft, users of financial statements asked the IASB to consider how to account for assets when their highest and best use within a group of assets is different from their current use by the entity (ie when there is evidence that the current use of the assets is not their highest and best use, and an alternative use would maximise their fair value). For example, the fair value of a factory is linked to the value of the land on which it is situated. The fair value of the factory would be nil if the land has an alternative use that assumes the factory is demolished. The IASB concluded when developing the exposure draft that measuring the factory at nil would not provide useful information when an entity is using that factory in its operations. In particular, users would want to see depreciation on that factory so that they could assess the economic resources consumed in generating cash flows from its operation. Therefore, the exposure draft proposed requiring an entity to separate the fair value of the asset group into its current use and fair value components.

BC73 Respondents found that proposal confusing and thought that calculating two values for a non-financial asset would be costly. As a result, the boards decided that when an entity uses a non-financial asset in a way that differs from its highest and best use (and that asset is measured at fair value), the entity must simply disclose that fact and why the asset is being used in a manner that differs from its highest and best use (see paragraphs BC213 and BC214).

Valuation premise

Terminology

BC74 As an application of the highest and best use concept, the exposure draft identified two valuation premises that may be relevant when measuring the fair value of an asset:

(a) The *in-use valuation premise*, which applies when the highest and best use of an asset is to use it with other assets or with other assets and liabilities as a group. The in-use valuation premise assumes that the exit price would be the price for a sale to a market participant that has, or can obtain, the other assets and liabilities needed to generate cash inflows by using the asset (complementary assets and the associated liabilities).

(b) The *in-exchange valuation premise*, which applies when the highest and best use of an asset is to use it on a stand-alone basis. It assumes that the sale would be to a market participant that uses the asset on a stand-alone basis.

BC75 Many respondents found the terms *in use* and *in exchange* confusing because they thought that the terminology did not accurately reflect the objective of the valuation premise (ie in both cases the asset is being exchanged, and both cases involve an assessment of how the asset will be used by market participants). In addition, some respondents stated that the in-use valuation premise could be confused with the term *value in use*, as defined in IAS 36.

BC76 In response, the boards decided to remove the terms *in use* and *in exchange* and instead describe the objective of the valuation premise: the valuation premise assumes that an asset would be used either (a) in combination with other assets or with other assets and liabilities (formerly referred to as *in use*) or (b) on a stand-alone basis (formerly referred to as *in exchange*). Respondents to the FASB's proposed ASU generally supported that proposal. The boards concluded that the change improves the understandability of the valuation premise concept.

Valuation premise for a single non-financial asset

BC77 IFRS 13 states that the valuation premise assumes that the non-financial asset being measured at fair value is sold on its own (at the unit of account level) and should be measured accordingly, even if transactions in the asset are typically the result of sales of the asset as part of a group of assets or a business. Even when an asset is used in combination with other assets, the exit price for the asset is a price for that asset individually because a fair value measurement assumes that a market participant (buyer) of the asset already holds the complementary assets and the associated liabilities. Because the buyer is assumed to hold the other assets (and liabilities) necessary for the asset to function, that buyer would not be willing to pay more for the asset solely because it was sold as part of a group. That conclusion is consistent with the conclusion reached in IFRS 3 for measuring the fair value of the identifiable assets acquired in a business combination.

Valuation premise for specialised non-financial assets

BC78 Some respondents to the exposure draft expressed concerns about using an exit price notion for specialised non-financial assets that have a significant value when used together with other non-financial assets, for example in a production process, but have little value if sold for scrap to another market participant that does not have the complementary assets. They were concerned that an exit price would be based on that scrap value (particularly given the requirement to maximise the use of observable inputs, such as market prices) and would not reflect the value that an entity expects to generate by using the asset in its operations. However, IFRS 13 clarifies that this is not the case. In such situations, the scrap value for an individual asset would be irrelevant because the valuation premise assumes that the asset would be used in combination with other assets or with other assets and liabilities. Therefore, an exit price reflects the sale of the asset to a market participant that has, or can obtain, the complementary assets and the associated liabilities needed to use the specialised asset in its own operations. In effect, the market participant buyer steps into the shoes of the entity that holds that specialised asset.

BC79 It is unlikely in such a situation that a market price, if available, would capture the value that the specialised asset contributes to the business because the market price would be for an unmodified asset. When a market price does not capture the characteristics of the asset (eg if that price represents the use of the asset on a stand-alone basis, not installed or otherwise configured for use, rather than in combination with other assets, installed and configured for use), that price will not represent fair value. In such a situation, an entity will need to measure fair value using another valuation technique (such as an income approach) or the cost to replace or recreate the asset (such as a cost approach) depending on the circumstances and the information available.

Application to liabilities

General principles

BC80 The exposure draft proposed that a fair value measurement assumes that a liability is transferred to a market participant at the measurement date because the liability that is the subject of the fair value measurement remains outstanding (ie it is owed by the entity and is not settled with the counterparty or otherwise extinguished at the measurement date). Because the liability is assumed to be transferred to a market participant, the liability remains outstanding and the market participant transferee, like the entity, would be required to fulfil it. The same concept applies to an entity's own equity instrument, as discussed in paragraphs BC104 - BC107.

BC81 In many cases, an entity might not intend (or be able) to transfer its liability to a third party. For example, an entity might have advantages relative to the market that would make it more beneficial for the entity to fulfil the liability using its own internal resources or the counterparty might not permit the liability to be transferred to another party. However, the IASB concluded that a fair value measurement provides a market benchmark to use as a basis for assessing an entity's advantages or disadvantages in performance or settlement relative to the market (for both assets and liabilities). Therefore, when a liability is measured at fair value, the relative efficiency of an entity in settling the liability using its own internal resources appears in profit or loss over the course of its settlement, and not before.

BC82 Furthermore, even if an entity is unable to transfer its liability to a third party, the IASB concluded that the transfer notion was necessary in a fair value measurement because that notion captures market participants' expectations about the liquidity, uncertainty and other factors associated with the liability, whereas a settlement notion may not because it may incorporate entity-specific factors. In the IASB's view, the fair value of a liability from the perspective of a market participant that owes the liability is the same regardless of whether it is settled or transferred. That is because:

(a) both a settlement and a transfer of a liability reflect all costs that would be incurred to fulfil the obligation, including the market-based profit an entity and a market participant transferee desire to earn on all their activities.

(b) an entity faces the same risks when fulfilling an obligation that a market participant transferee faces when fulfilling that obligation. Neither the entity nor the market participant transferee has perfect knowledge about the timing and amount of the cash outflows, even for financial liabilities.

(c) a settlement in a fair value measurement does not assume a settlement with the counterparty over time (eg as principal and interest payments become due), but a settlement at the measurement date. Accordingly, the settlement amount in a fair value measurement reflects the present value of the economic benefits (eg payments) the counterparty would have received over time.

As a result, the IASB concluded that similar thought processes are needed to estimate both the amount to settle a liability and the amount to transfer that liability.

BC83 The exposure draft proposed that an entity could estimate the amount at which a liability could be transferred in a transaction between market participants by using the same methodology that would be used to measure the fair value of the liability held by another entity as an asset (ie the fair value of the corresponding asset). If the liability was traded as an asset, the observed price would also represent the fair value of the issuer's liability. If there was no corresponding asset (eg as would be the case with a decommissioning liability), the fair value of the liability could be measured using a valuation technique, such as the present value of the future cash outflows that market participants would expect to incur in fulfilling the obligation.

BC84 That proposal was consistent with the approach in Topic 820 in US GAAP (in August 2009, after the IASB's exposure draft was published, the FASB amended Topic 820 to provide additional guidance about measuring the fair value of liabilities). However, Topic 820 provided more guidance than the IASB's exposure draft, including additional examples for applying that guidance. Because the guidance in Topic 820 was consistent with but not identical to the proposals in the IASB's exposure draft, the boards worked together to develop a combination of the two.

BC85 The boards concluded that the objective of a fair value measurement of a liability when using a valuation technique (ie when there is not an observable market to provide pricing information about the transfer of the liability) is to estimate the price that would be paid to transfer the liability in an orderly transaction between market participants at the measurement date under current market conditions.

BC86 Therefore, the boards decided to describe how an entity should measure the fair value of a liability when there is no observable market to provide pricing information about the transfer of a liability. For example, IFRS 13 states that an entity may measure the fair value of a liability by using a quoted price for an identical or a similar liability held by another party as an asset or by using another valuation technique (such as an income approach).

BC87 The boards clarified that regardless of the approach used, when there is no observable market price for the transfer of a liability and the identical liability is held by another party as an asset, an entity measures the fair value of the liability from the perspective of a market participant that holds the identical liability as an asset at the measurement date. That approach is consistent with the exposure draft and US GAAP.

BC88 Thus, in the boards' view, the fair value of a liability equals the fair value of a properly defined corresponding asset (ie an asset whose features mirror those of the liability), assuming an exit from both positions in the same market. In reaching their decision, the boards considered whether the effects of illiquidity could create a difference between those values. The boards noted that the effects of illiquidity are difficult to differentiate from credit-related effects. The boards concluded that there was no conceptual reason why the liability value would diverge from the corresponding asset value in the same market because the contractual terms are the same, unless the unit of account for the liability is different from the unit of account for the asset or the quoted price for the asset relates to a similar (but not identical) liability held as an asset.

BC89 Furthermore, the boards concluded that in an efficient market, the price of a liability held by another party as an asset must equal the price for the corresponding asset. If those prices differed, the market participant transferee (ie the party taking on the obligation) would be able to earn a profit by financing the purchase of the asset with the proceeds received by taking on the liability. In such cases the price for the liability and the price for the asset would adjust until the arbitrage opportunity was eliminated.

BC90 The exposure draft stated that when using a present value technique to measure the fair value of a liability that is not held by another party as an asset, an entity should include the compensation that a market participant would require for taking on the obligation. Topic 820 contained such a requirement. Respondents asked for clarification on the meaning of compensation that a market participant would require for taking on the obligation. Therefore, the boards decided to provide additional guidance about the compensation that market participants would require, such as the compensation for taking on the responsibility of fulfilling an obligation and for assuming the risk associated with an uncertain obligation (ie the risk that the actual cash outflows might differ from the expected cash outflows). The boards concluded that including this description will improve the application of the requirements for measuring the fair value of liabilities that are not held as assets.

BC91 Some respondents to the FASB's proposed ASU requested clarification about applying risk premiums when measuring the fair value of a liability that is not held by another party as an asset (eg a decommissioning liability assumed in a business combination) when using a present value technique. They noted that the description of present value techniques described adjustments for risk as *additions* to the discount rate, which they agreed was consistent with asset valuation, but not necessarily consistent with liability valuation in the absence of a corresponding asset. The boards reasoned that from a market participant's perspective, compensation for the uncertainty related to a liability results in an increase to the amount that the market participant would expect to receive for assuming the obligation. If that compensation was accounted for in the discount rate, rather than in the cash flows, it would result in a reduction of the discount rate used in the fair value measurement of the liability. Therefore, the boards concluded that, all else being equal, the risk associated with an asset decreases the fair value of that asset, whereas the risk associated with a liability increases the fair value of that liability. However, the boards decided not to prescribe how an entity would adjust for the risk inherent in an asset or a liability, but to state that the objective is to ensure that the fair value measurement takes that risk into account. That can be done by adjusting the cash flows or the discount rate or by adding a risk adjustment to the present value of the expected cash flows (which is another way of adjusting the cash flows).

Non-performance risk

BC92 IFRS 13 states that a fair value measurement assumes that the fair value of a liability reflects the effect of non-performance risk, which is the risk that an entity will not fulfil an obligation. Non-performance risk includes, but is not limited to, an entity's own credit risk (credit standing). That is consistent with the fair value measurement guidance already in IFRSs. For example, IAS 39 and IFRS 9 referred to making adjustments for credit risk if market participants would reflect that risk when pricing a financial instrument. However, there was inconsistent application of that principle because:

(a) IAS 39 and IFRS 9 refer to credit risk generally and do not specifically refer to the reporting entity's *own* credit risk; and

(b) there were different interpretations about how an entity's own credit risk should be reflected in the fair value of a liability using the settlement notion in the previous definition of fair value because it is unlikely that the counterparty would accept a different amount as settlement of the obligation if the entity's credit standing changed.

BC93 As a result, some entities took into account changes in their own credit risk when measuring the fair value of their liabilities, whereas other entities did not. Consequently, the IASB decided to clarify in IFRS 13 that the fair value of a liability includes an entity's own credit risk.

BC94 In a fair value measurement, the non-performance risk related to a liability is the same before and after its transfer. Although the IASB acknowledges that such an assumption is unlikely to be realistic for an actual transaction (because in most cases the reporting entity transferor and the market participant transferee are unlikely to have the same credit standing), the IASB concluded that such an assumption was necessary when measuring fair value for the following reasons:

(a) A market participant taking on the obligation would not enter into a transaction that changes the non-performance risk associated with the liability without reflecting that change in the price (eg a creditor would not generally permit a debtor to transfer its obligation to another party of lower credit standing, nor would a transferee of higher credit standing be willing to assume the obligation using the same terms negotiated by the transferor if those terms reflect the transferor's lower credit standing).

(b) Without specifying the credit standing of the entity taking on the obligation, there could be fundamentally different fair values for a liability depending on an entity's assumptions about the characteristics of the market participant transferee.

(c) Those who might hold the entity's obligations as assets would consider the effect of the entity's credit risk and other risk factors when pricing those assets (see paragraphs BC83 – BC89).

The FASB reached the same conclusions when developing SFAS 157 and ASU No. 2009-05 *Fair Value Measurements and Disclosures* (*Topic* 820): *Measuring Liabilities at Fair Value.*

BC95 Few respondents questioned the usefulness of reflecting non-performance risk in the fair value measurement of a liability at initial recognition. However, many questioned the usefulness of doing so after initial recognition, because they reasoned that it would lead to counter-intuitive and potentially confusing reporting (ie gains for credit deterioration and losses for credit improvements). The IASB understands that these concerns are strongly held, but concluded that addressing them was beyond the scope of the fair value measurement project. The purpose of that project was to define fair value, not to determine when to use fair value or how to present changes in fair value. A measurement that does not consider the effect of an entity's non-performance risk is not a fair value measurement. The IASB addressed those concerns in developing IFRS 9 (issued in October 2010).

Liabilities issued with third-party credit enhancements

BC96 IFRS 13 includes requirements for measuring the fair value of a liability issued with an inseparable third-party credit enhancement from the issuer's perspective. Those requirements are consistent with Topic 820.

BC97 A credit enhancement (also referred to as a guarantee) may be purchased by an issuer that combines it with a liability, such as debt, and then issues the combined security to an investor. For example, debt may be issued with a financial guarantee from a third party that guarantees the issuer's payment obligations. Generally, if the issuer of the liability fails to meet its payment obligations to the investor, the guarantor has an obligation to make the payments on the issuer's behalf and the issuer has an obligation to the guarantor. By issuing debt combined with a credit enhancement, the issuer is able to market its debt more easily and can either reduce the interest rate paid to the investor or receive higher proceeds when the debt is issued.

BC98 The boards concluded that the measurement of a liability should follow the unit of account of the liability for financial reporting purposes. When the unit of account for such liabilities is the obligation without the credit enhancement, the fair value of the liability from the issuer's perspective will not equal its fair value as a guaranteed liability held by another party as an asset. Therefore, the fair value of the guaranteed liability held by another party as an asset would need to be adjusted because any payments made by the guarantor in accordance with the guarantee result in a transfer of the issuer's debt obligation from the investor to the guarantor. The issuer's resulting debt obligation to the guarantor has not been guaranteed. Consequently, the boards decided that if the third-party credit enhancement is accounted for separately from the liability, the fair value of that obligation takes into account the credit standing of the issuer and not the credit standing of the guarantor.

Restrictions preventing transfer

BC99 A restriction on an entity's ability to transfer its liability to another party is a function of the requirement to fulfil the obligation and the effect of such a restriction normally is already reflected in the price. As a result, IFRS 13 states that the fair value of a liability should not be adjusted further for the effect of a restriction on its transfer if that restriction is already included in the other inputs to the fair value measurement. However, if an entity is aware that a restriction on transfer is not already reflected in the price (or in the other inputs used in the measurement), the entity would adjust those inputs to reflect the existence of the restriction.

BC100 The boards concluded that there are two fundamental differences between the fair value measurement of an asset and the fair value measurement of a liability that justify different treatments for asset restrictions and liability restrictions. First, restrictions on the transfer of a liability relate to the performance of the obligation (ie the entity is legally obliged to satisfy the obligation and needs to do something to be relieved of the obligation), whereas restrictions on the transfer of an asset relate to the marketability of the asset. Second, nearly all liabilities include a restriction preventing the transfer of the liability, whereas most assets do not include a similar restriction. As a result, the effect of a restriction preventing the transfer of a liability, theoretically, would be consistent for all liabilities and, therefore, would require no additional adjustment beyond the factors considered in determining the original transaction price. The inclusion of a restriction preventing the sale of an asset typically results in a lower fair value for the restricted asset than for the non-restricted asset, all other factors being equal.

Measurement of financial liabilities with a demand feature

BC101 In developing IFRS 13, the IASB confirmed its decision in developing IAS 39 that the fair value of a financial liability with a demand feature cannot be less than the amount payable on demand, discounted from the first date that the amount could be required to be repaid.

BCZ102 Some comments received on the exposure draft published in 2002 preceding IAS 39 requested clarification of how to measure the fair value of financial liabilities with a demand feature (eg demand deposits) when the fair value measurement option is applied or the liability is otherwise measured at fair value. In other words, could the fair value be less than the amount payable on demand, discounted from the first date that an amount could be required to be paid (the demand amount), such as the amount of the deposit discounted for the period that the entity expects the deposit to be outstanding? Some commentators believed that the fair value of financial liabilities with a demand feature is less than the demand amount, for reasons that include the consistency of such measurement with how those financial liabilities are treated for risk management purposes.

BCZ103 In developing IAS 39 the IASB agreed that this issue should be clarified. It confirmed that the fair value of a financial liability with a demand feature is not less than the amount payable on demand, discounted from the first date that the amount could be required to be paid (this is now in paragraph 47 of IFRS 13). That conclusion is the same as in the original IAS 32 *Financial Instruments: Disclosure and Presentation* (issued by the IASB's predecessor body, IASC, in 1995), which is now IAS 32 *Financial Instruments: Presentation.* The IASB noted that in many cases, the market price observed for such financial liabilities is the price at which they are originated between the customer and the deposit-taker—ie the demand amount. It also noted that recognising a financial liability with a demand feature at less than the demand amount would give rise to an immediate gain on the origination of such a deposit, which the IASB believes is inappropriate.

Application to an entity's own equity instruments

BC104 The exposure draft and Topic 820 stated that although the definition of fair value refers to assets and liabilities, it also should be applied to an instrument measured at fair value that is classified in an entity's own shareholders' equity. Respondents to the discussion paper asked for explicit guidance for measuring the fair value of such instruments because Topic 820 did not contain explicit guidance. Consequently, the boards decided to describe how an entity should measure the fair value of its own equity instruments (eg when an acquirer issues equity in consideration for an acquiree in a business combination).

BC105 The exposure draft proposed requiring an entity to measure the fair value of its own equity instruments from the perspective of a market participant that holds the instrument as an asset. That was because the issuer of an equity instrument can exit from that instrument only if the instrument ceases to exist or if the entity repurchases the instrument from the holder. The FASB agreed with that conclusion.

BC106 The boards also noted that some instruments may be classified as liabilities or equity, depending on the characteristics of the transaction and the characteristics of the instrument. Examples of such instruments include contingent consideration issued in a business combination in accordance with IFRS 3 and equity warrants issued by an entity in accordance with IAS 39 or IFRS 9. The boards concluded that the requirements for measuring the fair value of an entity's own equity instruments should be consistent with the requirements for measuring the fair value of liabilities. Consequently, the boards decided to clarify that the accounting classification of an instrument should not affect that instrument's fair value measurement.

BC107 The boards decided to clarify that the objective of a fair value measurement for liabilities and an entity's own equity instruments should be an exit price from the perspective of a market participant that holds the instrument as an asset at the measurement date if there is a corresponding asset, regardless of whether there is an observable market for the instrument as an asset. That decision is consistent with the boards' decisions about the requirements for measuring the fair value of a liability.

Application to financial assets and financial liabilities with offsetting positions in market risks or counterparty credit risk

BC108 An entity that holds a group of financial assets and financial liabilities is exposed to market risks (ie interest rate risk, currency risk or other price risk) and to the credit risk of each of the counterparties. Financial institutions and similar entities that hold financial assets and financial liabilities often manage those instruments on the basis of the entity's net exposure to a particular market risk (or risks) or to the credit risk of a particular counterparty.

BC109 The previous requirements in IFRSs and US GAAP for measuring the fair value of financial assets and financial liabilities that are managed in this way were expressed differently. Therefore, the boards concluded that it is important that IFRSs and US GAAP express the requirements for measuring the fair value of those financial instruments in the same way.

BC110 When applying IFRSs, entities applied IFRS 9 or IAS 39, which permitted an entity to take into account the effects of offsetting positions in the same market risk (or risks) when measuring the fair value of a financial asset or financial liability. Many entities were using the same approach for offsetting positions in the credit risk of a particular counterparty by analogy.

BC111 When applying US GAAP, many entities applied the in-use valuation premise when measuring the fair value of such financial assets and financial liabilities. In other words, an entity would take into account how the fair value of each financial asset or financial liability might be affected by the combination of that asset or liability with other financial assets or financial liabilities held by the entity. Other entities applied the in-exchange valuation premise to the entity's net risk exposure and assumed that the transaction took place for the net position, not for the individual assets and liabilities making up that position. Those differing applications of the valuation premise arose because Topic 820 did not specify the valuation premise for financial assets.

BC112 In developing the exposure draft, the IASB concluded that the fair value of a financial asset reflects any benefits that market participants would derive from holding that asset within a diversified portfolio. An entity derives no incremental value from holding a financial asset within a portfolio. Furthermore, the IASB noted that the valuation premise related only to assets, not to liabilities, and as such could not be applied to portfolios of financial instruments that include financial liabilities. Therefore, the exposure draft proposed that the in-exchange valuation premise must be used to measure the fair value of a financial asset. The IASB also proposed an amendment to IAS 39 making it explicit that the unit of account for financial instruments is the individual financial instrument at all levels of the fair value hierarchy (Level 1, 2 or 3).

BC113 The boards understand that although the approaches used to measure the fair value of financial assets and financial liabilities were expressed differently in IFRSs and US GAAP, they resulted in similar fair value measurement conclusions in many cases. However, the FASB was aware that before the amendments Topic 820 was sometimes interpreted more broadly than the FASB intended, such as when an entity used the in-use valuation premise to measure the fair value of a group of financial assets when the entity did not have offsetting positions in a particular market risk (or risks) or counterparty credit risk. That interpretation led the IASB to propose requiring the in-exchange valuation premise for financial assets in its exposure draft.

BC114 The IASB's proposal to require the fair value of a financial asset to be measured using the in-exchange valuation premise was one of the more controversial proposals in the exposure draft. That proposal, combined with a proposed amendment to IAS 39 about the unit of account for financial instruments, led respondents to believe that the fair value of financial assets cannot reflect the fact that those assets are held within a portfolio, even when an entity manages its financial instruments on the basis of the entity's net exposure, rather than its gross exposure, to market risks and credit risk.

BC115 Respondents were concerned that the proposal in the exposure draft would separate the valuation of financial instruments for financial reporting from the entity's internal risk management practices. In addition, they were concerned about the systems changes that would be necessary to effect a change in practice. To preserve the relationship between financial reporting and risk management, some respondents asked whether they would be able to apply the bid-ask spread guidance to each of the individual instruments so that the sum of the fair values of the individual instruments equals the value of the net position.

BC116 Other respondents suggested that the IASB should continue to allow the practice that has developed using paragraph AG72 of IAS 39, which stated:

> When an entity has assets and liabilities with offsetting market risks, it may use mid-market prices as a basis for establishing fair values for the offsetting risk positions and apply the bid or asking price to the net open position as appropriate.

BC117 The previous requirements in IFRSs and US GAAP did not clearly specify the relationship between the fair value measurement of financial instruments and how an entity manages its net risk exposure. For example, Topic 820, IAS 39 and IFRS 9 did not explicitly address how the following meet the objective of a fair value measurement for financial instruments:

(a) Entities typically do not manage their exposure to market risks and credit risk by *selling* a financial asset or transferring a financial liability (eg by unwinding a transaction). Instead, they manage their risk exposure by entering into a transaction for another financial instrument (or instruments) that would result in an offsetting position in the same risk. The resulting measurement represents the fair value of the net risk exposure, not the fair value of an individual financial instrument. The sum of the fair values of the individual instruments is not equal to the fair value of the net risk exposure.

(b) An entity's net risk exposure is a function of the other financial instruments held by the entity and of the entity's risk preferences (both of which are entity-specific decisions and, thus, do not form part of a fair value measurement). Market participants may hold different groups of financial instruments or may have different risk preferences, and it is those factors that are taken into account when measuring fair value. However, the boards understand that market participants holding that particular group of financial instruments and with those particular risk preferences would be likely to price those financial instruments similarly (ie using similar valuation techniques and similar market data). As a result, the market participants' measurement of those financial instruments within that particular group is a market-based measurement, and a measurement using an entity's risk preferences would not be a fair value measurement, but an entity-specific measurement.

BC118 Consequently, the boards decided to permit an exception to the requirements in IFRS 13 and Topic 820 for measuring fair value when an entity manages its financial assets and financial liabilities on the basis of the entity's net exposure to market risks or to the credit risk of a particular counterparty. Respondents to the FASB's proposed ASU generally supported that proposal and stated that it was consistent with current practice for measuring the fair value of such financial assets and financial liabilities.

BC119 That exception permits an entity to measure the fair value of a group of financial assets and financial liabilities on the basis of the price that would be received to sell a net long position (ie asset) for a particular risk exposure or to transfer a net short position (ie liability) for a particular risk exposure in an orderly transaction between market participants at the measurement date under current market conditions, subject to specific requirements.

Evidence of managing financial instruments on the basis of the net risk exposure

BC120 IFRS 13 states that to use the exception, an entity must provide evidence that it consistently manages its financial instruments on the basis of its net exposure to market risks or credit risk. In addition, the entity must be required (or must have elected, for example, in accordance with the fair value option) to measure the financial instruments at fair value on a recurring basis. The boards concluded that if an entity does not manage its risk exposure on a net basis and does not manage its financial instruments on a fair value basis, the entity should not be permitted to measure the fair value of its financial instruments on the basis of the entity's net risk exposure.

BC121 The boards decided to require an entity to provide evidence that it manages its net risk exposure consistently from period to period. The boards decided this because an entity that can provide evidence that it manages its financial instruments on the basis of its net risk exposure would do so consistently for a particular portfolio from period to period, and not on a net basis for that portfolio in some periods and on a gross basis in other periods. Some respondents to the FASB's proposed ASU found that requirement limiting because they noted that the composition of a portfolio changes continually as the entity rebalances the portfolio and changes its risk exposure preferences over time. Although the entity does not need to maintain a static portfolio, the boards decided to clarify that the entity must make an accounting policy decision (in accordance with IAS 8 *Accounting Policies, Changes in Accounting Estimates and Errors*) to use the exception described in paragraphs BC118 and BC119. The boards also decided that the accounting policy decision could be changed if the entity's risk exposure preferences change. In that case the entity can decide not to use the exception but instead to measure the fair value of its financial instruments on an individual instrument basis. However, if the entity continues to value a portfolio using the exception, it must do so consistently from period to period.

Exposure to market risks

BC122 The boards decided that an entity could apply the bid-ask spread guidance to the entity's net position in a particular market risk (rather than to each individual financial instrument included in that position) only if the market risks that are being offset are substantially the same. Some respondents to the FASB's proposed ASU asked for additional guidance on what is meant by *substantially the same* given the different instruments and types of instruments that might make up a portfolio. In addition, they were concerned that the proposed requirement that the market risks be substantially the same meant that there could be no basis risk in the portfolio or, conversely, that the basis risk would not be reflected in the fair value measurement.

BC123 Consequently, the boards decided to include additional guidance for determining whether market risks are substantially the same. The boards held discussions with several financial institutions that manage their financial assets and financial liabilities on the basis of their net exposure to market risks. From those discussions, the boards concluded that when measuring fair value on the basis of an entity's net exposure to market risks, the entity should not combine a financial asset that exposes it to a particular market risk with a financial liability that exposes it to a different market risk that does not mitigate either of the market risk exposures that the entity faces. The boards also concluded that it is not necessary that the grouping of particular financial assets and financial liabilities results in an entity having no basis risk because the fair value measurement would take into account any basis risk. Furthermore, on the basis of their discussions with financial institutions, the boards concluded that an entity should not combine a financial asset that exposes it to a particular market risk over a particular duration with a financial liability that exposes it to substantially the same market risk over a different duration without taking into account the fact that the entity is fully exposed to that market risk over the time period for which the market risks are not offset. If there is a time period in which a market risk is not offset, the entity may measure its net exposure to that market risk over the time period in which the market risk is offset and must measure its gross exposure to that market risk for the remaining time period (ie the time period in which the market risk is not offset).

Exposure to the credit risk of a particular counterparty

BC124 Because the bid-ask spread (which is the basis for making adjustments for an entity's exposure to market risk to arrive at the fair value of the net position) does not include adjustments for counterparty credit risk (see paragraph BC164), the boards decided to specify that an entity may take into account its net exposure to the credit risk of a particular counterparty when applying the exception.

BC125 The boards decided that when measuring fair value, an entity may consider its net exposure to credit risk when it has entered into an arrangement with a counterparty that mitigates its credit risk exposure in the event of default (eg a master netting agreement). On the basis of their discussions with financial institutions the boards concluded that a fair value measurement reflects market participants' expectations about the likelihood that such an arrangement would be legally enforceable.

BC126 Some respondents to the FASB's proposed ASU asked whether the existence of a master netting agreement was necessary or whether other credit mitigating arrangements could be taken into account in the fair value measurement. The boards decided to clarify that in a fair value measurement, an entity must take into account other arrangements that mitigate credit risk, such as an agreement that requires the exchange of collateral on the basis of each party's net exposure to the credit risk of the other party, if market participants would expect such arrangements to be legally enforceable in the event of default.

BC127 The boards acknowledged that the group of financial assets and financial liabilities for which an entity manages its net exposure to a particular market risk (or risks) could differ from the group of financial assets and financial liabilities for which an entity manages its net exposure to the credit risk of a particular counterparty because it is unlikely that all contracts would be with the same counterparty.

Relationship between measurement and presentation

BC128 In some cases the basis for the presentation of financial instruments in the statement of financial position differs from the basis for the measurement of those financial instruments. For example, that would be the case if an IFRS does not require or permit financial instruments to be presented on a net basis. The FASB's proposed ASU stated that the exception would not apply to financial statement presentation (ie an entity must comply with the financial statement presentation requirements specified in other standards).

BC129 The boards discussed the different approaches to measurement and presentation, particularly in the light of their currently differing requirements for offsetting financial assets and financial liabilities. In IAS 32 an entity may not use net presentation unless specific criteria are met, whereas in US GAAP many entities are able to use net presentation in their financial statements. However, the criteria for net presentation in US GAAP relate to credit risk, not to market risks. As a result, the presentation and measurement bases are different when an entity applies bid-ask adjustments on a net basis but is required to present fair value information on a gross basis (although generally the financial instruments with bid-ask adjustments would qualify for net presentation in US GAAP because of the existence of master netting agreements and other credit risk mitigating arrangements).

BC130 The boards concluded that a relationship between presentation and measurement is not necessary and that adjustments for market risks or credit risk (ie portfolio-level adjustments) are a matter of measurement rather than presentation. They reasoned that fair value measurements are meant to reflect (a) the risk exposure faced by the entity and (b) how that risk exposure would be priced by market participants (which is one reason the boards decided to permit the exception; see paragraph BC117). When pricing financial instruments, a market participant would take into account the other instruments it holds to the extent that those instruments reduce or enhance its overall risk exposure. That is a consequence of requiring or permitting financial instruments to be measured at fair value. The boards' considerations for requiring net or gross presentation of financial instruments are different from those for requiring net or gross measurement.

BC131 Some respondents asked for additional guidance for allocating the bid-ask and credit adjustments to the individual assets and liabilities that make up the group of financial assets and financial liabilities. Although any allocation method is inherently subjective, the boards concluded that a quantitative allocation would be appropriate if it was reasonable and consistently applied. Therefore, the boards decided not to require a particular method of allocation.

Fair value at initial recognition

BC132 The exposure draft proposed guidance for measuring fair value at initial recognition, using both observable and unobservable inputs (as appropriate). The exposure draft also proposed a list of indicators specifying when the transaction price might not be the best evidence of the fair value of an asset or a liability at initial recognition.

BC133 Respondents generally agreed with the list of indicators, but thought that the wording used implied that those were the only indicators, rather than examples of indicators. They suggested that the IFRS on fair value measurement should use the wording in US GAAP. The boards agreed with respondents that the list of indicators was not exhaustive and decided to use the wording in Topic 820.

BC134 Some respondents suggested that market inactivity should be included in the list of indicators. The boards concluded that market inactivity is not an indicator that the transaction price may not represent fair value, but an indicator that the entity should do further work to determine whether the transaction price represents fair value.

BC135 The exposure draft did not address the recognition of a day 1 gain or loss but stated that an entity would recognise such gains or losses unless another IFRS specifies otherwise. For example, IAS 39 and IFRS 9 state that an entity cannot recognise a day 1 gain or loss for a financial instrument unless its fair value is evidenced by a quoted price in an active market for an identical asset or liability or based on a valuation technique that uses only data from observable markets. In contrast, IFRS 3 and IAS 41 require the recognition of day 1 gains or losses even when fair value is measured using unobservable inputs.

BC136 The IASB concluded that fair value should be measured at initial recognition without regard to whether it would result in a gain or loss at initial recognition of the asset or liability. Respondents' views ranged from the view that the transaction price is the best evidence of fair value at initial recognition unless the fair value is measured using only observable inputs (the approach in IAS 39 and IFRS 9) to the view that the transaction price might sometimes, but not always, represent fair value at initial recognition, and that the degree of observability of inputs is not always the best indicator of whether this is the case (the approach in US GAAP).

BC137 Many respondents suggested that IFRSs and US GAAP should have the same requirements for recognising gains or losses at initial recognition. The boards concluded that determining whether to recognise a day 1 gain or loss was beyond the scope of the fair value measurement project. The boards noted that the measurement basis at initial recognition of financial instruments in IFRSs and US GAAP is not always the same, and so the boards could not address comparability at this time. As a result, the boards decided that an entity would refer to relevant IFRSs for the asset or liability when determining whether to recognise those amounts. The boards concluded that if the relevant IFRS does not specify whether and, if so, where to recognise those amounts, the entity should recognise them in profit or loss.

BC138 Although the IASB did not change the recognition threshold, it amended IAS 39 and IFRS 9 to clarify that the fair value of financial instruments at initial recognition should be measured in accordance with IFRS 13 and that any deferred amounts arising from the application of the recognition threshold in IAS 39 and IFRS 9 are separate from the fair value measurement. In other words, the recognition threshold in IAS 39 and IFRS 9 is not a constraint when measuring fair value. Rather, it determines whether (and when) the resulting difference (if any) between fair value at initial recognition and the transaction price is recognised.

Valuation techniques

BC139 When measuring fair value, the objective of using a valuation technique is to estimate the price at which an orderly transaction would take place between market participants at the measurement date under current market conditions.

BC140 To meet that objective, the exposure draft proposed that valuation techniques used to measure fair value should be consistent with the market approach, income approach or cost approach. Such valuation techniques are consistent with those already described in IFRSs and with valuation practice.

BC141 Respondents generally agreed with the descriptions of the three valuation techniques. Some respondents questioned whether a cost approach is consistent with an exit price definition of fair value because they think that the cost to replace an asset is more consistent with an entry price than an exit price. The IASB noted that an entity's cost to replace an asset would equal the amount that a market participant buyer of that asset (that would use it similarly) would pay to acquire it (ie the entry price and the exit price would be equal in the same market). Thus, the IASB concluded that the cost approach is consistent with an exit price definition of fair value.

Single versus multiple valuation techniques

BC142 IFRS 13 does not contain a hierarchy of valuation techniques because particular valuation techniques might be more appropriate in some circumstances than in others. The IASB concluded that determining the appropriateness of valuation techniques in the circumstances requires judgement and noted that Topic 820 and the fair value measurement guidance already in IFRSs do not contain a hierarchy of valuation techniques. For example, IAS 41 acknowledged that in some cases the various approaches used by an entity might suggest different fair value conclusions for a biological asset or agricultural produce, but that the entity should consider the reasons for the differences to arrive at a fair value within a reasonable range.

Valuation adjustments

BC143 Some respondents asked for more explicit requirements about applying valuation adjustments (including risk adjustments related to the uncertainty inherent in the inputs used in a fair value measurement; see paragraphs BC149 and BC150). They found the descriptions of valuation adjustments in the IASB's Fair Value Expert Advisory Panel's October 2008 report *Measuring and disclosing the fair value of financial instruments in markets that are no longer active* helpful (see paragraph BC177). In addition, regulators asked the IASB to address measurement uncertainty to ensure that fair value measurements are not overstated or understated in the statement of financial position, thus improving the quality of information available to users of financial statements.

BC144 Although the exposure draft was not explicit with respect to valuation adjustments, it stated that an entity must use the assumptions that market participants would use in pricing the asset or liability, including assumptions about the risk inherent in a particular valuation technique or in the inputs to the valuation technique. That implicitly included measurement uncertainty.

BC145 The boards noted that entities found the IASB's Fair Value Expert Advisory Panel's report helpful when measuring the fair value of financial instruments during a period of market inactivity. As a result, the boards decided to describe the valuation adjustments that entities might need to make when using a valuation technique because market participants would make those adjustments when pricing a financial asset or financial liability under the market conditions at the measurement date, including adjustments for measurement uncertainty. Those valuation adjustments include the following:

(a) an adjustment to a valuation technique to take into account a characteristic of an asset or a liability that is not captured by the valuation technique (the need for such an adjustment is typically identified during calibration of the value calculated using the valuation technique with observable market information).

(b) applying the point within the bid-ask spread that is most representative of fair value in the circumstances.

(c) an adjustment to take into account non-performance risk (eg an entity's own credit risk or the credit risk of the counterparty to a transaction).

(d) an adjustment to take into account measurement uncertainty (eg when there has been a significant decrease in the volume or level of activity when compared with normal market activity for the asset or liability, or similar assets or liabilities, and the entity has determined that the transaction price or quoted price does not represent fair value).

BC146 The boards decided that it would be appropriate to apply such valuation adjustments if those adjustments are consistent with the objective of a fair value measurement. Valuation adjustments may help avoid an understatement or overstatement of a fair value measurement and should be applied when a valuation technique or the inputs to a valuation technique do not capture factors that market participants would take into account when pricing an asset or a liability at the measurement date, including assumptions about risk.

Consistency constraint

BC147 IFRS 13 emphasises the need for consistency in the valuation technique or techniques used to measure fair value. It does not preclude a change in valuation technique, provided that the change results in a measurement that is equally or more representative of fair value in the circumstances. The exposure draft proposed requiring an entity to disclose the effect of a change in valuation technique on a fair value measurement (similar to the disclosures required by IAS 8 for a change in valuation technique). Respondents did not support that proposal because they thought it would be difficult to determine whether a change in fair value was attributable to a change in the valuation technique used or attributable to changes in other factors (such as changes in the observability of the inputs used in the measurement).

BC148 The IASB agreed with those respondents and decided that in the absence of an error (eg in the selection or application of a particular valuation technique), revisions resulting from a change in the valuation technique or its application should be accounted for as a change in accounting estimate in accordance with IAS 8. The IASB concluded that disclosing the effect of a change in valuation technique on the fair value measurement or requiring the disclosures in IAS 8 for a change in accounting estimate would not be cost-beneficial.

Inputs to valuation techniques

Assumptions about risk

BC149 In IFRS 13 inputs refer broadly to the assumptions that market participants would use when pricing the asset or liability, including assumptions about risk. The IASB decided that a necessary input to a valuation technique is an adjustment for risk because market participants would make such an adjustment when pricing an asset or a liability. Therefore, including an adjustment for risk ensures that the measurement reflects an exit price for the asset or liability, ie the price that would be received in an orderly transaction to sell an asset or paid in an orderly transaction to transfer the liability at the measurement date under current market conditions.

BC150 The IASB accepted that it might be difficult for an entity to quantify a risk adjustment in some cases, but concluded that this difficulty does not justify the exclusion of this input if market participants would take it into account. The exposure draft focused on the need to adjust for the risk inherent in a particular valuation technique used to measure fair value, such as a pricing model (model risk) and the risk inherent in the inputs to the valuation technique (input risk). That proposal was consistent with US GAAP.

Observable and unobservable inputs

BC151 IFRS 13 distinguishes between observable inputs and unobservable inputs, and requires an entity to maximise the use of relevant observable inputs and minimise the use of unobservable inputs (consistently with the fair value measurement guidance that was already in IFRSs). Respondents to the exposure draft expressed concerns about being required to use observable inputs during the global financial crisis that started in 2007 when the available observable inputs were not representative of the asset or liability being measured at fair value. Given that feedback, the IASB wanted to ensure that observability was not the only criterion applied when selecting the inputs to a valuation technique. Consequently, IFRS 13 focuses on *relevant* observable inputs because the IASB noted that in some cases the available observable inputs will require an entity to make significant adjustments to them given the characteristics of the asset or liability and the circumstances at the measurement date (eg market conditions).

Application of premiums and discounts in a fair value measurement

BC152 The exposure draft proposed an amendment to IAS 39 making it explicit that the unit of account for a financial instrument is the individual financial instrument at all levels of the fair value hierarchy. That proposal in effect would have prohibited the application of premiums and discounts related to the size of an entity's holding in a fair value measurement categorised within any level of the fair value hierarchy for financial instruments within the scope of IAS 39. The IASB proposed that amendment for the following reasons:

(a) The unit of account for a financial instrument should not depend on an instrument's categorisation within the fair value hierarchy.

(b) Market participants will enter into a transaction to sell a financial instrument that maximises the fair value of an asset or minimises the fair value of a liability. An entity's decision to sell at a less advantageous price because it sells an entire holding rather than each instrument individually is a factor specific to that reporting entity.

BC153 Before the amendments to Topic 820, US GAAP generally prohibited any adjustment to a quoted price in an active market for an identical asset or liability for a fair value measurement categorised within Level 1 of the fair value hierarchy (including either a blockage factor, which was described as an adjustment to a quoted price for an asset or a liability when the normal daily trading volume for the asset or liability is not sufficient to absorb the quantity held and therefore placing orders to sell the asset or liability in a single transaction might affect the quoted price, or any other premium or discount). However, Topic 820 did not specify whether a blockage factor (or another premium or discount, such as a control premium or a non-controlling interest discount) should be applied in a fair value measurement categorised within Level 2 or Level 3 of the fair value hierarchy if market participants would take it into account when pricing the asset or liability.

BC154 Respondents interpreted the proposal in the exposure draft as being consistent with Topic 820 for fair value measurements categorised within Level 1 of the fair value hierarchy, but they thought it was inconsistent with Topic 820 for fair value measurements categorised within Level 2 and Level 3. For example, some respondents thought that the IASB intended to prohibit the application of any premiums or discounts (such as a control premium) for fair value measurements categorised within Level 2 and Level 3 of the fair value hierarchy even when market participants would take into account a premium or discount when pricing the asset or liability for a particular unit of account.

BC155 Some respondents supported the proposal for fair value measurements categorised within Level 1 of the fair value hierarchy even though, in their view, entities do not typically exit a position on an individual instrument basis (eg by entering into a transaction to sell a single share of equity). Those respondents understood the boards' concerns about verifiability within Level 1. Other respondents stated that the fair value measurement should reflect the fair value of the entity's *holding*, not of each individual instrument within that holding (ie they did not agree that the unit of account for a financial instrument should be a single instrument). Those respondents maintained that the principle should be that the unit of account reflects how market participants would enter into a transaction for the asset or liability. They asserted that market participants would not (and often cannot) sell individual items. The FASB received similar comments when developing SFAS 157. The boards concluded that such concerns were outside the scope of the fair value measurement project because the project addressed *how* to measure fair value and not *what* is measured at fair value.

BC156 In addition, the comments received on the exposure draft indicated that respondents had different interpretations of the term *blockage factor*. Many respondents interpreted a blockage factor as any adjustment made because of the size of an asset or a liability. In the boards' view, there is a difference between size being a characteristic of the asset or liability and size being a characteristic of the entity's holding. Accordingly, the boards clarified that a blockage factor encompasses the latter and is not relevant in a fair value measurement because a fair value measurement reflects the value of the asset or liability to a market participant for a particular unit of account and is not necessarily representative of the value of the entity's entire holding.

BC157 Given the description of a blockage factor, the boards concluded that an entity's decision to realise a blockage factor is specific to that entity, not to the asset or liability. In many cases the unit of account for a financial instrument for financial reporting is the individual financial instrument. In such cases the size of an entity's holding is not relevant in a fair value measurement. An entity would realise a blockage factor when that entity decides to enter into a transaction to sell a block consisting of a large number of identical assets or liabilities. Therefore, blockage factors are conceptually similar to transaction costs in that they will differ depending on how an entity enters into a transaction for an asset or a liability. The boards concluded that if an entity decides to enter into a transaction to sell a block, the consequences of that decision should be recognised when the decision is carried out regardless of the level of the fair value hierarchy in which the fair value measurement is categorised.

BC158 Therefore, the boards decided to clarify that the application of premiums and discounts in a fair value measurement is related to the characteristics of the asset or liability being measured at fair value and its unit of account. IFRS 13 specifies that when a Level 1 input is not available, a fair value measurement should incorporate premiums or discounts if market participants would take them into account in a transaction for the asset or liability. Paragraph BC168 describes the IASB's rationale for requiring an entity to use Level 1 inputs without adjustment whenever available. However, the boards decided to clarify that the application of premiums or discounts must be consistent with the unit of account in the IFRS that requires or permits the fair value measurement.

BC159 The boards decided not to provide detailed descriptions of premiums and discounts or to provide detailed guidance about their application in a fair value measurement. They reasoned that such descriptions and guidance would be too prescriptive because the application of premiums and discounts in a fair value measurement depends on the facts and circumstances at the measurement date. In the boards' view, different facts and circumstances might lead to particular premiums or discounts being relevant for some assets and liabilities but not for others (eg in different jurisdictions). Furthermore, the boards did not intend to preclude the use of particular premiums or discounts, except for blockage factors.

Inputs based on bid and ask prices

BC160 In some situations, inputs might be determined on the basis of bid and ask prices, eg an input from a dealer market, in which the bid price represents the price the dealer is willing to pay and the ask price represents the price at which the dealer is willing to sell. IAS 39 required the use of bid prices for asset positions and ask prices for liability positions. IAS 36 and IAS 38 *Intangible Assets* had similar requirements.

BC161 The exposure draft proposed that a fair value measurement should use the price within the bid-ask spread that is most representative of fair value in the circumstances. Furthermore, the exposure draft stated that the bid-ask spread guidance applied at all levels of the fair value hierarchy, when bid and ask prices are relevant (see paragraph BC165), and did not preclude the use of mid-market pricing or other pricing conventions that are used by market participants as a practical expedient.

BC162 Many respondents supported the proposal because in their experience different market participants enter into transactions at different prices within a bid-ask spread. Some respondents preferred a single bid-ask spread pricing method, as described in IAS 39, because it would maximise the consistency and comparability of fair value measurements using bid and ask prices.

BC163 The IASB observed that, in many situations, bid and ask prices establish the boundaries within which market participants would negotiate the price in the exchange for the asset or liability. Having clarified the fair value measurement objective, the IASB concluded that an entity should use judgement in meeting that objective. Accordingly, IFRS 13 states that a fair value measurement should use the price within the bid-ask spread that is most representative of fair value in the circumstances, and that the use of bid prices for asset positions and ask prices for liability positions is permitted but is not required.

BC164 IAS 39 stated that the *bid-ask spread* includes only transaction costs. In IAS 39 other adjustments to arrive at fair value (eg for counterparty credit risk) were not included in the term *bid-ask spread*. Some respondents asked whether the proposed bid-ask guidance reflected that view. Although the boards decided not to specify what, if anything, is in a bid-ask spread besides transaction costs, in the boards' view the bid-ask spread does not include adjustments for counterparty credit risk (see paragraphs BC124 - BC127 for a discussion on adjustments for counterparty credit risk when measuring fair value). Therefore, an entity will need to make an assessment of what is in the bid-ask spread for an asset or a liability when determining the point within the bid-ask spread that is most representative of fair value in the circumstances.

BC165 Some respondents noted that there could be a difference between entry prices and exit prices when entities enter into transactions at different points within the bid-ask spread. For example, an entity might buy an asset at the ask price (entry price) and measure fair value using the bid price (exit price). The boards concluded that bid-ask spreads are only relevant for financial instruments and in markets in which an intermediary (eg a broker) is necessary to bring together a buyer and a seller to engage in a transaction (ie when the buyer and seller need an intermediary to find one another). When measuring the fair value of a non-financial asset or non-financial liability, the notion of a bid-ask spread will not be relevant because the buyers and sellers in the principal (or most advantageous) market have already found one another and are assumed to have negotiated the transaction price (ie fair value).

Fair value hierarchy

BC166 IFRS 13 uses a three-level fair value hierarchy, as follows:

(a) Level 1 comprises unadjusted quoted prices in active markets for identical assets and liabilities.

(b) Level 2 comprises other observable inputs not included within Level 1 of the fair value hierarchy.

(c) Level 3 comprises unobservable inputs (including the entity's own data, which are adjusted if necessary to reflect the assumptions market participants would use in the circumstances).

BC167 The IASB noted that many IFRSs already contained an implicit fair value hierarchy by referring to observable market transactions or measuring fair value using a valuation technique. For example, the following three-level measurement hierarchy was implicit in IAS 39 and IFRS 9:

(a) financial instruments quoted in an active market;

(b) financial instruments whose fair value is evidenced by comparison with other observable current market transactions in the same instrument (ie without modification or repackaging) or based on a valuation technique whose variables include only data from observable markets; and

(c) financial instruments whose fair value is determined in whole or in part using a valuation technique based on assumptions that are not supported by prices from observable current market transactions in the same instrument (ie without modification or repackaging) and not based on available observable market data.

Level 1 inputs

BC168 Level 1 inputs are unadjusted quoted prices in active markets for identical assets and liabilities. The IASB concluded that those prices generally provide the most reliable evidence of fair value and should be used to measure fair value whenever available.

BC169 IFRS 13 defines an active market as a market in which transactions for the asset or liability take place with sufficient frequency and volume to provide pricing information on an ongoing basis. The IASB concluded that although different words are used, that definition is consistent with the definitions of an active market already in IFRSs:

(a) IASs 36, 38 and 41 stated that an active market is one in which '(i) the items traded in the market are homogeneous; (ii) willing buyers and sellers can normally be found at any time; and (iii) prices are available to the public.'

(b) IAS 39 and IFRS 9 stated that an active market is one in which 'quoted prices are readily and regularly available from an exchange, dealer, broker, industry group, pricing service or regulatory agency, and those prices represent actual and regularly occurring market transactions on an arm's length basis.'

BC170 IFRS 13 states that when an entity holds a large number of similar assets and liabilities that are required to be measured at fair value and a quoted price in an active market is not readily accessible for each of those assets and liabilities, the entity can use an alternative pricing method that does not rely exclusively on quoted prices as a practical expedient (although the resulting fair value measurement is a lower level measurement). For example, an entity might hold a large number of similar debt instruments (such as sovereign debt securities) and use matrix pricing, which does not rely exclusively on quoted prices, to measure the fair value of those instruments. In such a situation, although a Level 1 input is used to measure fair value, the fair value measurement would not be categorised within Level 1 of the fair value hierarchy. That is a departure from the principle that a fair value measurement should maximise the use of relevant observable inputs. However, the IASB regards this particular practical expedient as justified on cost-benefit grounds.

Level 2 inputs

BC171 Level 2 inputs are all inputs other than quoted prices included in Level 1 that are observable (either directly or indirectly) for the asset or liability. The IASB concluded that it is appropriate to include in Level 2 market-corroborated inputs that might not be directly observable, but are based on or supported by observable market data, because such inputs are less subjective than unobservable inputs classified within Level 3.

Level 3 inputs

BC172 Level 3 inputs are unobservable inputs for the asset or liability.

BC173 Some respondents stated that it would be misleading to describe a measurement using significant unobservable inputs as a fair value measurement. They also expressed concerns that unobservable inputs may include entity-specific factors that market participants would not consider. Therefore, they suggested that the IASB should use a different label for measurements that use significant unobservable inputs. However, the IASB concluded that it would be more helpful to users of financial statements to use the label *fair value* for all three levels of the hierarchy described in the exposure draft, for the following reasons:

(a) The proposed definition of fair value identifies a clear objective for valuation techniques and the inputs to them: consider all factors that market participants would consider and exclude all factors that market participants would exclude. An alternative label for Level 3 measurements would be unlikely to identify such a clear objective.

(b) The distinction between Levels 2 and 3 is inevitably subjective. It is undesirable to adopt different measurement objectives on either side of such a subjective boundary.

Rather than requiring a different label for measurements derived using significant unobservable inputs, the IASB concluded that concerns about the subjectivity of those measurements are best addressed by requiring enhanced disclosure for those measurements (see paragraphs BC187 – BC210).

BC174 The IASB accepts that the starting point for Level 3 inputs might be estimates developed by the entity. However, the entity must adjust those inputs if reasonably available information indicates that other market participants would use different data when pricing the asset or liability or there is something particular to the entity that is not available to other market participants (eg an entity-specific synergy).

BC175 Some respondents expressed concerns that an entity would be compelled by its auditors or regulators to undertake exhaustive efforts to obtain information about the assumptions that market participants would use when pricing the asset or liability. Furthermore, they were concerned that their judgement would be questioned when asserting the absence of contrary data. IFRS 13 states that such exhaustive efforts would not be necessary. However, when information about market participant assumptions is reasonably available, an entity cannot ignore it.

Measuring fair value when the volume or level of activity for an asset or a liability has significantly decreased

BC176 The global financial crisis that started in 2007 emphasised the importance of having common fair value measurement requirements in IFRSs and US GAAP, particularly for measuring fair value when the market activity for an asset or a liability declines. As a result, and consistently with the recommendations of the Group of Twenty (G20) Leaders, the Financial Stability Board and the IASB's and FASB's Financial Crisis Advisory Group, the IASB and the FASB worked together to develop common requirements for measuring the fair value of assets and liabilities when markets are no longer active.

BC177 In May 2008 the IASB set up a Fair Value Expert Advisory Panel in response to recommendations made by the Financial Stability Forum (now the Financial Stability Board) to address the measurement and disclosure of financial instruments when markets are no longer active. The Panel's discussions were observed by FASB staff. In October 2008 the IASB staff published a staff report on the Panel's discussions.

BC178 Also in response to the global financial crisis, in April 2009 the FASB issued FASB Staff Position (FSP) No. FAS 157-4 *Determining Fair Value When the Volume and Level of Activity for the Asset or Liability Have Significantly Decreased and Identifying Transactions That Are Not Orderly*. That FSP was codified in Topic 820 and provides guidance for:

(a) measuring fair value when the volume or level of activity for the asset or liability has significantly decreased; and

(b) identifying circumstances that indicate a transaction is not orderly.

BC179 IASB published a Request for Views that asked respondents whether they believed that the guidance in that FSP was consistent with the Panel's report. The IASB also asked members of the Fair Value Expert Advisory Panel the same question. The IASB received 69 responses to the Request for Views. The respondents to the Request for Views and the members of the Fair Value Expert Advisory Panel indicated that the FSP was consistent with the Panel's report. As a result, the IASB included the guidance from FSP FAS 157-4 in the exposure draft.

BC180 Respondents to the exposure draft generally agreed with the proposed guidance and found it consistent with the concepts in the IASB's Fair Value Expert Advisory Panel's report and in US GAAP. However, some respondents noted that the words used in the exposure draft were different from those used in US GAAP and wondered whether the requirements were meant to be different. The boards acknowledged those concerns and decided to align the wording. In addition, the boards decided to clarify that the requirements pertain to when there has been a significant decline in the volume or level of activity for the asset or liability, not to assets and liabilities for which there is typically no observable market.

BC181 Furthermore, the boards concluded that when applying IFRS 13 and Topic 820 an entity should focus on whether an observed transaction price is the result of an orderly transaction, not only on the level of activity in a market, because even in a market with little activity, transactions can be orderly. Accordingly, the boards concluded that an entity should consider observable transaction prices unless there is evidence that the transaction is not orderly. If an entity does not have sufficient information to determine whether a transaction is orderly, it performs further analysis to measure fair value.

BC182 Also as a result of the global financial crisis, there was a particularly urgent need to improve transparency of fair value measurements for financial instruments. To address that need, the IASB amended IFRS 7 *Financial Instruments: Disclosures* in March 2009. The amended disclosures about fair value measurements have been relocated to IFRS 13.

Disclosure

BC183 The disclosures about fair value measurements in IFRSs vary, although many require, at a minimum, information about the methods and significant assumptions used in the measurement, and whether fair value was measured using observable prices from recent market transactions for the same or a similar asset or liability.

BC184 The IASB decided that having established a framework for measuring fair value, it should also enhance and harmonise the disclosures about fair value measurements. The IASB decided to limit the disclosures to fair values measured in the statement of financial position after initial recognition, whether those measurements are made on a recurring or non-recurring basis, because other IFRSs address the disclosure of fair values at initial recognition (eg IFRS 3 requires disclosure of the measurement of assets acquired and liabilities assumed in a business combination).

BC185 The objective of the disclosures in IFRS 13 is to provide users of financial statements with information about the valuation techniques and inputs used to develop fair value measurements and how fair value measurements using significant unobservable inputs affected profit or loss or other comprehensive income for the period. To meet those objectives, the disclosure framework (a) combines the disclosures currently required by IFRSs and US GAAP and (b) provides additional disclosures that users of financial statements suggested would be helpful in their analyses. In developing the disclosures, the IASB used information received from users and preparers of financial statements and the IASB's Fair Value Expert Advisory Panel.

Distinguishing between recurring and non-recurring fair value measurements

BC186 The disclosures in US GAAP differentiate fair value measurements that are recurring from those that are non-recurring. The exposure draft did not propose differentiating recurring from non-recurring fair value measurements and required the same information about all fair value measurements. However, users of financial statements asked the IASB to include the same principles for disclosing information about fair value measurements in IFRSs that are in US GAAP. As a result, the boards decided to differentiate the two types of fair value measurements and to describe their differences.

Information about fair value measurements categorised within Level 3 of the fair value hierarchy

BC187 The boards received requests from users of financial statements for more information about fair value measurements categorised within Level 3 of the fair value hierarchy. The following sections describe the boards' response to those requests.

Quantitative information

BC188 The exposure draft proposed requiring an entity to disclose the methods and inputs used in a fair value measurement, including the information used to develop those inputs. That proposal was developed using feedback from users of financial statements and the IASB's Fair Value Expert Advisory Panel. Although the proposal was not explicit, the IASB intended that the information about the inputs used in the measurement would be quantitative.

BC189 Before the amendments to Topic 820, US GAAP required an entity to provide a description of the inputs used when measuring the fair value of an asset or a liability that is categorised within Level 2 or Level 3 of the fair value hierarchy. Topic 820 was not explicit about whether that description needed to include quantitative information.

BC190 Users of financial statements asked the boards to clarify that entities must provide quantitative information about the inputs used in a fair value measurement, particularly information about unobservable inputs used in a measurement categorised within Level 3 of the fair value hierarchy. When limited or no information is publicly available, disclosures about such information help users to understand the measurement uncertainty inherent in the fair value measurement.

BC191 Therefore, the boards decided to clarify that an entity should disclose *quantitative* information about the significant unobservable inputs used in a fair value measurement categorised within Level 3 of the fair value hierarchy.

BC192 Some respondents to the FASB's proposed ASU questioned the usefulness of quantitative information about the unobservable inputs used in a fair value measurement because of the level of aggregation required in those disclosures. The boards noted that the objective of the disclosure is not to enable users of financial statements to replicate the entity's pricing models, but to provide enough information for users to assess whether the entity's views about individual inputs differed from their own and, if so, to decide how to incorporate the entity's fair value measurement in their decisions. The boards concluded that the information required by the disclosure will facilitate comparison of the inputs used over time, providing users with information about changes in management's views about particular unobservable inputs and about changes in the market for the assets and liabilities within a particular class. In addition, that disclosure might facilitate comparison between entities with similar assets and liabilities categorised within Level 3 of the fair value hierarchy.

BC193 IFRS 13 and Topic 820 state that an entity should determine appropriate classes of assets and liabilities on the basis of the nature, characteristics and risks of the assets and liabilities, noting that further disaggregation might be required for fair value measurements categorised within Level 3 of the fair value hierarchy. Consequently, the boards concluded that the meaningfulness of the disclosure of quantitative information used in Level 3 fair value measurements will depend on an entity's determination of its asset and liability classes.

BC194 Some respondents to the IASB's re-exposure document and the FASB's proposed ASU suggested requiring quantitative information about the unobservable inputs used in fair value measurements categorised within Level 2 of the fair value hierarchy because determining whether to categorise fair value measurements within Level 2 or Level 3 can be subjective. The boards concluded that for a fair value measurement to be categorised within Level 2 of the fair value hierarchy, the unobservable inputs used, if any, must not be significant to the measurement in its entirety. As a result, the boards decided that quantitative information about unobservable inputs would be of limited use for those measurements.

BC195 In addition, the boards understand that fair value is sometimes measured on the basis of prices in prior transactions (eg adjustments to the last round of financing for a venture capital investment) or third-party pricing information (eg broker quotes). Such measurements might be categorised within Level 3 of the fair value hierarchy. In such cases, the boards concluded that an entity should be required to disclose how it has measured the fair value of the asset or liability, but that it should not need to create quantitative information (eg an implied market multiple or future cash flows) to comply with the disclosure requirement if quantitative information other than the prior transaction price or third-party pricing information is not used when measuring fair value. However, the boards concluded that when using a prior transaction price or third-party pricing information, an entity cannot ignore other quantitative information that is reasonably available. If there was an adjustment to the price in a prior transaction or third-party pricing information that is significant to the fair value measurement in its entirety, that adjustment would be an unobservable input about which the entity would disclose quantitative information even if the entity does not disclose the unobservable information used when pricing the prior transaction or developing the third-party pricing information.

Level 3 reconciliation for recurring fair value measurements

BC196 The exposure draft proposed requiring an entity to provide a reconciliation from the opening balances to the closing balances of fair value measurements categorised within Level 3 of the fair value hierarchy. IFRS 7 required such a disclosure for financial instruments after it was amended in March 2009 to introduce a three-level fair value hierarchy, and to require more detailed information about fair value measurements categorised within Level 3 of the fair value hierarchy. In addition, many IFRSs already required a similar reconciliation for all fair value measurements, not only for those that are categorised within Level 3 of the fair value hierarchy.

BC197 Some respondents agreed with the proposed reconciliation disclosure because they thought it would help meet the objective to provide meaningful information to users of financial statements about the relative subjectivity of fair value measurements. Other respondents thought that the disclosure requirement would be onerous and did not believe that the benefits would outweigh the costs, particularly for non-financial assets and liabilities. The IASB received similar feedback on the proposed amendments to IFRS 7. However, users of financial statements told the IASB that the disclosures made in accordance with US GAAP and IFRS 7 were helpful, particularly in the light of the global financial crisis that started in 2007. They indicated that the disclosures allowed them to make more informed judgements and to segregate the effects of fair value measurements that are inherently subjective, thereby enhancing their ability to assess the quality of an entity's reported earnings. Consequently, the IASB decided to require an entity to provide such a reconciliation.

BC198 The exposure draft and IFRS 7 did not distinguish between *realised* and *unrealised* gains or losses. That was because those documents referred to *gains or losses attributable to assets and liabilities held at the end of the reporting period*, which the IASB meant to be equivalent to *unrealised* gains or losses (ie realised gains or losses result from the sale, disposal or settlement of an asset or a liability, and therefore the asset or liability is no longer held by the entity at the reporting date, whereas unrealised gains or losses relate to changes in the fair value of an asset or a liability that is held by the entity at the reporting date). Respondents to the exposure draft wondered whether the different terminology used in the exposure draft and in Topic 820 meant that the disclosure proposed for IFRSs would be different from the disclosure required by US GAAP. To ensure that there would be no differences in interpretation of the requirements in IFRSs and US GAAP, the IASB decided to use the terms *realised* and *unrealised* in the reconciliation disclosure.

BC199 The IASB concluded that the disclosure should focus on recurring fair value measurements because it would be difficult to reconcile the opening balances to the closing balances for non-recurring fair value measurements when the carrying amount of an asset or a liability is not determined on the basis of fair value at each reporting period. For example, it would be difficult to reconcile changes in fair value when an asset held for sale is recognised at its carrying amount in accordance with IFRS 5 in one period and at fair value less costs to sell in the next period. The information gained from requiring a reconciliation of changes in fair value from one period to the next is not available when requiring changes resulting from the use of different measurement bases from one period to the next.

Valuation processes

BC200 The boards decided to require an entity to disclose the valuation processes used for fair value measurements categorised within Level 3 of the fair value hierarchy (including, for example, how an entity decides its valuation policies and procedures and analyses changes in fair value measurements from period to period). They made that decision because users of financial statements told the boards that information about an entity's valuation processes helps them assess the relative subjectivity of the entity's fair value measurements, particularly for those categorised within Level 3 of the fair value hierarchy.

BC201 In addition, the requirements in IFRS 13 are consistent with the conclusions of the IASB's Fair Value Expert Advisory Panel as described in its report in October 2008.

Sensitivity to changes in unobservable inputs

BC202 The exposure draft proposed requiring a quantitative sensitivity analysis for fair value measurements categorised within Level 3 of the fair value hierarchy. That proposal was taken from the requirement in IFRS 7 to disclose a sensitivity analysis if changing any of the unobservable inputs used in the measurement to reasonably possible alternative assumptions would change the fair value significantly. Although in IFRS 7 that disclosure was required for financial assets and financial liabilities measured at fair value, under the proposal it would have been required for all assets and liabilities measured at fair value.

BC203 In August 2009 the FASB proposed a similar disclosure requirement in its proposed ASU *Fair Value Measurements and Disclosures (Topic 820): Improving Disclosures about Fair Value Measurements*, although that proposal would have required an entity to take into account the effect of interrelationships between inputs. Very few respondents to that proposed ASU supported the proposed disclosure, stating that it would not provide useful information and would be costly and operationally challenging. However, users were supportive of the proposed disclosure. The FASB decided to defer the consideration of a sensitivity analysis disclosure requirement to the joint fair value measurement project.

BC204 In the boards' discussions about that sensitivity analysis disclosure, they considered whether the IASB's proposed disclosure and that in IFRS 7 would be improved if the boards required an entity to include the effect of interrelationships between unobservable inputs, thereby showing a range of fair values (exit prices) that reasonably could have been measured in the circumstances as of the measurement date. Because that refinement of the disclosure was not included in the IASB's May 2009 exposure draft and was not required by IFRS 7, the IASB needed to expose the proposal to require the sensitivity analysis including the effect of interrelationships between unobservable inputs. That disclosure was referred to in the IASB's re-exposure document and the FASB's proposed ASU in June 2010 as a *measurement uncertainty analysis disclosure*.

BC205 Respondents to the FASB's proposed ASU and the IASB's re-exposure document were concerned about whether the proposal would be operational (those comments were consistent with those received on the FASB's proposed ASU in August 2009). Although that proposal was in response to requests from users of financial statements to require additional information about the measurement uncertainty inherent in fair value measurements (particularly those categorised within Level 3 of the fair value hierarchy) , the responses from preparers of financial statements indicated that the costs associated with preparing such a disclosure would outweigh the benefits to users once the information had been aggregated by class of asset or liability. As an alternative to the proposal, those respondents suggested that the boards should require a qualitative assessment of the subjectivity of fair value measurements categorised within Level 3 of the fair value hierarchy, as well as an alternative quantitative approach that would be less costly to prepare (see paragraphs BC188 - BC195).

BC206 Therefore, the boards decided to require an entity to provide a narrative description, by class of asset or liability, of the sensitivity of a recurring fair value measurement categorised within Level 3 of the fair value hierarchy to changes in the unobservable inputs used in the measurement if a change in those inputs to a different amount would result in a significantly higher or lower fair value measurement. If there are interrelationships between those inputs and other unobservable inputs, the boards decided to require an entity to provide a description of those interrelationships and of how they might magnify or mitigate the effect of changes in the unobservable inputs on the fair value measurement. The boards concluded that such information would provide users of financial statements with information about how the selection of unobservable inputs affects the valuation of a particular class of assets or liabilities. The boards expect that the narrative description will focus on the unobservable inputs for which quantitative information is disclosed because those are the unobservable inputs that the entity has determined are most significant to the fair value measurement. They will continue to assess whether a quantitative measurement uncertainty analysis disclosure would be practical after issuing IFRS 13, with the aim of reaching a conclusion about whether to require such a disclosure at a later date.

BC207 The boards concluded that a narrative description about sensitivity provides users of financial statements with information about the directional effect of a change in a significant unobservable input on a fair value measurement. That disclosure, coupled with quantitative information about the inputs used in fair value measurements categorised within Level 3 of the fair value hierarchy, provides information for users to assess whether the entity's views about individual inputs differed from their own and, if so, to decide how to incorporate the entity's fair value measurement in their decisions. In addition, that disclosure provides information about the pricing model for those users who are not familiar with the valuation of a particular class of assets or liabilities (eg complex financial instruments).

BC208 In addition to the narrative sensitivity analysis disclosure, IFRS 13 requires a quantitative sensitivity analysis for financial instruments that are measured at fair value and categorised within Level 3 of the fair value hierarchy (ie the disclosure that was previously in IFRS 7). The IASB decided to move that requirement from IFRS 7 to IFRS 13 so that all the fair value measurement disclosure requirements in IFRSs are in a single location. When developing IFRS 7, the IASB concluded that information about the sensitivities of fair value measurements to the main valuation assumptions would provide users of financial statements with a sense of the potential variability of the measurement. In forming that conclusion, the IASB considered the view that disclosure of sensitivities could be difficult, particularly when there are many assumptions to which the disclosure would apply and those assumptions are interdependent. However, the IASB noted that a detailed quantitative disclosure of sensitivity to all assumptions is not required (only those that could result in a significantly different estimate of fair value are required) and that the disclosure does not require the entity to reflect interdependencies between assumptions when making the disclosure.

BC209 The boards concluded that the objective of the narrative and quantitative sensitivity analysis disclosures about fair value are different from the objectives of other disclosures that an entity may be required to make in IFRSs and US GAAP, such as the market risk sensitivity analysis disclosure required by IFRS 7 (see paragraph 40 of IFRS 7). The IASB concluded that even though there is some overlap in those disclosures, the objective of each disclosure is different: the market risk sensitivity analysis disclosure in IFRS 7 provides information about an entity's exposure to future changes in market risks (ie currency risk, interest rate risk and other price risk), whereas the fair value measurement disclosures provide information about the sensitivity of the fair value measurement at the measurement date to changes in unobservable inputs for those fair value measurements with the greatest level of subjectivity (ie fair value measurements categorised within Level 3 of the fair value hierarchy). In addition, the market risk sensitivity analysis disclosure in IFRS 7 relates only to financial instruments (as does the quantitative sensitivity analysis disclosure in IFRS 13), whereas the narrative sensitivity analysis disclosure in IFRS 13 relates to all assets and liabilities measured at fair value.

BC210 The IASB identified the following differences between the market risk and fair value sensitivity analysis disclosures:

(a) The market risk disclosure is not specific to financial instruments measured at fair value, but also relates to financial instruments measured at amortised cost.

(b) The market risk disclosure focuses on the effect on profit or loss and equity, not specifically on the change in value.

(c) The market risk disclosure focuses only on the entity's exposure to market risks (ie interest rate risk, currency risk or other price risk), whereas the fair value disclosures take into account the effect on a fair value measurement of changes in significant unobservable inputs.

(d) The market risk disclosure does not distinguish between observable and unobservable inputs (or level in the fair value hierarchy, ie Level 1, 2 or 3), whereas the fair value disclosures relate only to the unobservable inputs used in fair value measurements categorised within Level 3 of the fair value hierarchy.

Transfers between Levels 1 and 2 of the fair value hierarchy

BC211 The exposure draft proposed requiring an entity to disclose the amounts of *significant* transfers into or out of Level 1 and Level 2 of the fair value hierarchy and the reasons for those transfers. That disclosure was also required in Topic 820. In their discussions, the boards decided instead to require a disclosure of *any* transfers into or out of Levels 1 and 2. Respondents to the FASB's proposed ASU generally did not support that proposal because it would require an entity to monitor all transfers on a daily basis, regardless of whether those transfers were significant. In addition, respondents were concerned about the accuracy of information about all transfers because there can be an unclear distinction between less active Level 1 fair value measurements and more active Level 2 fair value measurements.

BC212 The boards concluded that the objective of the disclosure is to provide information that will help users of financial statements assess changes in market and trading activity (the entity's or others') so that users can (a) incorporate into their analyses the entity's future liquidity risk and (b) analyse the entity's exposure to the relative subjectivity of its fair value measurements. In the boards' view, the only way to provide that information, and to reduce the subjectivity involved in preparing the information, is to require information about *all* transfers between Level 1 and Level 2 of the fair value hierarchy.

When an entity uses a non-financial asset in a way that differs from its highest and best use

BC213 The boards decided to require an entity to disclose information about when it uses a non-financial asset in a way that differs from its highest and best use (when that asset is measured at fair value in the statement of financial position or when its fair value is disclosed). The boards concluded that such a disclosure provides useful information for users of financial statements that rely on fair value information when forecasting future cash flows, whether that fair value information is presented in the statement of financial position or is disclosed in the notes. Users told the boards that they would need to know how non-financial assets are being used and how that use fits with an entity's strategic and operating plans.

BC214 The boards considered whether to limit the disclosure to some non-financial assets and not others. The boards concluded that because the measurement and disclosure requirements are principle-based, those requirements should not need to be amended in the future if the boards should decide to use fair value as the measurement basis for particular assets or liabilities. Therefore, the disclosure is required for any non-financial asset measured at fair value that an entity uses in a way that differs from its highest and best use.

The categorisation within the level of the fair value hierarchy for items that are not measured at fair value in the statement of financial position

BC215 IFRS 7 requires an entity to disclose the fair value of financial instruments even if they are not measured at fair value in the statement of financial position. An example is a financial instrument that is measured at amortised cost in the statement of financial position.

BC216 The boards decided to require an entity to disclose the level of the fair value hierarchy in which an asset or a liability (financial or non-financial) would be categorised if that asset or liability had been measured at fair value in the statement of financial position. The boards concluded that such a disclosure would provide meaningful information about the relative subjectivity of that fair value measurement.

BC217 Respondents to the IASB's exposure draft and the FASB's proposed ASU were concerned about the cost associated with preparing that disclosure because it is not always clear in which level a fair value measurement would be categorised. The boards concluded that even if determining the level in which to categorise a fair value measurement requires judgement, the benefits of doing so outweigh the costs. Therefore, the boards decided to require an entity to disclose the level of the fair value hierarchy in which an asset or a liability would be categorised if that asset or liability had been measured at fair value in the statement of financial position.

Assets with a recoverable amount that is fair value less costs of disposal

BC218 Because IAS 36 requires disclosures that are specific to impaired assets, the exposure draft did not propose requiring the disclosures about fair value measurements for assets with a recoverable amount that is fair value less costs of disposal in IAS 36. Some respondents (mainly users of financial statements) noted that the disclosures about impaired assets are different in IFRSs and in US GAAP (which requires assets to be tested for impairment by comparing their carrying amounts with their fair values) and asked the IASB to minimise those differences to ensure that users have access to similar information for their analyses of impaired assets.

BC219 The IASB noted that the disclosure requirements in IAS 36 were developed specifically to ensure consistency in the disclosure of information about impaired assets so that the same type of information is provided whether the recoverable amount was determined on the basis of value in use or fair value less costs of disposal. Consequently, the IASB did not think it would be appropriate to require an entity to provide information when the recoverable amount is determined on the basis of fair value less costs of disposal (ie as required by IFRS 13) that is significantly different from what the entity would provide when the recoverable amount is determined on the basis of value in use.

BC220 Although IFRSs and US GAAP have different impairment models, the IASB concluded that requiring the following information (in addition to what IAS 36 currently requires) about impaired assets measured at fair value less costs of disposal would improve comparability between entities applying IFRSs and those applying US GAAP as well as increase the convergence of IFRSs and US GAAP:

(a) the fair value less costs of disposal;

(b) the level of the fair value hierarchy within which the fair value less costs of disposal is categorised in its entirety (Level 1, 2 or 3);

(c) if applicable, changes to valuation techniques and reasons for those changes; and

(d) quantitative information about significant inputs used when measuring fair value less costs of disposal (along with a conforming amendment to the disclosures about value in use).

BC221 In addition, those disclosures are consistent with the disclosures required for non-recurring fair value measurements in IFRS 13 and in US GAAP.

Interim financial reporting

BC222 For financial instruments, the exposure draft proposed that particular fair value disclosures required in annual financial statements would also be required for interim financial reports. That differed from the approach proposed for non-financial assets and non-financial liabilities, for which there is no specific fair value disclosure requirement beyond the existing requirements in IAS 34 *Interim Financial Reporting*.

BC223 Respondents generally thought that the principle underlying IAS 34 addresses when disclosures should be updated in interim financial reports. Some respondents thought the costs of providing updated information outweighed the benefits to users of financial statements of having that information.

BC224 The IASB decided to include in IAS 34 an explicit requirement to provide updated disclosures because it concluded that the benefit of having incremental disclosures for financial instruments outweighed the associated costs given the increased interest in those instruments during the global financial crisis that started in 2007.

Effective date and transition

BC225 When deciding the effective date for IFRS 13, the IASB considered the comments received on the Request for Views *Effective Date and Transition Methods*. Many respondents said that the effective date should allow enough time for them to put the necessary systems in place to ensure that their accounting policies and models meet the requirements of IFRS 13. Some of those respondents, particularly those with many assets and liabilities measured at fair value, requested a later effective date. Other respondents requested an earlier effective date, mainly for comparability reasons and because in their view many entities might have inadvertently already started applying the revised concepts.

BC226 The IASB concluded that although IFRS 13 is a major new standard, it does not require any new fair value measurements and it does not fundamentally change many of the requirements for measuring fair value or for disclosing information about those measurements. The IASB concluded that in many respects, IFRS 13 uses different words to articulate the concepts already present in IFRSs. However, the IASB also considered the time that a particular country might require for translation and for introducing the mandatory requirements into law.

BC227 Consequently, the IASB decided that IFRS 13 should be effective for annual periods beginning on or after 1 January 2013. Because IFRS 13 applies when other IFRSs require or permit fair value measurements (and does not introduce any new fair value measurements), the IASB believes that the extended transition period for IFRS 13 provides enough time for entities, their auditors and users of financial statements to prepare for implementation of its requirements.

BC228 The IASB decided to permit early application of IFRS 13 because that would allow entities to apply the measurement and disclosure requirements as soon as practicable, thereby improving comparability in measurement and transparency in disclosures. That would also improve comparability with entities applying US GAAP.

BC229 The exposure draft proposed prospective application because the IASB concluded that a change in the methods used to measure fair value would be inseparable from a change in the fair value measurements (ie as new events occur or as new information is obtained, eg through better insight or improved judgement). Respondents to the exposure draft and the Request for Views supported that proposal. Therefore, the IASB concluded that IFRS 13 should be applied prospectively (in the same way as a change in accounting estimate).

BC230 To achieve comparability in future periods, the IASB decided to require the disclosures in IFRS 13 for the first interim period in which the IFRS is initially applied. However, those disclosures need not be presented in periods before initial application of the IFRS because it would be difficult to apply some of the requirements in IFRS 13 without the use of hindsight in selecting the inputs that would have been appropriate in prior periods.

Application in emerging and transition economies

BC231 During the development of IFRS 13, the IASB received information from entities in emerging and transition economies that had concerns about applying the fair value measurement principles in IFRS 13 in their jurisdictions. Common concerns included the following:

(a) The fair value measurement guidance is not detailed enough to allow them to measure fair value on a consistent basis.

(b) There is limited availability of practitioners in their jurisdictions who have the skills to apply the guidance (and as a result entities might be unfamiliar with applying the necessary judgements).

(c) There is limited access to market data to develop fair value measurements because there are few deep and liquid markets, there are often few willing buyers and sellers and prices often fluctuate considerably within short periods of time.

(d) Models, inputs and assumptions may be new and may not be comparable across entities because of rapidly developing socio-economic changes.

(e) Measuring fair value (and preparing the resulting disclosures) could be expensive.

BC232 The IASB noted that because fair value is used in many IFRSs, knowledge about its application is necessary for applying IFRSs generally and noted that the concerns raised are not specific to entities in emerging and transition economies. Entities in developed economies faced similar challenges during the global financial crisis that started in 2007 and asked the IASB for guidance for measuring the fair value of equity instruments without active markets given the requirement to recognise them at fair value in IFRS 9. Furthermore, the IASB concluded that there should not be a different threshold for measuring fair value depending on jurisdiction. Only by performing fair value measurements will entities applying IFRSs learn how to do those measurements appropriately and robustly.

BC233 Therefore, the IASB concluded that entities applying IFRSs would benefit from educational material to accompany IFRS 13. The IFRS Foundation sometimes publishes educational material that is leveraged from the standard-setting process to reinforce the goal of promoting the adoption and consistent application of a single set of high quality international accounting standards. The IASB asked the staff to develop educational material on fair value measurement that describes at a high level the thought process for measuring assets, liabilities and an entity's own equity instruments at fair value consistent with the objective of a fair value measurement.

BC234 The IASB concluded that any educational material developed must benefit all entities equally. Thus, the educational material cannot benefit entities in emerging and transition economies without being made available to entities in developed economies.

BC235 The IASB staff and the FASB staff will liaise during the development of the educational material.

Convergence with US GAAP

BC236 As noted above, the fair value measurement project was a joint project with the FASB. The boards worked together to ensure that fair value has the same meaning in IFRSs and in US GAAP and that their respective fair value measurement and disclosure requirements are the same (except for minor differences in wording and style).

BC237 The boards worked together to ensure that, to the extent possible, IFRS 13 and Topic 820 are identical. The following style differences remain:

(a) There are differences in references to other IFRSs and US GAAP—For example, regarding related party transactions, IFRS 13 refers to IAS 24 *Related Party Disclosures* and Topic 820 refers to Topic 850 *Related Party Disclosures.*

(b) There are differences in style—For example, IFRS 13 refers to *an entity* and Topic 820 refers to *a reporting entity.*

(c) There are differences in spelling—For example, IFRS 13 refers to *labour costs* and Topic 820 refers to *labor costs.*

(d) There are differences in whether references are to a particular jurisdiction or are generic—For example, IFRS 13 refers to *risk-free government securities* and Topic 820 refers to *US Treasury securities.*

The boards concluded that those differences will not result in inconsistent interpretations in practice by entities applying IFRSs or US GAAP.

BC238 In addition, IFRS 13 and Topic 820 have the following differences:

(a) There are different accounting requirements in IFRSs and US GAAP for measuring the fair value of investments in investment companies. Topic 946 *Financial Services—Investment Companies* in US GAAP requires an investment company to recognise its underlying investments at fair value at each reporting period. Topic 820 provides a practical expedient that permits an entity with an investment in an investment company to use as a measure of fair value in specific circumstances the reported net asset value without adjustment. IFRS 10 *Consolidated Financial Statements* requires an investment company to consolidate its controlled underlying investments. Because IFRSs do not have accounting requirements that are specific to investment companies, the IASB decided that it would be difficult to identify when such a practical expedient could be applied given the different practices for calculating net asset values in jurisdictions around the world. For example, investment companies may report in accordance with national GAAP, which may have recognition and measurement requirements that differ from those in IFRSs (ie the underlying investments might not be measured at fair value, or they might be measured at fair value in accordance with national GAAP, not IFRSs). The boards are reviewing the accounting for investment companies as part of a separate project.

(b) There are different requirements for measuring the fair value of a financial liability with a demand feature. In US GAAP, Topic 825 *Financial Instruments* and Topic 942 *Financial Services—Depository and Lending* describe the fair value measurement of a deposit liability as the amount payable on demand at the reporting date. In IFRSs, IFRS 13 states that the fair value measurement of a financial liability with a demand feature (eg demand deposits) cannot be less than the present value of the amount payable on demand. That requirement in IFRS 13 was relocated unchanged from IAS 39 and IFRS 9 as a consequence of the IASB's fair value measurement project.

(c) There are different disclosure requirements in IFRSs and US GAAP. For example:

(i) Because IFRSs generally do not allow net presentation for derivatives, the amounts disclosed for fair value measurements categorised within Level 3 of the fair value hierarchy might differ. The boards are reviewing the presentation requirements for offsetting financial assets and financial liabilities in their joint project on the accounting for financial instruments.

(ii) IFRSs require a quantitative sensitivity analysis for financial instruments that are measured at fair value and categorised within Level 3 of the fair value hierarchy (that disclosure was previously in IFRS 7). The boards will analyse the feasibility of incorporating information about interrelationships between unobservable inputs into a quantitative measurement uncertainty analysis disclosure. After completing that analysis, the boards will decide whether to require such a disclosure.

(iii) Topic 820 has different disclosure requirements for non-public entities. The FASB concluded that some of the disclosures should not be required for non-public entities because of the characteristics of the users of the financial statements of those entities. The FASB considered the ability of those users to access information about the financial position of the entity and the relevance to those users of the information that would be provided by the requirements in the disclosure amendments. In contrast, the IASB recently completed a project on the accounting for small and medium-sized entities. As a result, the *IFRS for Small and Medium-Sized Entities* addresses the accounting for entities that do not have public accountability, and the disclosures about their fair value measurements.

Cost-benefit considerations

BC239 The objective of general purpose financial reporting is to provide financial information about the reporting entity that is useful to existing and potential investors, lenders and other creditors in making decisions about providing resources to the entity. To meet that objective, the IASB seeks to ensure that an IFRS will meet a significant need and that the overall benefits of the resulting information justify the costs of providing it. Although the costs to implement a new standard might not be borne evenly, users of financial statements benefit from improvements in financial reporting, thereby facilitating the functioning of markets for capital and credit and the efficient allocation of resources in the economy.

BC240 The evaluation of costs and benefits is necessarily subjective. In making its judgement, the IASB considers the following:

(a) the costs incurred by preparers of financial statements;

(b) the costs incurred by users of financial statements when information is not available;

(c) the comparative advantage that preparers have in developing information, compared with the costs that users would incur to develop surrogate information; and

(d) the benefit of better economic decision-making as a result of improved financial reporting.

BC241 IFRS 13 defines fair value, provides a framework for measuring fair value and requires disclosures about fair value measurements. A clear definition of fair value, together with a framework for measuring fair value that eliminates inconsistencies across IFRSs that have contributed to diversity in practice, should improve consistency in application, thereby enhancing the comparability of information reported in financial statements.

BC242 The disclosures about fair value measurements would increase transparency and improve the quality of information provided to users of financial statements. In developing the disclosure requirements in IFRS 13, the IASB obtained input from users and preparers of financial statements and other interested parties to enable the IASB to assess whether the disclosures could be provided within reasonable cost-benefit constraints.

BC243 Although the framework for measuring fair value builds on current practice and requirements, some methods in IFRS 13 may result in a change to practice for some entities. Furthermore, some entities will need to make systems and operational changes, thereby incurring incremental costs. Other entities also might incur incremental costs in applying the measurement and disclosure requirements. However, the IASB concluded that the benefits resulting from increased consistency in application of fair value measurement requirements and enhanced comparability of fair value information and improved communication of that information to users of financial statements will continue. On balance, the IASB concluded that improvements in financial reporting resulting from the application of the requirements in IFRS 13 will exceed the increased costs of applying the requirements.

Summary of main changes from the exposure draft

BC244 The main changes from the proposals in the exposure draft published in May 2009 are as follows:

(a) IFRS 13 excludes from its scope share-based payment transactions in IFRS 2 and leasing transactions in IAS 17. The exposure draft proposed the following:

(i) replacing the term *fair value* with another term that reflects the measurement objective for share-based payment transactions in IFRS 2 and for reacquired rights in a business combination in IFRS 3.

(ii) excluding financial liabilities with a demand feature in IAS 39 from the scope of an IFRS on fair value measurement.

The exposure draft did not propose excluding leasing transactions from the scope of an IFRS on fair value measurement.

(b) IFRS 13 requires fair value to be measured using the price in the principal market for the asset or liability, or in the absence of a principal market, the most advantageous market for the asset or liability. The exposure draft proposed that fair value should be measured using the price in the most advantageous market.

(c) IFRS 13 states that market participants have a reasonable understanding about the asset or liability and the transaction using all available information, including information that might be obtained through due diligence efforts that are usual and customary. The exposure draft stated that market participants are presumed to be as knowledgeable as the entity about the asset or liability (ie there was no information asymmetry between market participants and the entity).

(d) IFRS 13 contains detailed guidance for measuring the fair value of liabilities, including the compensation market participants would require to assume the liability and how a third-party credit enhancement affects the fair value of a liability. The exposure draft provided high level guidance.

(e) IFRS 13 contains detailed guidance for measuring the fair value of an entity's own equity instruments. That guidance is consistent with the guidance for measuring the fair value of a liability. The exposure draft proposed requiring an entity to measure the fair value of its own equity instruments by reference to the fair value of the instrument held by a market participant as an asset (ie the corresponding asset) without providing information about when the fair value of the equity instrument might differ from the fair value of the corresponding asset.

(f) IFRS 13 provides guidance for measuring the fair value of financial assets and financial liabilities with offsetting positions in market risks or counterparty credit risk. The exposure draft proposed requiring financial assets to be measured using an in-exchange valuation premise.

(g) IFRS 13 states that classes of asset or liability for disclosure purposes should be determined on the basis of the nature, characteristics and risks of the asset or liability and the level of the fair value hierarchy within which the fair value measurement is categorised. The exposure draft did not provide guidance for determining the appropriate class of asset or liability for disclosures about fair value measurements.

(h) IFRS 13 provides examples of policies for when to recognise transfers between levels of the fair value hierarchy, such as the date of the transfer, the beginning of the reporting period or the end of the reporting period. IFRS 13 also states that the policy about the timing of recognising transfers must be the same for transfers into a level as that for transfers out of a level. The exposure draft did not provide guidance for determining when transfers are deemed to have occurred or propose to require an entity to disclose its policy for determining when transfers between levels are recognised.

(i) IFRS 13 requires a narrative discussion of the sensitivity of a fair value measurement categorised within Level 3 of the fair value hierarchy to changes in significant unobservable inputs and any interrelationships between those inputs that might magnify or mitigate the effect on the measurement. It also requires a quantitative sensitivity analysis for financial instruments categorised within Level 3 of the fair value hierarchy (that disclosure was relocated from IFRS 7). The exposure draft proposed a quantitative sensitivity analysis for assets and liabilities categorised within Level 3 of the fair value hierarchy. The IASB re-exposed that proposal, including a requirement to take into account the interrelationships between unobservable inputs in the analysis (referred to as a measurement uncertainty analysis disclosure). Respondents were concerned about whether the proposal would be operational. The boards will continue to assess whether a quantitative measurement uncertainty analysis disclosure would be practical after the IFRS is issued, with the aim of reaching a conclusion about whether to require such a disclosure at a later date.

(j) IFRS 13 requires an entity to disclose information about its valuation processes (eg valuation policies and procedures) for fair value measurements categorised within Level 3 of the fair value hierarchy. The disclosure is similar to the description of valuation processes in the IASB's Fair Value Expert Advisory Panel's October 2008 report.

(k) If the highest and best use of a non-financial asset differs from its current use, IFRS 13 requires an entity to disclose that fact and why the asset is being used in a manner that differs from its highest and best use. The exposure draft proposed requiring an entity to disclose the value of the asset assuming its current use, the amount by which the fair value of the asset differs from its fair value in its current use (ie the incremental value of the asset group) and the reasons the asset is being used in a manner that differs from its highest and best use.

IFRS 13 Fair Value Measurement
Illustrative Examples

Contents

HIGHEST AND BEST USE AND VALUATION PREMISE	IE2 - IE9
Example 1—Asset group	IE3 - IE6
Example 2—Land	IE7 - IE8
Example 3—Research and development project	IE9
USE OF MULTIPLE VALUATION TECHNIQUES	IE10 - IE17
Example 4—Machine held and used	IE11 - IE14
Example 5—Software asset	IE15 - IE17
PRINCIPAL (OR MOST ADVANTAGEOUS) MARKET	IE18 - IE22
Example 6—Level 1 principal (or most advantageous) market	IE19 - IE22
TRANSACTION PRICES AND FAIR VALUE AT INITIAL RECOGNITION	IE23 - IE26
Example 7—Interest rate swap at initial recognition	IE24 - IE26
RESTRICTED ASSETS	IE27 - IE29
Example 8—Restriction on the sale of an equity instrument	IE28
Example 9—Restrictions on the use of an asset	IE29
MEASURING LIABILIT	IES IE30 - IE47
Example 10—Structured note	IE34
Example 11—Decommissioning liability	IE35 - IE39
Example 12—Debt obligation: quoted price	IE40 - IE42
Example 13—Debt obligation: present value technique	IE43 - IE47
MEASURING FAIR VALUE WHEN THE VOLUME OR LEVEL OF ACTIVITY FOR AN ASSET OR A LIABILITY HAS SIGNIFICANTLY DECREASED	IE48 - IE58
Example 14—Estimating a market rate of return when the volume or level of activity for an asset has significantly decreased	IE49 - IE58
FAIR VALUE DISCLOSURES	IE59 - IE66
Example 15—Assets measured at fair value	IE60
Example 16—Reconciliation of fair value measurements categorised within Level 3 of the fair value hierarchy	IE61 - IE62
Example 17—Valuation techniques and inputs	IE63 - IE64

Example 18—Valuation processes IE65

Example 19—Information about sensitivity to changes in significant unobservable inputs IE66

These examples accompany, but are not part of, IFRS 13. They illustrate aspects of IFRS 13 but are not intended to provide interpretative guidance.

IE1 These examples portray hypothetical situations illustrating the judgements that might apply when an entity measures assets and liabilities at fair value in different valuation situations. Although some aspects of the examples may be present in actual fact patterns, all relevant facts and circumstances of a particular fact pattern would need to be evaluated when applying IFRS 13.

Highest and best use and valuation premise

IE2 Examples 1 - 3 illustrate the application of the highest and best use and valuation premise concepts for non-financial assets.

Example 1—Asset group

IE3 An entity acquires assets and assumes liabilities in a business combination. One of the groups of assets acquired comprises Assets A, B and C. Asset C is billing software integral to the business developed by the acquired entity for its own use in conjunction with Assets A and B (ie the related assets). The entity measures the fair value of each of the assets individually, consistently with the specified unit of account for the assets. The entity determines that the highest and best use of the assets is their current use and that each asset would provide maximum value to market participants principally through its use in combination with other assets or with other assets and liabilities (ie its complementary assets and the associated liabilities). There is no evidence to suggest that the current use of the assets is not their highest and best use.

IE4 In this situation, the entity would sell the assets in the market in which it initially acquired the assets (ie the entry and exit markets from the perspective of the entity are the same). Market participant buyers with whom the entity would enter into a transaction in that market have characteristics that are generally representative of both strategic buyers (such as competitors) and financial buyers (such as private equity or venture capital firms that do not have complementary investments) and include those buyers that initially bid for the assets. Although market participant buyers might be broadly classified as strategic or financial buyers, in many cases there will be differences among the market participant buyers within each of those groups, reflecting, for example, different uses for an asset and different operating strategies.

IE5 As discussed below, differences between the indicated fair values of the individual assets relate principally to the use of the assets by those market participants within different asset groups:

(a) Strategic buyer asset group. The entity determines that strategic buyers have related assets that would enhance the value of the group within which the assets would be used (ie market participant synergies). Those assets include a substitute asset for Asset C (the billing software), which would be used for only a limited transition period and could not be sold on its own at the end of that period. Because strategic buyers have substitute assets, Asset C would not be used for its full remaining economic life. The indicated fair values of Assets A, B and C within the strategic buyer asset group (reflecting the synergies resulting from the use of the assets within that group) are CU360[①], CU260 and CU30, respectively. The indicated fair value of the assets as a group within the strategic buyer asset group is CU650.

(b) Financial buyer asset group. The entity determines that financial buyers do not have related or substitute assets that would enhance the value of the group within which the assets would be used. Because financial buyers do not have substitute assets, Asset C (ie the billing software) would be used for its full remaining economic life. The indicated fair values of Assets A, B and C within the financial buyer asset group are CU300, CU200 and CU100, respectively. The indicated fair value of the assets as a group within the financial buyer asset group is CU600.

IE6 The fair values of Assets A, B and C would be determined on the basis of the use of the assets as a group within the strategic buyer group (CU360, CU260 and CU30). Although the use of the assets within the strategic buyer group does not maximise the fair value of each of the assets individually, it maximises the fair value of the assets as a group (CU650).

Example 2—Land

IE7 An entity acquires land in a business combination. The land is currently developed for industrial use as a site for a factory. The current use of land is presumed to be its highest and best use unless market or other factors suggest a different use. Nearby sites have recently been developed for residential use as sites for high-rise apartment buildings. On the basis of that development and recent zoning and other changes to facilitate that development, the entity determines that the land currently used as a site for a factory could be developed as a site for residential use (ie for high-rise apartment

① In these examples, monetary amounts are denominated in 'currency units (CU)'.

buildings) because market participants would take into account the potential to develop the site for residential use when pricing the land.

IE8 The highest and best use of the land would be determined by comparing both of the following:

(a) the value of the land as currently developed for industrial use (ie the land would be used in combination with other assets, such as the factory, or with other assets and liabilities).

(b) the value of the land as a vacant site for residential use, taking into account the costs of demolishing the factory and other costs (including the uncertainty about whether the entity would be able to convert the asset to the alternative use) necessary to convert the land to a vacant site (ie the land is to be used by market participants on a stand-alone basis).

The highest and best use of the land would be determined on the basis of the higher of those values. In situations involving real estate appraisal, the determination of highest and best use might take into account factors relating to the factory operations, including its assets and liabilities.

Example 3—Research and development project

IE9 An entity acquires a research and development (R&D) project in a business combination. The entity does not intend to complete the project. If completed, the project would compete with one of its own projects (to provide the next generation of the entity's commercialised technology). Instead, the entity intends to hold (ie lock up) the project to prevent its competitors from obtaining access to the technology. In doing this the project is expected to provide defensive value, principally by improving the prospects for the entity's own competing technology. To measure the fair value of the project at initial recognition, the highest and best use of the project would be determined on the basis of its use by market participants. For example:

(a) The highest and best use of the R&D project would be to continue development if market participants would continue to develop the project and that use would maximise the value of the group of assets or of assets and liabilities in which the project would be used (ie the asset would be used in combination with other assets or with other assets and liabilities). That might be the case if market participants do not have similar technology, either in development or commercialised. The fair value of the project would be measured on the basis of the price that would be received in a current transaction to sell the project, assuming that the R&D would be used with its complementary assets and the associated liabilities and that those assets and liabilities would be available to market participants.

(b) The highest and best use of the R&D project would be to cease development if, for competitive reasons, market participants would lock up the project and that use would maximise the value of the group of assets or of assets and liabilities in which the project would be used. That might be the case if market participants have technology in a more advanced stage of development that would compete with the project if completed and the project would be expected to improve the prospects for their own competing technology if locked up. The fair value of the project would be measured on the basis of the price that would be received in a current transaction to sell the project, assuming that the R&D would be used (ie locked up) with its complementary assets and the associated liabilities and that those assets and liabilities would be available to market participants.

(c) The highest and best use of the R&D project would be to cease development if market participants would discontinue its development. That might be the case if the project is not expected to provide a market rate of return if completed and would not otherwise provide defensive value if locked up. The fair value of the project would be measured on the basis of the price that would be received in a current transaction to sell the project on its own (which might be zero).

Use of multiple valuation techniques

IE10 The IFRS notes that a single valuation technique will be appropriate in some cases. In other cases multiple valuation techniques will be appropriate. Examples 4 and 5 illustrate the use of multiple valuation techniques.

Example 4—Machine held and used

IE11 An entity acquires a machine in a business combination. The machine will be held and used in its operations. The machine was originally purchased by the acquired entity from an outside vendor and, before the business combination, was customised by the acquired entity for use in its operations. However, the customisation of the machine was not extensive. The acquiring entity determines that the asset would provide maximum value to market participants through its use in combination with other assets or with other assets and liabilities (as installed or otherwise configured for use). There is no evidence to suggest that the current use of the machine is not its highest and best use. Therefore, the highest and best use of the machine is its current use in combination with other assets or with other assets and liabilities.

IE12 The entity determines that sufficient data are available to apply the cost approach and, because the customisation of the machine was not extensive, the market approach. The income approach is not used because the machine does not have a separately identifiable income stream from which to develop reliable estimates of future cash flows. Furthermore, information about short-term and intermediate-term lease rates for similar used machinery that otherwise could be used to project an income stream (ie lease payments over remaining service lives) is not available. The market and cost approaches are applied as follows:

(a) The market approach is applied using quoted prices for similar machines adjusted for differences between the machine (as customised) and the similar machines. The measurement reflects the price that would be received for the machine in its current condition (used) and location (installed and configured for use). The fair value indicated by that approach ranges from CU40 000 to CU48 000.

(b) The cost approach is applied by estimating the amount that would be required currently to construct a substitute (customised) machine of comparable utility. The estimate takes into account the condition of the machine and the environment in which it

operates, including physical wear and tear (ie physical deterioration), improvements in technology (ie functional obsolescence), conditions external to the condition of the machine such as a decline in the market demand for similar machines (ie economic obsolescence) and installation costs. The fair value indicated by that approach ranges from CU40 000 to CU52 000.

IE13 The entity determines that the higher end of the range indicated by the market approach is most representative of fair value and, therefore, ascribes more weight to the results of the market approach. That determination is made on the basis of the relative subjectivity of the inputs, taking into account the degree of comparability between the machine and the similar machines. In particular:

(a) the inputs used in the market approach (quoted prices for similar machines) require fewer and less subjective adjustments than the inputs used in the cost approach.

(b) the range indicated by the market approach overlaps with, but is narrower than, the range indicated by the cost approach.

(c) there are no known unexplained differences (between the machine and the similar machines) within that range.

Accordingly, the entity determines that the fair value of the machine is CU48 000.

IE14 If customisation of the machine was extensive or if there were not sufficient data available to apply the market approach (eg because market data reflect transactions for machines used on a stand-alone basis, such as a scrap value for specialised assets, rather than machines used in combination with other assets or with other assets and liabilities), the entity would apply the cost approach. When an asset is used in combination with other assets or with other assets and liabilities, the cost approach assumes the sale of the machine to a market participant buyer with the complementary assets and the associated liabilities. The price received for the sale of the machine (ie an exit price) would not be more than either of the following:

(a) the cost that a market participant buyer would incur to acquire or construct a substitute machine of comparable utility; or

(b) the economic benefit that a market participant buyer would derive from the use of the machine.

Example 5—Software asset

IE15 An entity acquires a group of assets. The asset group includes an income-producing software asset internally developed for licensing to customers and its complementary assets (including a related database with which the software asset is used) and the associated liabilities. To allocate the cost of the group to the individual assets acquired, the entity measures the fair value of the software asset. The entity determines that the software asset would provide maximum value to market participants through its use in combination with other assets or with other assets and liabilities (ie its complementary assets and the associated liabilities). There is no evidence to suggest that the current use of the software asset is not its highest and best use. Therefore, the highest and best use of the software asset is its current use. (In this case the licensing of the software asset, in and of itself, does not indicate that the fair value of the asset would be maximised through its use by market participants on a stand-alone basis.)

IE16 The entity determines that, in addition to the income approach, sufficient data might be available to apply the cost approach but not the market approach. Information about market transactions for comparable software assets is not available. The income and cost approaches are applied as follows:

(a) The income approach is applied using a present value technique. The cash flows used in that technique reflect the income stream expected to result from the software asset (licence fees from customers) over its economic life. The fair value indicated by that approach is CU15 million.

(b) The cost approach is applied by estimating the amount that currently would be required to construct a substitute software asset of comparable utility (ie taking into account functional and economic obsolescence). The fair value indicated by that approach is CU10 million.

IE17 Through its application of the cost approach, the entity determines that market participants would not be able to construct a substitute software asset of comparable utility. Some characteristics of the software asset are unique, having been developed using proprietary information, and cannot be readily replicated. The entity determines that the fair value of the software asset is CU15 million, as indicated by the income approach.

Principal (or most advantageous) market

IE18 Example 6 illustrates the use of Level 1 inputs to measure the fair value of an asset that trades in different active markets at different prices.

Example 6—Level 1 principal (or most advantageous) market

IE19 An asset is sold in two different active markets at different prices. An entity enters into transactions in both markets and can access the price in those markets for the asset at the measurement date. In Market A, the price that would be received is CU26, transaction costs in that market are CU3 and the costs to transport the asset to that market are CU2 (ie the net amount that would be received is CU21). In Market B, the price that would be received is CU25, transaction costs in that market are CU1 and the costs to transport the asset to that market are CU2 (ie the net amount that would be received in Market B is CU22).

IE20 If Market A is the principal market for the asset (ie the market with the greatest volume and level of activity for the asset), the fair value of the asset would be measured using the price that would be received in that market, after taking into account transport costs (CU24).

IE21 If neither market is the principal market for the asset, the fair value of the asset would be measured using the price in the most advantageous market. The most advantageous market is the market that maximises the amount that would be received to sell the asset, after taking into account transaction costs and transport costs (ie the net amount that would be received in the respective markets).

IE22 Because the entity would maximise the net amount that would be received for the asset in Market B (CU22), the fair value of the asset would be measured using the price in that market (CU25), less transport costs (CU2), resulting in a fair value measurement of CU23. Although transaction costs are taken into account when determining which market is the most advantageous market, the price used to measure the fair value of the asset is not adjusted for those costs (although it is adjusted for transport costs).

Transaction prices and fair value at initial recognition

IE23 The IFRS clarifies that in many cases the transaction price, ie the price paid (received) for a particular asset (liability), will represent the fair value of that asset (liability) at initial recognition, but not presumptively. Example 7 illustrates when the price in a transaction involving a derivative instrument might (and might not) equal the fair value of the instrument at initial recognition.

Example 7—Interest rate swap at initial recognition

IE24 Entity A (a retail counterparty) enters into an interest rate swap in a retail market with Entity B (a dealer) for no initial consideration (ie the transaction price is zero). Entity A can access only the retail market. Entity B can access both the retail market (ie with retail counterparties) and the dealer market (ie with dealer counterparties).

IE25 From the perspective of Entity A, the retail market in which it initially entered into the swap is the principal market for the swap. If Entity A were to transfer its rights and obligations under the swap, it would do so with a dealer counterparty in that retail market. In that case the transaction price (zero) would represent the fair value of the swap to Entity A at initial recognition, ie the price that Entity A would receive to sell or pay to transfer the swap in a transaction with a dealer counterparty in the retail market (ie an exit price). That price would not be adjusted for any incremental (transaction) costs that would be charged by that dealer counterparty.

IE26 From the perspective of Entity B, the dealer market (not the retail market) is the principal market for the swap. If Entity B were to transfer its rights and obligations under the swap, it would do so with a dealer in that market. Because the market in which Entity B initially entered into the swap is different from the principal market for the swap, the transaction price (zero) would not necessarily represent the fair value of the swap to Entity B at initial recognition. If the fair value differs from the transaction price (zero), Entity B applies IAS 39 Financial Instruments: Recognition and Measurement or IFRS 9 Financial Instruments to determine whether it recognises that difference as a gain or loss at initial recognition.

Restricted assets

IE27 The effect on a fair value measurement arising from a restriction on the sale or use of an asset by an entity will differ depending on whether the restriction would be taken into account by market participants when pricing the asset. Examples 8 and 9 illustrate the effect of restrictions when measuring the fair value of an asset.

Example 8—Restriction on the sale of an equity instrument

IE28 An entity holds an equity instrument (a financial asset) for which sale is legally or contractually restricted for a specified period. (For example, such a restriction could limit sale to qualifying investors.) The restriction is a characteristic of the instrument and, therefore, would be transferred to market participants. In that case the fair value of the instrument would be measured on the basis of the quoted price for an otherwise identical unrestricted equity instrument of the same issuer that trades in a public market, adjusted to reflect the effect of the restriction. The adjustment would reflect the amount market participants would demand because of the risk relating to the inability to access a public market for the instrument for the specified period. The adjustment will vary depending on all the following:

(a) the nature and duration of the restriction;

(b) the extent to which buyers are limited by the restriction (eg there might be a large number of qualifying investors); and

(c) qualitative and quantitative factors specific to both the instrument and the issuer.

Example 9—Restrictions on the use of an asset

IE29 A donor contributes land in an otherwise developed residential area to a not-for-profit neighbourhood association. The land is currently used as a playground. The donor specifies that the land must continue to be used by the association as a playground in perpetuity. Upon review of relevant documentation (eg legal and other), the association determines that the fiduciary responsibility to meet the donor's restriction would not be transferred to market participants if the association sold the asset, ie the donor restriction on the use of the land is specific to the association. Furthermore, the association is not restricted from selling the land. Without the restriction on the use of the land by the association, the land could be used as a site for residential development. In addition, the land is subject to an easement (ie a legal right that enables a utility to run power lines across the land). Following is an analysis of the effect on the fair value measurement of the land arising from the restriction and the easement:

(a) *Donor restriction on use of land.* Because in this situation the donor restriction on the use of the land is specific to the association, the restriction would not be transferred to market participants. Therefore, the fair value of the land would be the higher of its fair value used as a playground (ie the fair value of the asset would be maximised through its use by market participants in combination with other assets or with other assets and liabilities) and its fair value as a site for residential development (ie the fair value of the asset would be maximised through its use by market participants on a stand-alone basis), regardless of the restriction on the use of the land by the association.

(b) *Easement for utility lines.* Because the easement for utility lines is specific to (ie a characteristic of) the land, it would be transferred to market participants with the land. Therefore, the fair value measurement of the land would take into account the effect of the easement, regardless of whether the highest and best use is as a playground or as a site for residential development.

Measuring liabilities

IE30 A fair value measurement of a liability assumes that the liability, whether it is a financial liability or a non-financial liability, is transferred to a market participant at the measurement date (ie the liability would remain outstanding and the market participant transferee would be required to fulfil the obligation; it would not be settled with the counterparty or otherwise extinguished on the measurement date).

IE31 The fair value of a liability reflects the effect of non-performance risk. Non-performance risk relating to a liability includes, but may not be limited to, the entity's own credit risk. An entity takes into account the effect of its credit risk (credit standing) on the fair value of the liability in all periods in which the liability is measured at fair value because those that hold the entity's obligations as assets would take into account the effect of the entity's credit standing when estimating the prices they would be willing to pay.

IE32 For example, assume that Entity X and Entity Y each enter into a contractual obligation to pay cash (CU500) to Entity Z in five years. Entity X has a AA credit rating and can borrow at 6 per cent, and Entity Y has a BBB credit rating and can borrow at 12 per cent. Entity X will receive about CU374 in exchange for its promise (the present value of CU500 in five years at 6 per cent). Entity Y will receive about CU284 in exchange for its promise (the present value of CU500 in five years at 12 per cent). The fair value of the liability to each entity (ie the proceeds) incorporates that entity's credit standing.

IE33 Examples 10 - 13 illustrate the measurement of liabilities and the effect of non-performance risk (including an entity's own credit risk) on a fair value measurement.

Example 10—Structured note

IE34 On 1 January 20X7 Entity A, an investment bank with a AA credit rating, issues a five-year fixed rate note to Entity B. The contractual principal amount to be paid by Entity A at maturity is linked to an equity index. No credit enhancements are issued in conjunction with or otherwise related to the contract (ie no collateral is posted and there is no third-party guarantee). Entity A designated this note as at fair value through profit or loss. The fair value of the note (ie the obligation of Entity A) during 20X7 is measured using an expected present value technique. Changes in fair value are as follows:

(a) *Fair value at* 1 *January* 20*X*7. The expected cash flows used in the expected present value technique are discounted at the risk-free rate using the government bond curve at 1 January 20X7, plus the current market observable AA corporate bond spread to government bonds, if non-performance risk is not already reflected in the cash flows, adjusted (either up or down) for Entity A's specific credit risk (ie resulting in a credit-adjusted risk-free rate). Therefore, the fair value of Entity A's obligation at initial recognition takes into account non-performance risk, including that entity's credit risk, which presumably is reflected in the proceeds.

(b) *Fair value at* 31 *March* 20*X*7 . During March 20X7 the credit spread for AA corporate bonds widens, with no changes to the specific credit risk of Entity A. The expected cash flows used in the expected present value technique are discounted at the risk-free rate using the government bond curve at 31 March 20X7, plus the current market observable AA corporate bond spread to government bonds, if non-performance risk is not already reflected in the cash flows, adjusted for Entity A's specific credit risk (ie resulting in a credit-adjusted risk-free rate). Entity A's specific credit risk is unchanged from initial recognition. Therefore, the fair value of Entity A's obligation changes as a result of changes in credit spreads generally. Changes in credit spreads reflect current market participant assumptions about changes in non-performance risk generally, changes in liquidity risk and the compensation required for assuming those risks.

(c) *Fair value at 30 June 20X7*. As of 30 June 20X7 there have been no changes to the AA corporate bond spreads. However, on the basis of structured note issues corroborated with other qualitative information, Entity A determines that its own specific creditworthiness has strengthened within the AA credit spread. The expected cash flows used in the expected present value technique are discounted at the risk-free rate using the government bond yield curve at 30 June 20X7, plus the current market observable AA corporate bond spread to government bonds (unchanged from 31 March 20X7), if non-performance risk is not already reflected in the cash flows, adjusted for Entity A's specific credit risk (ie resulting in a credit-adjusted risk-free rate). Therefore, the fair value of the obligation of Entity A changes as a result of the change in its own specific credit risk within the AA corporate bond spread.

Example 11—Decommissioning liability

IE35 On 1 January 20X1 Entity A assumes a decommissioning liability in a business combination. The entity is legally required to dismantle and remove an offshore oil platform at the end of its useful life, which is estimated to be 10 years.

IE36 On the basis of paragraphs B23 – B30 of the IFRS, Entity A uses the expected present value technique to measure the fair value of the decommissioning liability.

IE37 If Entity A was contractually allowed to transfer its decommissioning liability to a market participant, Entity A concludes that a market participant would use all the following inputs, probability-weighted as appropriate, when estimating the price it would expect to receive:

(a) labour costs;

(b) allocation of overhead costs;

(c) the compensation that a market participant would require for undertaking the activity and for assuming the risk associated with the obligation to dismantle and remove the asset. Such compensation includes both of the following:

(i) profit on labour and overhead costs; and

(ii) the risk that the actual cash outflows might differ from those expected, excluding inflation;

(d) effect of inflation on estimated costs and profits;

(e) time value of money, represented by the risk-free rate; and

(f) non-performance risk relating to the risk that Entity A will not fulfil the obligation, including Entity A's own credit risk.

IE38 The significant assumptions used by Entity A to measure fair value are as follows:

(a) Labour costs are developed on the basis of current marketplace wages, adjusted for expectations of future wage increases, required to hire contractors to dismantle and remove offshore oil platforms. Entity A assigns probability assessments to a range of cash flow estimates as follows:

Cash flow estimate (CU)	Probability assessment	Expected cash flows (CU)
100 000	25%	25 000
125 000	50%	62 500
175 000	25%	43 750
		CU131 250

The probability assessments are developed on the basis of Entity A's experience with fulfilling obligations of this type and its knowledge of the market.

(b) Entity A estimates allocated overhead and equipment operating costs using the rate it applies to labour costs (80 per cent of expected labour costs). This is consistent with the cost structure of market participants.

(c) Entity A estimates the compensation that a market participant would require for undertaking the activity and for assuming the risk associated with the obligation to dismantle and remove the asset as follows:

(i) A third-party contractor typically adds a mark-up on labour and allocated internal costs to provide a profit margin on the job. The profit margin used (20 per cent) represents Entity A's understanding of the operating profit that contractors in the industry generally earn to dismantle and remove offshore oil platforms. Entity A concludes that this rate is consistent with the rate that a market participant would require as compensation for undertaking the activity.

(ii) A contractor would typically require compensation for the risk that the actual cash outflows might differ from those expected because of the uncertainty inherent in locking in today's price for a project that will not occur for 10 years. Entity A estimates the amount of that premium to be 5 per cent of the expected cash flows, including the effect of inflation.

(d) Entity A assumes a rate of inflation of 4 per cent over the 10-year period on the basis of available market data.

(e) The risk-free rate of interest for a 10-year maturity on 1 January 20X1 is 5 per cent. Entity A adjusts that rate by 3.5 per cent to reflect its risk of non-performance (ie the risk that it will not fulfil the obligation), including its credit risk. Therefore, the discount rate used to compute the present value of the cash flows is 8.5 per cent.

IE39 Entity A concludes that its assumptions would be used by market participants. In addition, Entity A does not adjust its fair value measurement for the existence of a restriction preventing it from transferring the liability. As illustrated in the following table, Entity A measures the fair value of its decommissioning liability as CU194 879.

	Expected cash flows (CU) 1 January 20X1
Expected labour costs	131 250
Allocated overhead and equipment costs (0.80 × CU131 250)	105 000
Contractor's profit mark-up [0.20 × (CU131 250 + CU105 000)]	47 250
Expected cash flows before inflation adjustment	283 500
Inflation factor (4% for 10 years)	1.4802
Expected cash flows adjusted for inflation	419 637
Market risk premium (0.05 × CU419 637)	20 982
Expected cash flows adjusted for market risk	440 619
Expected present value using discount rate of 8.5% for 10 years	194 879

Example 12—Debt obligation: quoted price

IE40 On 1 January 20X1 Entity B issues at par a CU2 million BBB-rated exchange-traded five-year fixed rate debt instrument with an annual 10 per cent coupon. Entity B designated this financial liability as at fair value through profit or loss.

IE41 On 31 December 20X1 the instrument is trading as an asset in an active market at CU929 per CU1 000 of par value after payment of accrued interest. Entity B uses the quoted price of the asset in an active market as its initial input into the fair value measurement of its liability (CU929 × [CU2 million ÷ CU1 000] = CU1 858 000).

IE42 In determining whether the quoted price of the asset in an active market represents the fair value of the liability, Entity B evaluates whether the quoted price of the asset includes the effect of factors not applicable to the fair value measurement of a liability, for example, whether the quoted price of the asset includes the effect of a third-party credit enhancement if that credit enhancement would be separately accounted for from the perspective of the issuer. Entity B determines that no adjustments are required to the quoted price of the asset. Accordingly, Entity B concludes that the fair value of its debt instrument at 31 December 20X1 is CU1 858 000. Entity B categorises and discloses the fair value measurement of its debt instrument within Level 1 of the fair value hierarchy.

Example 13—Debt obligation: present value technique

IE43 On 1 January 20X1 Entity C issues at par in a private placement a CU2 million BBB-rated five-year fixed rate debt instrument with an annual 10 per cent coupon. Entity C designated this financial liability as at fair value through profit or loss.

IE44 At 31 December 20X1 Entity C still carries a BBB credit rating. Market conditions, including available interest rates, credit spreads for a BBB-quality credit rating and liquidity, remain unchanged from the date the debt instrument was issued. However, Entity C's credit spread has deteriorated by 50 basis points because of a change in its risk of non-performance. After taking into account all market conditions, Entity C concludes that if it was to issue the instrument at the measurement date, the instrument would bear a rate of interest of 10.5 per cent or Entity C would receive less than par in proceeds from the issue of the instrument.

IE45 For the purpose of this example, the fair value of Entity C's liability is calculated using a present value technique. Entity C concludes that a market participant would use all the following inputs (consistently with paragraphs B12 – B30 of the IFRS) when estimating the price the market participant would expect to receive to assume Entity C's obligation:

(a) the terms of the debt instrument, including all the following:

(i) coupon of 10 per cent;

(ii) principal amount of CU2 million; and

(iii) term of four years.

(b) the market rate of interest of 10.5 per cent (which includes a change of 50 basis points in the risk of non-performance from the date of issue).

IE46 On the basis of its present value technique, Entity C concludes that the fair value of its liability at 31 December 20X1 is CU1 968641.

IE47 Entity C does not include any additional input into its present value technique for risk or profit that a market participant might require for compensation for assuming the liability. Because Entity C's obligation is a financial liability, Entity C concludes that the interest rate already captures the risk or profit that a market participant would require as compensation for assuming the liability. Furthermore, Entity C does not adjust its present value technique for the existence of a restriction preventing it from transferring the liability.

Measuring fair value when the volume or level of activity for an asset or a liability has significantly decreased

IE48 Example 14 illustrates the use of judgement when measuring the fair value of a financial asset when there has been a significant decrease in the volume or level of activity for the asset when compared with normal market activity for the asset (or similar assets).

Example 14—Estimating a market rate of return when the volume or level of activity for an asset has significantly decreased

IE49 Entity A invests in a junior AAA-rated tranche of a residential mortgage-backed security on 1 January 20X8 (the issue date of the security). The junior tranche is the third most senior of a total of seven tranches. The underlying collateral for the residential mortgage-backed security is unguaranteed non-conforming residential mortgage loans that were issued in the second half of 20X6.

IE50 At 31 March 20X9 (the measurement date) the junior tranche is now A-rated. This tranche of the residential mortgage-backed security was previously traded through a brokered market. However, trading volume in that market was infrequent, with only a few transactions taking place per month from 1 January 20X8 to 30 June 20X8 and little, if any, trading activity during the nine months before 31 March 20X9.

IE51 Entity A takes into account the factors in paragraph B37 of the IFRS to determine whether there has been a significant decrease in the volume or level of activity for the junior tranche of the residential mortgage-backed security in which it has invested. After evaluating the significance and relevance of the factors, Entity A concludes that the volume and level of activity of the junior tranche of the residential mortgage-backed security have significantly decreased. Entity A supported its judgement primarily on the basis that there was little, if any, trading activity for an extended period before the measurement date.

IE52 Because there is little, if any, trading activity to support a valuation technique using a market approach, Entity A decides to use an income approach using the discount rate adjustment technique described in paragraphs B18 - B22 of the IFRS to measure the fair value of the residential mortgage-backed security at the measurement date. Entity A uses the contractual cash flows from the residential mortgage-backed security (see also paragraphs 67 and 68 of the IFRS).

IE53 Entity A then estimates a discount rate (ie a market rate of return) to discount those contractual cash flows. The market rate of return is estimated using both of the following:

(a) the risk-free rate of interest.

(b) estimated adjustments for differences between the available market data and the junior tranche of the residential mortgage-backed security in which Entity A has invested. Those adjustments reflect available market data about expected non-performance and other risks (eg default risk, collateral value risk and liquidity risk) that market participants would take into account when pricing the asset in an orderly transaction at the measurement date under current market conditions.

IE54 Entity A took into account the following information when estimating the adjustments in paragraph IE53(b):

(a) the credit spread for the junior tranche of the residential mortgage-backed security at the issue date as implied by the original transaction price.

(b) the change in the credit spread implied by any observed transactions from the issue date to the measurement date for comparable residential mortgage-backed securities or on the basis of relevant indices.

(c) the characteristics of the junior tranche of the residential mortgage-backed security compared with comparable residential mortgage-backed securities or indices, including all the following:

(i) the quality of the underlying assets, ie information about the performance of the underlying mortgage loans such as delinquency and foreclosure rates, loss experience and prepayment rates;

(ii) the seniority or subordination of the residential mortgage-backed security tranche held; and

(iii) other relevant factors.

(d) relevant reports issued by analysts and rating agencies.

(e) quoted prices from third parties such as brokers or pricing services.

IE55 Entity A estimates that one indication of the market rate of return that market participants would use when pricing the junior tranche of the residential mortgage-backed security is 12 per cent (1,200 basis points). This market rate of return was estimated as follows:

(a) Begin with 300 basis points for the relevant risk-free rate of interest at 31 March 20X9.

(b) Add 250 basis points for the credit spread over the risk-free rate when the junior tranche was issued in January 20X8.

(c) Add 700 basis points for the estimated change in the credit spread over the risk-free rate of the junior tranche between 1 January 20X8 and 31 March 20X9. This estimate was developed on the basis of the change in the most comparable index available for that time period.

(d) Subtract 50 basis points (net) to adjust for differences between the index used to estimate the change in credit spreads and the junior tranche. The referenced index consists of subprime mortgage loans, whereas Entity A's residential mortgage-backed security consists of similar mortgage loans with a more favourable credit profile (making it more attractive to market participants). However, the index does not reflect an appropriate liquidity risk premium for the junior tranche under current market conditions. Thus, the 50 basis point adjustment is the net of two adjustments:

(i) the first adjustment is a 350 basis point subtraction, which was estimated by comparing the implied yield from the most recent transactions for the residential mortgage-backed security in June 20X8 with the implied yield in the index price on those same dates. There was no information available that indicated that the relationship between Entity A's security and the index has changed.

(ii) the second adjustment is a 300 basis point addition, which is Entity A's best estimate of the additional liquidity risk inherent in its security (a cash position) when compared with the index (a synthetic position). This estimate was derived after taking into account liquidity risk premiums implied in recent cash transactions for a range of similar securities.

IE56 As an additional indication of the market rate of return, Entity A takes into account two recent indicative quotes (ie non-binding quotes) provided by reputable brokers for the junior tranche of the residential mortgage-backed security that imply yields of 15 - 17 per cent. Entity A is unable to evaluate the valuation technique(s) or inputs used to develop the quotes. However, Entity A is able to confirm that the quotes do not reflect the results of transactions.

IE57 Because Entity A has multiple indications of the market rate of return that market participants would take into account when measuring fair value, it evaluates and weights the respective indications of the rate of return, considering the reasonableness of the range indicated by the results.

IE58 Entity A concludes that 13 per cent is the point within the range of indications that is most representative of fair value under current market conditions. Entity A places more weight on the 12 per cent indication (ie its own estimate of the market rate of return) for the following reasons:

(a) Entity A concluded that its own estimate appropriately incorporated the risks (eg default risk, collateral value risk and liquidity risk) that market participants would use when pricing the asset in an orderly transaction under current market conditions.

(b) The broker quotes were non-binding and did not reflect the results of transactions, and Entity A was unable to evaluate the valuation technique(s) or inputs used to develop the quotes.

Fair value disclosures

IE59 Examples 15 - 19 illustrate the disclosures required by paragraphs 92, 93(a), (b) and (d) - (h)(i) and 99 of the IFRS.

Example 15—Assets measured at fair value

IE60 For assets and liabilities measured at fair value at the end of the reporting period, the IFRS requires quantitative disclosures about the fair value measurements for each class of assets and liabilities. An entity might disclose the following for assets to comply with paragraph 93(a) and (b) of the IFRS:

(CU in millions)		Fair value measurements at the end of the reporting period using			
Description	31/12/X9	Quoted prices in active markets for identical assets (Level 1)	Significant other observable inputs (Level 2)	Significant unobservable inputs (Level 3)	Total gains (losses)
Recurring fair value measurements					
Trading equity securities[(a)]:					
Real estate industry	93	70	23		
Oil and gas industry	45	45			
Other	15	15			
Total trading equity securities	153	130	23		
Other equity securities[(a)]:					
Financial services industry	150	150			
Healthcare industry	163	110		53	
Energy industry	32			32	
Private equity fund investments[(b)]	25			25	
Other	15	15			
Total other equity securities	385	275		110	
Debt securities:					
Residential mortgage-backed securities	149		24	125	
Commercial mortgage-backed securities	50			50	
Collateralised debt obligations	35			35	
Risk-free government securities	85	85			
Corporate bonds	93	9	84		
Total debt securities	412	94	108	210	
Hedge fund investments:					
Equity long/short	55		55		
Global opportunities	35		35		
High-yield debt securities	90			90	
Total hedge fund investments	180		90	90	
Derivatives:					
Interest rate contracts	57		57		
Foreign exchange contracts	43		43		
Credit contracts	38			38	
Commodity futures contracts	78	78			
Commodity forward contracts	20		20		
Total derivatives	236	78	120	38	

continued...

...continued

Description	31/12/X9	Quoted prices in active markets for identical assets (Level 1)	Significant other observable inputs (Level 2)	Significant unobservable inputs (Level 3)	Total gains (losses)
Investment properties:					
Commercial—Asia	31			31	
Commercial—Europe	27			27	
Total investment properties	58			58	
Total recurring fair value measurements	1,424	577	341	506	
Non-recurring fair value measurements					
Assets held for sale (c)	26		26		(15)
Total non-recurring fair value measurements	26		26		(15)

(a) On the basis of its analysis of the nature, characteristics and risks of the securities, the entity has determined that presenting them by industry is appropriate.

(b) On the basis of its analysis of the nature, characteristics and risks of the investments, the entity has determined that presenting them as a single class is appropriate.

(c) In accordance with IFRS 5, assets held for sale with a carrying amount of CU 35 million were written down to their fair value of CU26 million, less costs to sell of CU6 million (or CU20 million), resulting in a loss of CU15 million, which was included in profit or loss for the period.

(Note: A similar table would be presented for liabilities unless another format is deemed more appropriate by the entity.)

Example 16—Reconciliation of fair value measurements categorised within Level 3 of the fair value hierarchy

IE61 For recurring fair value measurements categorised within Level 3 of the fair value hierarchy, the IFRS requires a reconciliation from the opening balances to the closing balances for each class of assets and liabilities. An entity might disclose the following for assets to comply with paragraph 93(e) and (f) of the IFRS:

(CU in millions)	Fair value measurements using significant unobservable inputs (Level 3)										
	Other equity securities			Debt securities			Hedge fund investments	Derivatives	Investment properties		
	Healthcare industry	Energy industry	Private equity fund	Residential mortgage-backed securities	Commercial mortgage-backed securities	Collateralised debt obligations	High-yield debt securities	Credit contracts	Asia	Europe	Total
Opening balance	49	28	20	105	39	25	145	30	28	26	495
Transfers into Level 3				60 (a)(b)							60
Transfers out of Level 3				(5) (b)(c)							(5)
Total gains or losses for the period											
Included in profit or loss			5	(23)	(5)	(7)	7	5	3	1	(14)
Included in other comprehensive income	3	1									4
Purchases, issues, sales and settlements											
Purchases	1	3			16	17		18			55
Issues											
Sales				(12)			(62)				(74)
Settlements								(15)			(15)
Closing balance	53	32	25	125	50	35	90	38	31	27	506
Change in unrealised gains or losses for the period included in profit or loss for assets held at the end of the reporting period			5	(3)	(5)	(7)	(5)	2	3	1	(9)

(a) Transferred from Level 2 to Level 3 because of a lack of observable market data, resulting from a decrease in market activity for the securities.

(b) The entity's policy is to recognise transfers into and transfers out of Level 3 as of the date of the event or change in circumstances that caused the transfer.

(c) Transferred from Level 3 to Level 2 because observable market data became available for the securities.

(Note: A similar table would be presented for liabilities unless another format is deemed more appropriate by the entity.)

IE62 Gains and losses included in profit or loss for the period (above) are presented in financial income and in non-financial income as follows:

(CU in millions)	Financial income	Nonfinancial income
Total gains or losses for the period included in profit or loss	(18)	4
Change in unrealised gains or losses for the period included in profit or loss for assets held at the end of the reporting period	(13)	4
(Note: A similar table would be presented for liabilities unless another format is deemed more appropriate by the entity.)		

Example 17—Valuation techniques and inputs

IE63 For fair value measurements categorised within Level 2 and Level 3 of the fair value hierarchy, the IFRS requires an entity to disclose a description of the valuation technique(s) and the inputs used in the fair value measurement. For fair value measurements categorised within Level 3 of the fair value hierarchy, information about the significant unobservable inputs used must be quantitative. An entity might disclose the following for assets to comply with the requirement to disclose the significant unobservable inputs used in the fair value measurement in accordance with paragraph 93(d) of the IFRS:

Quantitative information about fair value measurements using significant unobservable inputs (Level 3)

(CU in millions)

Description	Fair value at 31/12/X9	Valuation technique(s)	Unobservable input	Range (weighted average)
Other equity securities:				
Healthcare industry	53	Discounted cash flow	weighted average cost of capital	7% -16% (12.1%)
			long-term revenue growth rate	2% - 5% (4.2%)
			long-term pre-tax operating margin	3% - 20% (10.3%)
			discount for lack of marketability[a]	5% - 20% (17%)
			control premium[a]	10% - 30% (20%)
		Market comparable companies	EBITDA multiple[b]	10 - 13 (11.3
			revenue multiple[b]	1.5 - 2.0 (1.7
			discount for lack of marketability[a]	5% - 20% (17%
			control premium[a]	10% - 30% (20%
Energy industry	32	Discounted cash flow	weighted average cost of capital	8% - 12% (11.1%)
			long-term revenue growth rate	3% - 5.5% (4.2%)
			long-term pre-tax operating margin	7.5% - 13% (9.2%)
			discount for lack of marketability[a]	5% - 20% (10%)
			control premium[a]	10% - 20% (12%)
		Market comparable companies	EBITDA multiple[b]	6.5 - 12 (9.5
			revenue multiple[b]	1.0 - 3.0 (2.0
			discount for lack of marketability[a]	5% - 20% (10%
			control premium[a]	10% - 20% (12%
Private equity fund investments	25	Net asset value[c]	n/a	n/a
Debt securities:				
Residential mortgage-backed securities	125	Discounted cash flow	constant prepayment rate	3.5% - 5.5% (4.5%)
			probability of default	5% - 50% (10%)
			loss severity	40% - 100% (60%)

continued...

...continued

Description	Fair value at 31/12/X9	Valuation technique(s)	Unobservable input	Range (weighted average)
Commercial mortgage–backed securities	50	Discounted cash flow	constant pr epayment rate	3% - 5% (4.1%
			probability of default	2% - 25% (5%
			loss severity	10% - 50% (20%
Collateralised debt obligations	35	Consensus pricing	offered quotes	20 -45
			comparability adjustments (%)	−10% - +15% (+5%)
Hedge fund investments:				
High–yield debt securities	90	Net asset value[c]	n/a	n/a
Derivatives:				
Credit contracts	38	Option model	annualised volatility of credit[d]	10% - 20%
			counterparty credit risk[e]	0.5% - 3.5%
			own credit risk[e]	0.3% - 2.0%
Investment properties:				
Commercial—Asia	31	Discounted cash flow	long-term net operating income margin	18% - 32% (20%)
			cap rate	0.08 - 0.12 (0.10)
		Market comparable approach	price per square metre (USD)	\$3,000 - \$7,000 (\$4,500
Commercial—Europe	27	Discounted cash flow	long-term net operating income margin	15% - 25% (18%)
			cap rate	0.06 - 0.10 (0.80)
		Market comparable approach	price per square metre (EUR)	€4,000 - €12,000 (€8,500

(a) Represents amounts used when the entity has determined that ma rket participants would take into account these premiums and d iscounts when pricing the investments.

(b) Represents amounts used when the entity has determined that ma rket participants would use such multiples when pricing the in vestments.

(c) The entity has determined that the reported net asset value repr esents fair value at the end of the reporting period.

(d) Represents the range of the vo latility curves used in the valuation analysis that the entity has determined market participants would use when the pricing contracts.

(e) Represents the range of the credit defaul t swap spread curves used in the valuation analysis that the entity has determined market participants would use when pricing the contracts.

(Note: A similar table would be presented for liabilities unless another format is deemed more appropriate by the entity.)

IE64 In addition, an entity should provide additional information that will help users of its financial statements to evaluate the quantitative information disclosed. An entity might disclose some or all the following to comply with paragraph 92 of the IFRS:

(a) the nature of the item being measured at fair value, including the characteristics of the item being measured that are taken into account in the determination of relevant inputs. For example, for residential mortgage-backed securities, an entity might disclose the following:

(i) the types of underlying loans (eg prime loans or sub-prime loans)

(ii) collateral

(iii) guarantees or other credit enhancements

(iv) seniority level of the tranches of securities

(v) the year of issue

(vi) the weighted-average coupon rate of the underlying loans and the securities

(vii) the weighted-average maturity of the underlying loans and the securities

(viii) the geographical concentration of the underlying loans

(ix) information about the credit ratings of the securities.

(b) how third-party information such as broker quotes, pricing services, net asset values and relevant market data was taken into account when measuring fair value.

Example 18—Valuation processes

IE65 For fair value measurements categorised within Level 3 of the fair value hierarchy, the IFRS requires an entity to disclose a description of the valuation processes used by the entity. An entity might disclose the following to comply with paragraph 93(g) of the IFRS:

(a) for the group within the entity that decides the entity's valuation policies and procedures:

(i) its description;

(ii) to whom that group reports; and

(iii) the internal reporting procedures in place (eg whether and, if so, how pricing, risk management or audit committees discuss and assess the fair value measurements);

(b) the frequency and methods for calibration, back testing and other testing procedures of pricing models;

(c) the process for analysing changes in fair value measurements from period to period;

(d) how the entity determined that third-party information, such as broker quotes or pricing services, used in the fair value measurement was developed in accordance with the IFRS; and

(e) the methods used to develop and substantiate the unobservable inputs used in a fair value measurement.

Example 19—Information about sensitivity to changes in significant unobservable inputs

IE66 For recurring fair value measurements categorised within Level 3 of the fair value hierarchy, the IFRS requires an entity to provide a narrative description of the sensitivity of the fair value measurement to changes in significant unobservable inputs and a description of any interrelationships between those unobservable inputs. An entity might disclose the following about its residential mortgage-backed securities to comply with paragraph 93(h)(i) of the IFRS:

> The significant unobservable inputs used in the fair value measurement of the entity's residential mortgage-backed securities are prepayment rates, probability of default and loss severity in the event of default. Significant increases (decreases) in any of those inputs in isolation would result in a significantly lower (higher) fair value measurement. Generally, a change in the assumption used for the probability of default is accompanied by a directionally similar change in the assumption used for the loss severity and a directionally opposite change in the assumption used for prepayment rates.